公立幼稚園教諭・保育士採用試験対策シリーズ

2025年度

公立

専門試験

幼稚園教諭
(過去問題集)

23 特別区

協同教育研究会 編

まえがき

　本書は，23特別区の公立幼稚園教諭採用試験を受験する人のために編集されたものである。

　幼稚園教諭は，満3歳から小学校就学までの幼児に対して，年齢に応じた指導を行うことをその職務とする。具体的には，幼児の健康状態のチェック，遊び，絵画，音楽や運動など，幼児の心身の発達を伸ばす教育を行うものである。その他には，教室の掃除，カリキュラムの作成，園児の行動記録など，仕事の範囲は多岐にわたる。

　幼稚園教諭試験は，その職務を全うできる有為な人材を，幅広い範囲から登用するために，公務員試験の原則に則り，公開平等の原則によって実施される。すなわち，一定の基準点に達すれば合格する資格試験とは根本的に違い，有資格者であれば，誰にでも門戸が開かれた選抜競争試験である。そのため毎年，多数の人が受験している人気職種である。

　このような幼稚園教諭という職務の重要性をかんがみ，激烈な関門を突破するためには，まず自分の適性・素養を確かめると同時に，試験内容を十分に研究して対策を講じておく必要があろう。

　本書はその必要性に応え，23特別区の公立幼稚園教諭採用試験の過去問とその解説を掲載している。

　公立幼稚園の教諭をめざす方々が本書を十分活用され，難関を突破して目標を達成されることを心からお祈りする。

協同教育研究会

＊目次＊

第1章

23特別区の
公立幼稚園教諭

試験概要

令和5年度　特別区立幼稚園教員採用候補者選考案内

令和 5 年 4 月 3 日
特別区人事・厚生事務組合教育委員会

　この選考は、特別区の教育委員会が採用する**幼稚園教員**の採用候補者を決定するために特別区が共同で実施するものです。採用の時期は原則として、翌年（令和6年）4月1日です。

```
┌─────────────────────────────────────────────┐
│   特別区が求める幼稚園新規採用教員の資質・能力   │
│                                               │
│    ○豊かな人間性・社会性と幅広い教養           │
│    ○一人ひとりを生かす専門的力量と実践的指導力 │
│    ○教育公務員としての使命感と責任感           │
└─────────────────────────────────────────────┘
```

1　受験資格

免 許 状	幼稚園教諭普通免許状を有する者又は令和6年3月31日までに取得見込みの者
年 　 齢	平成元年4月2日以降に出生した者

※特別区立幼稚園に現に勤務する臨時的任用教員及び会計年度任用職員（幼稚園補助員等）は、**受験することができます。**

※特別区立幼稚園に現に勤務する幼稚園教員並びに地方公務員法第16条（欠格条項）及び学校教育法第9条（欠格事由）に該当する者は、受験できません（P8参照）。

※保育士資格を有する者における幼稚園教諭資格取得特例制度を利用して幼稚園教諭普通免許状を取得する場合、第2次選考面接日において幼稚園教諭普通免許状を有しない者は、受験できません。

2　合格者予定数

合格者予定数	10名程度

3　主な日程

申込受付期間	4月3日（月）午前10時 から 5月9日（火）**午後5時まで【受信有効】** 注意事項 インターネットにより、時間に余裕を持って申し込んでください。 ※使用可能機器等の注意事項については、申込画面の案内をご確認ください。
第1次選考	◆選考日 　6月18日（日） ◆合格発表日 　7月21日（金）午前10時
第2次選考	◆選考日 　実技：8月12日（土）　　面接：8月13日（日）
最終合格発表	◆合格発表日 　9月7日（木）午前10時

4 選考内容及び合格発表

第1次選考

日時	6月18日（日）	
会場	都内の大学等（予定） ※集合時間及び選考会場は、6月1日以降に交付する受験票で通知します。	

方法	内容		評価の観点
方法	教職・専門教養 （70分）	択一式・マークシート方式（30問） 幼稚園教育要領、教育関連法規・基準など	択一式・マークシート方式問題の正答数
方法	小論文 （90分）	事例式・1,200字程度	幼児理解、指導内容・方法、表現力など

	7月21日（金）午前10時
合格発表	◆第1次選考の総合点により合格者を決定します。 （小論文の採点は教職・専門教養で一定水準に達した者についてのみ行います。） ◆合格発表方法 ・ホームページ（1週間程度、合格者の受験番号を掲載） ・郵送（第1次選考の受験者全員に合否の結果を通知） 　7月27日（木）までに届かない場合は、問合せ先（P8）へ連絡してください。 ◆不合格の場合は、結果通知に総合成績の区分〔ランク表示〕を記載します。

第2次選考

日時	実技：8月12日（土）　　　面接：8月13日（日）		
会場	都内で実施 ※集合時間及び選考会場は、第1次選考結果通知と併せてお知らせします。		

方法	内容		評価の観点
実技	①模擬保育 　当日指定される課題に対し、幼児が前にいる想定で一斉指導を行う。		対象となる年齢に応じた保育の展開、指導内容・方法など
実技	②キーボード伴奏付き歌唱 　以下の課題曲のうち、当日指定される1曲を、楽譜を見て弾きながら歌う。 ・「たのしいね」 　（山内佳鶴子作詞　寺島尚彦補詞・作曲） ・「七つの子」 　（野口雨情作詞　本居長世作曲） ・「山の音楽家」 　（水田詩仙日本語詞　ドイツ民謡） ※当日使用する**キーボードは61鍵**です。 ※楽譜は各自で用意してください（指定なし）。		演奏技術・表現力など
面接	個人面接		意欲、表現力、教育に対する使命感、幼児理解、豊かな人間性など

最終合格発表

日時	9月7日（木）午前10時
方法	◆第2次選考の総合点により最終合格者を決定します。 ◆合格発表方法 ・ホームページ（1週間程度、最終合格者及び補欠者の受験番号を掲載） ・郵送（第2次選考の受験者全員に合否の結果を通知） ◆補欠の場合は、郵送書類に選考成績結果の区分〔ランク表示〕を記載します。

5 採用の方法及び時期

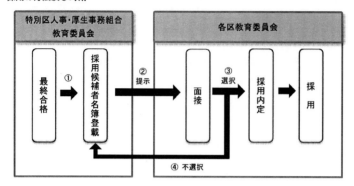

① 最終合格者は、採用候補者名簿に高得点順に登載されます。
② 特別区人事・厚生事務組合は、原則として採用候補者の希望区を考慮し、各区へ採用候補者の一部情報を提示します。
③ 提示を受けた各区は面接を行い、その結果に基づいて採用候補者に内定を出します。
④ 提示された区で不選択になった場合は、欠員状況に応じて、再び他の区へ提示されます。
　ただし、欠員状況によっては提示されず、その結果採用されない場合もあります。なお、名簿の有効期間は、名簿登載日から令和7年3月31日までです。

※各区の需要状況によっては採用がない区があります。
※原則として令和6年4月1日の採用になり、勤務先は各区立幼稚園です。ただし、幼保連携型認定こども園及び幼稚園型認定こども園を設置している区においては、保有する資格に応じ、当該こども園で勤務する可能性があります（特別区立幼稚園の状況はP6参照）。

6 初任給等

大　学　卒	約248，700円
短期大学卒	約227，480円

◆この初任給は、令和5年4月1日の給料月額に教職調整額、地域手当及び義務教育等教員特別手当を加えたものです。有用な経験のある者は、一定の基準により加算される場合があります。
◆この初任給のほか、条例等の定めるところにより、扶養手当、住居手当、通勤手当、期末・勤勉手当等が支給されます。
※採用前に給与改定等があった場合は、その定めるところによります。

7 受験手続
（1）申込方法
　　インターネットにより、画面の指示に従って必要事項を入力し、受付期間中に時間に余裕をもって申し込んでください。

申込受付期間	4月3日（月）午前10時 ～ 5月9日（火）午後5時
申込URL	https://www.union.tokyo23city.lg.jp/kyoiku/kyoikutop/index.html

◆**申込みの際に設定されたID及びパスワードは受験票のダウンロードに必要となりますので、必ず控えをとって保管してください。パスワード等の照会は、理由を問わず応じられません。**
◆申込受付期間終了後の修正や入力内容についての問合せには原則応じられないため、入力内容に誤りがないか確認し、申込受付完了画面は必ず印刷や保存をしてください。
◆申込後に改姓や転居等が生じ、一定の時期までの申し出があれば、対応できる場合があります。重複申込みはせずに、問合せ先（P8）へ連絡してください。なお、転居した場合は、「転居届」を郵便局に速やかに提出してください。
◆重複申込みは、受信の早いもののみ有効とします。
◆システム障害対応のために申込受付期間中にシステムを停止する場合や、使用している機器や通信回線上の障害等が発生した場合のトラブルについては、一切責任を負いません。
◆インターネットでの申込みができない場合は、問合せ先（P8）へ連絡してください。

【入力上の注意】

欄	注意事項
希望区	・以下の一覧から提示を希望する区を第5希望まで指定してください。 <特別区一覧> 千代田区、中央区、港区、新宿区、文京区、台東区、墨田区、江東区、品川区、目黒区、世田谷区、渋谷区、中野区、杉並区、豊島区、北区、荒川区、板橋区、練馬区、葛飾区、江戸川区 ※大田区及び足立区は区立幼稚園がないので採用はありません。
最高学歴	・「卒業年度」は、**卒業年ではありませんので、注意してください**（例：令和6年3月卒業の場合は、令和5年度となります）。 ※教職課程履修学歴（教員免許状を取得した学校の学歴）ではなく、最高学歴となりますので、注意してください（例：〇〇大学卒業後、△△短大で幼稚園教諭免許状を取得した場合は、〇〇大学で入力）。
教職課程履修学歴	・教員免許状を取得した学校名等を入力してください。 ※**最高学歴と同じ場合は、入力不要です。**
幼稚園教諭免許状	該当する種別及び取得状況を選択してください。
車椅子利用	選考会場において車椅子の使用を希望する方は、所定欄にチェックするとともに、申込む際に必ず問合せ先（P8）に連絡してください。
特例受験対象者	・前年度選考合格者又は補欠者（辞退者を除く。）が受験する場合は、第1次選考が免除になる特例を受けられます（第2次選考のみの受験となります）。 ※この特例に該当する場合は、申込画面の所定欄に必ずチェックしてください。チェックがない場合は、この特例を受けることができません。 ※この特例の該当者は、受験資格の年齢を超過していても受験できます。

（2）受験票の交付

受験票の送信日	6月1日（木）午前10時以降

◆上記送信日時に受験票発行通知メールを送付します。メール受信後に、受験票をダウンロード・印刷してください。

◆受験票発行通知メールが6月8日（木）までに届かない場合は、6月9日（金）以降、ホームページからダウンロード可能となりますので、受験票をダウンロード・印刷してください。
　※プリンターをお持ちでない場合は、印刷機器がある施設（学校等）や、コンビニエンスストアのプリントサービス等を利用し、印刷してください。

◆受験票は、写真1枚（最近3ヶ月以内に撮影したもの（縦4cm×横3cm）、上半身、脱帽、正面向き、背景無地）を必ず貼付の上、選考当日に会場へ持参してください。

◆入力内容にJIS規格外の文字が含まれる場合には、データ処理の関係で類字に変換させていただくことがあります。ご了承ください。

（3）申込みから第一次選考当日までの流れ

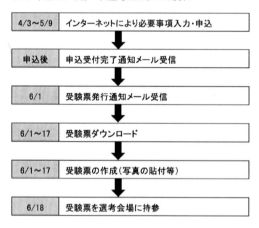

（4）その他

・第1次選考及び第2次選考の会場には時計がありません。なお、会場に持ち込める時計は時計機能だけのものに限ります。

・第2次選考受験者は、選考当日に免許状原本の提示（免許状取得見込み証明書の場合は提出）及び写しの提出をいただきます。

・第2次選考のキーボード伴奏付き歌唱では、課題曲（3曲）の楽譜を各自ご用意いただきます。楽譜は指定しませんが、選考当日に楽譜の写しをご提出いただきます（サイズはA3版以内）。

＜参考＞特別区立幼稚園の状況

　特別区立幼稚園は、全体で１６２園あります。約８，４００人の園児が在園し、約７２０人の教員がその教育にあたっています。

	区立幼稚園数	園児総数	教員数	ホームページアドレス	お問合せ先（電話番号）
千代田区	8園 (うち こども園等 2園)	594	45	http://www.city.chiyoda.lg.jp/	千代田区教育委員会事務局 指導課 03 5211 4285
中央区	15園 (うち 休園 2園)	1,280	83	http://www.city.chuo.lg.jp/	中央区教育委員会事務局 指導室 03 3546 5533
港区	12園	843	67	http://www.city.minato.tokyo.jp/	港区教育委員会事務局 教育人事企画課 03 3578 2833
新宿区	24園 (うち 休園 7園 こども園等 3園)	682	66	http://www.city.shinjuku.lg.jp/	新宿区教育委員会事務局 教育指導課 03 5273 3078
文京区	10園 (うち こども園等 1園)	685	63	https://www.city.bunkyo.lg.jp/	文京区教育委員会事務局 教育指導課 03 5803 1300
台東区	11園 (うち こども園等 1園)	379	54	https://www.city.taito.lg.jp/	台東区教育委員会事務局 指導課 03 5246 1451
墨田区	7園	204	18	https://www.city.sumida.lg.jp/	墨田区教育委員会事務局 指導室 03 5608 6307
江東区	18園	887	77	https://www.city.koto.lg.jp/	江東区教育委員会事務局 指導室 03 3647 9178
品川区	9園 (うち 幼保一体施設 6園)	513	37	https://www.city.shinagawa.tokyo.jp/	品川区教育委員会事務局 指導課 03 5742 6831
目黒区	3園 (うち こども園等 2園)	190	17	http://www.city.meguro.tokyo.jp/	目黒区教育委員会事務局 教育指導課 03 5722 9311
世田谷区	8園 (うち こども園等 1園)	447	43	http://www.city.setagaya.lg.jp/	世田谷区教育委員会事務局 学校職員課 03 5432 2672
渋谷区	5園 (うち こども園等 2園)	170	17	https://www.city.shibuya.tokyo.jp/	渋谷区教育委員会事務局 教育指導課 03 3463 2997
中野区	2園	138	10	http://www.city.tokyo-nakano.lg.jp/	中野区教育委員会事務局 指導室 03 3228 8861
杉並区	6園 (うち こども園等 6園)	388	35	http://www.city.suginami.tokyo.jp/	杉並区教育委員会事務局 教育人事企画課 03 3312 2111
豊島区	3園	68	7	http://www.city.toshima.lg.jp/	豊島区教育委員会事務局 指導課 03 3981 8255
北区	5園 (うち 休園 1園 こども園等 1園)	236	20	http://www.city.kita.tokyo.jp/	北区教育委員会事務局 教育指導課 03 3908 9286
荒川区	9園 (うち こども園等 1園)	332	32	http://www.city.arakawa.tokyo.jp/	荒川区教育委員会事務局 指導室 03 3802 4596
板橋区	1園	49	7	https://www.city.itabashi.tokyo.jp/	板橋区教育委員会事務局 指導室 03 3579 2641
練馬区	3園	188	18	https://www.city.nerima.tokyo.jp/	練馬区教育委員会事務局 教育指導課 03 5984 5749
葛飾区	2園	51	6	http://www.city.katsushika.lg.jp/	葛飾区教育委員会事務局 指導室 03 5654 8467
江戸川区	1園	83	4	https://www.city.edogawa.tokyo.jp/	江戸川区教育委員会事務局 教育指導課 03 5662 1635

※大田区と足立区には、特別区立幼稚園がありません。　　　　　　　　　　　　　　　令和5年1月1日現在

＜参考＞過去の選考問題公表場所一覧

	閲 覧 場 所	住　　所	電話 (代表番号)	最 寄 駅		コピー (有料)
千代田	区役所2階 区政情報コーナー	千代田区九段南1-2-1	3264-2111	東西・半蔵門・新宿線	九段下	可
中央	区役所1階 情報公開コーナー	中央区築地1-1-1	3543-0211	有楽町線	新富町	可
港	区役所3階 情報政策課区政資料室	港区芝公園1-5-25	3578-2111	浅草・大江戸線/ 三田線/JR線	大門/ 御成門/浜松町	可
新宿	区役所本庁舎1階 区政情報課区政情報センター	新宿区歌舞伎町1-4-1	3209-1111	JR線/丸ノ内線/新宿線/小 田急線/京王線	新宿	可
文京	区役所2階 広報課行政情報センター	文京区春日1-16-21	3812-7111	丸ノ内・南北線 三田・大江戸線	後楽園 春日	可
台東	区役所本庁舎3階 区政情報	台東区東上野4-5-6	5246-1111	JR線/銀座・日比谷線/京成 線	上野	可
墨田	区役所11階 指導室事務係	墨田区吾妻橋1-23-20	5608-1111	浅草線	本所吾妻橋	可
江東	区役所2階 情報公開コーナー	江東区東陽4-11-28	3647-9111	東西線	東陽町	可
品川	区役所第3庁舎3階 区政資料コーナー	品川区広町2-1-36	3777-1111	JR京浜東北線/東急大井町 線/りんかい線	大井町	可
目黒	目黒区総合庁舎1階 区政情報コーナー	目黒区上目黒2-19-15	3715-1111	東急東横線/日比谷線	中目黒	可
大田	区役所本庁舎2階 区政情報コーナー	大田区蒲田5-13-14	5744-1111	JR京浜東北線/ 東急池上・多摩川線	蒲田	可
世田谷	区役所第1庁舎1階 区政情報課区政情報センター	世田谷区世田谷4-21-27	5432-1111	東急世田谷線	松陰神社前	可
渋谷	区役所6階 区政資料コーナー	渋谷区宇田川町1-1	3463-1211	JR線/半蔵門・副都心・銀座 線/東急東横・田園都市線/ 京王井の頭線	渋谷	可
中野	区役所5階 教育委員会事務局指導室	中野区中野4-8-1	3389-1111	JR中央線/東西線	中野	可
杉並	区役所西棟2階 区政資料室	杉並区阿佐谷南1-15-1	3312-2111	丸ノ内線	南阿佐ヶ谷	可
豊島	区役所本庁舎4階 区民相談課行政情報コーナー	豊島区南池袋2-45-1	3981-1111	有楽町線/ 都電荒川線	東池袋/ 都電雑司ヶ谷/ 東池袋四丁目	可
北	区役所第1庁舎1階 区政資料室	北区王子本町1-15-22	3908-1111	JR京浜東北線/南北線	王子	可
荒川	区役所本庁舎地下1階 総務企画課情報提供コーナー	荒川区荒川2-2-3	3802-3111	JR常磐線/ 千代田線/京成線	三河島 町屋	可
板橋	区役所北館1階 区政情報課区政資料室	板橋区板橋2-66-1	3964-1111	三田線	板橋区役所前	可
練馬	区役所西庁舎10階 情報公開課区民情報ひろば	練馬区豊玉北6-12-1	3993-1111	大江戸線/西武池袋・有楽町 線	練馬	可
足立	区役所中央館2階 区政情報課区政情報係	足立区中央本町1-17-1	3880-5111	東武スカイツリーライン	梅島	可
葛飾	区役所新館3階 区政情報コーナー	葛飾区立石5-13-1	3695-1111	京成押上線	京成立石	可
江戸川	区役所東棟4階 教育指導課事務係	江戸川区中央1-4-1	3652-1151	JR総武線	新小岩	可
特別区自治情報・交流センター 東京区政会館4階		千代田区飯田橋3-5-1	5210-9051	JR線/東西・南北・有楽町線/ 大江戸線	飯田橋	可

令和5年3月末日現在（組織改正等で変更されている場合があります。）

＜参考＞過去の選考実施結果

実施年度	申込者数	受験者数	第1次選考合格者数	最終合格者数	補欠者数	採用者数
令和4年度	236名	182名	123名	16名	52名	32名※
令和3年度	387名	306名	132名	9名	35名	22名
令和2年度	440名	378名	147名	40名	49名	33名
令和元年度	537名	465名	164名	47名	52名	51名
平成30年度	576名	505名	156名	45名	46名	69名

※令和5年2月末日時点の採用予定者数です。随時ホームページで更新しています。

注意事項
・選考内容等については、本選考案内に記載されている内容以外の問合せには応じられません。
・新型コロナウイルス感染症の拡大状況等によっては、選考日程等が変更になる可能性があります。最新の情報は、特別区人事・厚生事務組合ホームページをご確認ください。
・選考当日は、交通機関の運行に遅延・中止（見合わせ）等が発生することがありますので、選考会場までの経路を複数確認しておくとともに、時間に余裕をもって会場に到着できるようにしてください。
・カンニング等の不正行為が発覚した場合、受験は無効とします。

個人情報の取扱いについて
　　個人情報については、特別区人事・厚生事務組合個人情報の保護に関する条例に基づき、適切に管理しています。当教育委員会事務局では、提出された関係書類やそれに基づき作成した資料等を厳重に管理するとともに、特別区の採用関係機関以外の第三者には提供いたしません。また、規定の保存年限経過後に廃棄します。

次に掲げる各号のいずれかに該当する者は選考を受験することができません。
（1）禁錮以上の刑に処せられた者
（2）教育職員免許法に基づく免許状取上げの処分を受け、3年を経過しない者及び懲戒免職又は分限免職の処分を受けたことにより免許状がその効力を失い、当該失効の日から3年を経過しない者
（3）特別区において懲戒免職の処分を受け、当該処分の日から2年を経過しない者
（4）日本国憲法施行の日以後において、日本国憲法又はその下に成立した政府を暴力で破壊することを主張する政党その他の団体を結成し、又はこれに加入した者
（5）特別区立幼稚園に現に勤務する幼稚園教員〔ただし、臨時的任用教員及び会計年度任用職員（幼稚園補助員等）は除く〕

問合せ先　特別区人事・厚生事務組合教育委員会事務局　人事企画課　採用選考担当
〒102-0072
東京都千代田区飯田橋3-5-1　東京区政会館17階
【電　　話】
03-5210-9857（受付時間：平日8：30～17：15）
【ホームページ】
https://www.union.tokyo23city.lg.jp/kyoiku/kyoikutop/index.html

第2章

23特別区の公立幼稚園教諭実施問題

令和5年度

【1】 幼稚園教育要領解説(平成30年3月　文部科学省)における「総説」のうち、「幼稚園教育の基本」に関する記述の内容として最も適切なものは、次の1～5のうちのどれか。

1　教育は、子供の望ましい発達を期待し、子供のもつ顕在的な可能性に働き掛け、その人格の形成を図る営みであり、特に、幼児期の教育は、就学前までの人格形成の基礎を培う重要な役割を担っている。

2　一般に、幼児期は生活の中で自分の興味や欲求に基づいた間接的・抽象的な体験を通して、この時期にふさわしい生活を営むために必要なことが培われる時期であることが知られている。

3　幼稚園教育においては、教育基本法に基づき、幼児期の発達の特性を踏まえ、幼児の家庭の実情に即した教育内容を明らかにして、それらが家庭を通して幼児の中に育てられるように計画性をもった適切な教育が行われなければならない。

4　教師は、一人一人の幼児に今どのような体験が必要なのだろうかと考え、そのためにはどうしたらよいかを常に工夫し、日々の保育に取り組んでいかなければならない。

5　環境を通して行う教育とは、環境の中に教育的価値を含ませながら、後は幼児の動くままに任せ、その中で幼児が環境へのふさわしい関わり方を身に付けていくことを意図した教育である。

【2】 幼稚園教育要領解説(平成30年3月　文部科学省)における「総説」のうち、「幼稚園教育において育みたい資質・能力及び『幼児期の終わりまでに育ってほしい姿』」に関する記述の内容として最も適切なものの組合せは、以下の1～5のうちのどれか。

A　「幼児期の終わりまでに育ってほしい姿」は、各幼稚園で、幼児期にふさわしい遊びや生活を積み重ねることにより、幼稚園教育において育みたい資質・能力が育まれている幼児の具体的な姿である。

B　「幼児期の終わりまでに育ってほしい姿」は、5歳児後半に見られるようになる姿であり、全ての幼児に同じように見られるように、3歳児、4歳児の時期から指導を積み重ねていく必要がある。

C　「幼児期の終わりまでに育ってほしい姿」は、幼稚園の教師が適切に関わることで、特に幼稚園生活の中で見られるようになる幼児の姿である

ことに留意が必要である。

D 「幼児期の終わりまでに育ってほしい姿」からイメージする子供の姿には違いがないため，幼児の成長を幼稚園教育関係者以外にも，分かりやすく伝えることに資するものである。

1 A・B

2 A・C

3 A・D

4 B・C

5 B・D

【3】幼稚園教育要領解説(平成30年3月 文部科学省)における「総説」のうち，「教育課程の役割と編成等」(教育課程の編成上の留意事項)に関する記述の内容として最も適切なものは，次の1～5のうちのどれか。

1 幼児の生活は，入園当初の幼稚園生活に親しみ安定していく時期から，他の幼児との関わりの中で幼児の主体的な活動が深まり，やがて幼児同士や学級全体で目的をもって幼稚園生活を展開し深めていく時期までの一律の発達過程がある。

2 必要な経験を積み重ねることによって初めて望ましい発達が促されていくので，教師は先を急ぎながら環境を構成し，幼児にとって意味ある体験となることを見逃さないようにしていくことが大切である。

3 入園当初の幼児，特に3歳児については，自我の芽生え始める時期であること，家庭での生活経験などの差による個人差が大きい時期であることなどの発達の特性を踏まえ，一人一人に応じたきめ細かな指導が一層必要である。

4 幼児期は，発達の特性として，友達の行動の危険性は指摘できても，自分の行動の危険性を予測できないということもあるので，常に教職員が目を配り，禁止や叱責をする必要がある。

5 幼稚園から小学校までの発達や学びは連続しており，移行を円滑にする必要があるため，小学校教育の先取りをすることで，就学前までの幼児期にふさわしい教育を行うことが最も肝心なことである。

【4】 幼稚園教育要領解説(平成30年3月　文部科学省)における「総説」のうち,「指導計画の作成と幼児理解に基づいた評価」の「指導計画の作成上の留意事項」(行事の指導)に関する記述の内容として最も適切なものの組合せは,以下の1〜5のうちのどれか。

A　行事を選択するに当たっては,幼児にとっての意味や教育的価値等を検討するのではなく,教師の意向を中心に,集中して取り組むことができるものとする。

B　行事の指導に当たっては,幼児が行事に期待感をもち,主体的に取り組んで,喜びや感動,さらには,達成感を味わうことができるように配慮する必要がある。

C　行事は,そのものが目的であるため,幼稚園生活の中で,できる限り行事を多く取り入れ,結果やできばえを重視することで,幼児の発達を促す。

D　家庭や地域社会で行われる行事があることに留意し,地域社会や家庭との連携の下で,幼児の生活を変化と潤いのあるものとすることが大切である。

1　A・C
2　A・D
3　B・C
4　B・D
5　C・D

【5】 次の文章は,幼稚園教育要領における「総則」のうち,「特別な配慮を必要とする幼児への指導」に関する記述の一部である。空所(A)〜(D)に該当する語句の組合せとして適切なものは,以下の1〜5のうちのどれか。

　　障害のある幼児などへの指導に当たっては,集団の中で生活することを通して(A)的な発達を促していくことに配慮し,特別支援学校などの助言又は援助を活用しつつ,個々の幼児の障害の状態などに応じた指導内容や指導方法の工夫を(B)的かつ計画的に行うものとする。また,家庭,地域及び医療や福祉,保健等の業務を行う関係機関との連携を図り,(C)的な視点で幼児への教育的支援を行う

ために，個別の教育支援計画を作成し活用することに努めるとともに，個々の幼児の実態を的確に把握し，個別の（　D　）を作成し活用することに努めるものとする。

	A	B	C	D
1	部分	個人	短期	教育目標
2	全体	組織	長期	指導計画
3	全体	個人	長期	指導計画
4	部分	組織	短期	指導計画
5	全体	個人	短期	教育目標

【6】幼稚園教育要領解説(平成30年3月　文部科学省)における「総説」及び「教育課程に係る教育時間の終了後等に行う教育活動などの留意事項」のうち，「教育課程に係る教育時間の終了後等に行う教育活動」に関する記述の内容として最も適切なものの組合せは，以下の1〜5のうちのどれか。

A　幼稚園運営に当たっては，教育課程に基づく活動との関連を図りつつ，幼稚園の開園時間から閉園時間までを視野に入れた1日の幼稚園生活を見通す必要がある。

B　教育課程に係る教育時間外の教育活動は，家庭での過ごし方などにより幼児一人一人の生活リズムや生活の仕方が異なるが，幼稚園では規則正しく幼児全体を同じ生活リズムで過ごせるよう促していくことが大切である。

C　教育課程に係る教育時間外の教育活動は，通常の教育時間の前後や長期休業中などに，地域の実態や保護者の要請に応じて，幼稚園が，当該幼稚園の園児のうち希望者を対象に行う教育活動である。

D　教育課程に係る教育時間に行う活動と，教育課程に係る教育時間終了後等に行う教育活動は，必ず同じように展開するものとし，幼稚園で行われる教育活動全体における協調性を重視する。

1　A・B
2　A・C
3　A・D
4　B・C
5　B・D

【7】 次の文章は，幼稚園教育要領における領域「健康」のうち，「内容の取扱い」に関する記述の一部である。空所（　A　）～（　D　）に該当する語句の組合せとして適切なものは，以下の1～5のうちのどれか。

> 健康な（　A　）を育てるためには食育を通じた望ましい食習慣の形成が大切であることを踏まえ，幼児の（　B　）の実情に配慮し，（　C　）雰囲気の中で教師や他の幼児と食べる喜びや楽しさを味わったり，（　D　）への興味や関心をもったりするなどし，食の大切さに気付き，進んで食べようとする気持ちが育つようにすること。

	A	B	C	D
1	心と体	活動	厳かな	様々な食べ物
2	幼児	食生活	和やかな	様々な食べ物
3	心と体	活動	和やかな	食事のマナー
4	心と体	食生活	和やかな	様々な食べ物
5	幼児	活動	厳かな	食事のマナー

【8】 幼稚園教育要領解説（平成30年3月　文部科学省）における「ねらい及び内容」のうち，「各領域に示す事項」（人との関わりに関する領域「人間関係」の「内容の取扱い」）に関する記述の内容として最も適切なものは，次の1～5のうちのどれか。

1　幼児が自分の力で行うことの充実感を味わうようになるためには，教師は幼児の行動に関心を寄せ，常に幼児のそばに付きながらたくさん褒めたり，励ましたりと多くの言葉を掛けることが必要である。

2　社会のきまりを守ることについては，幼児期では，教師が絵本などの教材を使って人との関わり方を繰り返し指導することにより，規範意識の芽生えを培うことが重要である。

3　教師や年下の者に話すときには，相手に応じて言葉の使い方や表現の仕方を変えた方がよい場合もあり，幼児は，周囲の人々の会話の仕方や話し方を聞きながら，自分も相手により分かるように話し方を変えていくことを学んでいく。

4　協同的な遊びでは，一緒に活動する中で自分の思いと友達の思いが異なることもあり，幼児同士が試行錯誤しながら活動を展開していくようになるが，大切なことは共通の目的を必ず実現できるようにすることである。

5　幼児が集団の中で自信をもって行動できるようになるためには，一人一人が集団の中で認められ，そのよさや特徴が生かされる学級集団の在り方を考えることが必要である。

【9】幼稚園教育要領における領域「環境」のうち，「内容」に関する記述として適切なものは，次の1〜5のうちのどれか。
1　生活に関係の深い情報や様々な文化などに興味や関心をもつ。
2　日常生活の中で数量や時刻などに関心をもつ。
3　生活の中で，様々な物に触れ，その大きさ，美しさ，不思議さなどに気付く。
4　自然などの身近な事象に関心をもち，取り入れて遊ぶ。
5　幼稚園内外の行事において，身近な動植物に親しむ。

【10】幼稚園教育要領における領域「言葉」のうち，「内容」に関する記述として適切なものの組合せは，以下の1〜5のうちのどれか。
A　日常生活の中で，文字などで伝える楽しさを味わう。
B　様々な出来事の中で，感動したことを伝え合う楽しさを味わう。
C　会話の中で言葉の楽しさや美しさに気付く。
D　いろいろな体験を通じてイメージや言葉を豊かにする。
　　1　A・B
　　2　A・C
　　3　A・D
　　4　B・C
　　5　B・D

【11】次の文章は，幼稚園教育要領における領域「表現」のうち，「内容の取扱い」に関する記述の一部である。空所（　A　）〜（　D　）に該当する語句の組合せとして適切なものは，以下の1〜5のうちのどれか。

　　豊かな（　A　）は，身近な（　B　）と十分に関わる中で美しいもの，優れたもの，心を動かす出来事などに出会い，そこから得た（　C　）を他の幼児や教師と共有し，（　D　）に表現することなどを通して養われるようにすること。その際，風の音や雨の音，身近にある草や花の形や色など自然の中にある音，形，色などに気付くようにすること。

	A	B	C	D
1	感性	事象	知識	正確
2	イメージ	環境	知識	様々
3	感性	事象	感動	様々
4	イメージ	事象	知識	正確
5	感性	環境	感動	様々

【12】「指導と評価に生かす記録」(令和3年10月　文部科学省)に示されている「専門性を高めるための記録の在り方」のうち,「保育の記録の意義と生かし方」に関する記述の内容として最も適切なものは, 次の1～5のうちのどれか。

1　実際の保育場面では, 幼児の言動の意味を直ちに理解することが難しい場面があるので, 幼児の心の動きや発達を一つの場面や行動のみで捉えることが重要である。

2　保育中は同時刻に様々な場所で様々な活動が展開しているが, 幼児一人一人を深く理解するために, 特定の幼児とだけ向き合うことが望ましいので, 全体を把握する必要はない。

3　「幼児のありのままの姿を理解する」と言われるが, 理解とは幼児の言動からその意味を解釈することなので, 教師のもつ幼児観や教育観は反映させないようにすることが望ましい。

4　記録には, 日々の保育を振り返る記録, 幼児一人一人の成長記録, 園内研究のテーマに合わせた実践記録, 保護者との連携を図るための記録などがあるが, どれも文字で記録し, 写真やビデオなどは使用しない方がよい。

5　これまでの幼児の行動を振り返り, その延長上に幼児一人一人の次の活動を予測することによって, 教師は環境をあらかじめ構成したり, 幼児の活動の展開に伴って再構成したりすることが可能となる。

【13】「幼保小の架け橋プログラムの実施に向けての手引き(初版)」(令和4年3月　文部科学省)に示されている「幼保小の架け橋プログラムの実施にあたり, 関係者で共有し大切にしていきたい視点」に関する記述の内容として最も適切なものは, 次の1～5のうちのどれか。

1　特別な配慮を必要とする子供(障害のある子供や外国人の子供など)を含

む全ての子供の可能性を引き出すため，サステナブルを保障する意識を持つ。

2　幼保の先生は，子供の思いや願いよりも小学校入学後を重視し，その学びや生活を豊かにしていく存在となる。

3　施設類型・設置者・学校種ごとに，幼保小の先生が主体的に深い学びの実現に向けて取り組み，独自の成果を生み出す。

4　ICTやオンライン等の活用により，先生の負担軽減や時間の効率的使用も図りつつ，効果的に取り組めるようにする。

5　形式的な取組とならないよう，家庭や地域も一緒に，「幼児期の終わりまでに育ってほしい姿」を手掛かりに，子供の姿にとらわれず話し合いを深める。

【14】次の文章は，「障害のある子供の教育支援の手引～子供たち一人一人の教育的ニーズを踏まえた学びの充実に向けて～」（令和3年6月　文部科学省初等中等教育局特別支援教育課）に示されている「就学に関する事前の相談・支援，就学先決定，就学先変更のモデルプロセス」のうち，「就学に向けた様々な事前の準備を支援するための活動」（就学に関する事前の相談・支援の実施に当たっての留意点）に関する記述の一部である。空所（　A　）～（　D　）に該当する語句の組合せとして適切なものは，以下の1～5のうちのどれか。

> 就学先となる学校や（　A　）の検討に当たっては，子供一人一人の（　B　）が最も重要であることについて，（　C　）の理解が深まるよう，丁寧な説明を心がけ，子供の健康，学習，（　D　），成長という観点を最優先する立場で話合いに臨むことができるようにすること。

	A	B	C	D
1	学びの場	教育的ニーズ	保護者	発達
2	遊びの場	社会的ニーズ	友達	発達
3	遊びの場	教育的ニーズ	保護者	環境
4	学びの場	社会的ニーズ	友達	環境
5	学びの場	社会的ニーズ	友達	発達

【15】「就学前教育カリキュラム　改訂版」(平成28年3月　東京都教育委員会)に示されている「総説」のうち、「就学前教育カリキュラムの基本的な考え方」(生きる力の基礎を身に付けた子供像)に関する記述として適切なものは、次の1〜5のうちのどれか。

1　衣服の着脱、食事、排せつ、片付けなど生活に必要な活動の中で、できないことは、身近な人に助けを求める。

2　友達と思いや考えが異なるときは、相手の気持ちよりも自分の思ったことを優先して行動する。

3　集団での活動の中では、生活の流れなどは気にせず、今の自分の思いを優先して活動に取り組む。

4　相手も自分も気持ちよく過ごすために、してよいことと悪いことは、教師に判断を仰ぐ。

5　友達と互いのよさを感じながら協力したり、一緒に解決策を考えたりしながら遊びを進める。

【16】次の文章は、「東京都特別支援教育推進計画(第二期)第二次実施計画〜共生社会の実現に向けた特別支援教育の推進〜」(令和4年3月　東京都教育委員会)に示されている「第二次実施計画の基本的な考え方」のうち、「東京都特別支援教育推進計画(第二期)の策定」(推進計画(第二期)の目指す将来像)に関する記述の一部である。空所(A)〜(D)に該当する語句の組合せとして適切なものは、以下の1〜5のうちのどれか。

○　全ての特別支援学校において、充実した教育環境の中、幼児・児童・生徒一人一人の障害の種類・程度や多様な教育ニーズに応じた(A)の高い指導・支援が行われ、それぞれの有する能力が最大限に高められている。

○　発達障害のある児童・生徒に対して、切れ目なく、継続性のあるきめ細かな指導・支援が行われ、児童・生徒一人一人が、(B)を培いながら、(C)ための力を身に付けている。

○　障害のある幼児・児童・生徒が、スポーツや芸術活動への取組を通じて(D)の場を広げ、その才能を十分に発揮するとともに、豊かな心や健やかな体が育まれている。

	A	B	C	D
1	主体性	好奇心	社会で活躍する	協同的な活動
2	専門性	好奇心	自ら学ぶ	自己実現
3	主体性	自尊感情	自ら学ぶ	協同的な活動
4	専門性	自尊感情	社会で活躍する	自己実現
5	主体性	好奇心	自ら学ぶ	協同的な活動

【17】 次の文章は,「幼保連携型認定こども園における園児が心を寄せる環境の構成」(令和4年3月　内閣府　文部科学省　厚生労働省)における「『環境を通して行う教育及び保育』の基本的な考え方」のうち,「幼保連携型認定こども園における教育及び保育の基本」に関する記述の一部である。空所（　A　）～（　D　）に該当する語句の組合せとして適切なものは,以下の1～5のうちのどれか。

○　幼保連携型認定こども園は,（　A　）と（　B　）,両方の役割や機能をもった施設です。生活の流れや,これまでの経験が異なる様々な園児が生活することに配慮しながら,（　C　）及び保育を行っていきます。

○　幼保連携型認定こども園では,（　C　）と保育を（　D　）的に捉え提供していくことを大切にしていきましょう。

	A	B	C	D
1	学校	児童相談所	遊び	一体
2	保育所	児童福祉施設	遊び	一体
3	学校	児童福祉施設	遊び	断片
4	保育所	児童相談所	教育	断片
5	学校	児童福祉施設	教育	一体

【18】「『令和の日本型学校教育』の構築を目指して～全ての子供たちの可能性を引き出す,個別最適な学びと,協働的な学びの実現～(答申)」(令和3年1月　中央教育審議会)に示されている「各論」のうち,「幼児教育の質の向上について」に関する記述の内容として最も適切なものは,次の1～5のうちのどれか。

1　幼児教育施設においては,集団活動を通して,家庭や地域では体験し難

23

い，社会・文化自然等に触れる中で，学力を確実に定着させるための資質・能力を育成する幼児教育の実践の質の向上に一層取り組んでいく必要がある。

2 幼児教育施設では，小学校以降の教科指導につながる教育を基本としていることから，各教科が子供の発達にとってどのような意味があるのかといった各教科の教育的価値について研究を積み重ねていくことが重要である。

3 自己評価や学校関係者評価を各園のカリキュラム・マネジメントにつなげていくことが重要であるとともに，専門的知見を有する者が参画する公開保育の仕組みを学校関係者評価に活用することは有効である。

4 障害のある幼児等の将来的な自立と社会参加を見据えた画一的な教育のための早期発見・早期支援が重要であり，幼児教育施設における特別支援教育の充実，それを支える関係機関・部局と連携した切れ目ない支援体制整備が求められる。

5 幼児教育施設における親子登園や相談事業，一時預かり事業等による地域の未就園児を含めた子育ての支援については，保護者の要望を精査して支援の可否を判断する必要がある。

【19】 次の文章は，日本国憲法の条文である。空所（ A ）〜（ D ）に該当する語句の組合せとして適切なものは，以下の1〜5のうちのどれか。

○ すべて国民は，個人として尊重される。生命，自由及び幸福追求に対する国民の（ A ）については，公共の福祉に反しない限り，立法その他の国政の上で，最大の尊重を必要とする。

○ すべて国民は，法の下に平等であつて，（ B ），信条，性別，社会的身分又は門地により，政治的，経済的又は社会的関係において，差別されない。

○ すべて国民は，（ C ）で文化的な最低限度の生活を営む権利を有する。

○ すべて国民は，法律の定めるところにより，その（ D ）に応じて，ひとしく教育を受ける権利を有する。

	A	B	C	D
1	権利	出生	平和	意欲
2	義務	人種	健康	意欲
3	権利	人種	健康	能力
4	義務	出生	健康	能力
5	権利	人種	平和	能力

【20】教育基本法の条文として適切なものは，次の1～5のうちのどれか。

1 正義と責任，男女の平等，自他の敬愛と協力を重んずるとともに，公共の精神に基づき，主体的に社会の形成に参画し，その発展に寄与する道徳心を養うこと。

2 国及び地方公共団体は，障害のある者が，その障害の状態に応じ，十分な教育を受けられるよう，教育上必要な支援を講じなければならない。

3 教育は，人格の完成を目指し，豊かで民主的な国家及び社会の形成者として必要な資質を備えた心身ともに健康な国民の育成を期して行わなければならない。

4 父母その他の保護者は，子の教育について選択する権利を有するものであって，生活のために必要な知識と教養を育成し，心身の健康に努めるものとする。

5 法律に定める学校の教員は，自己の待遇の適正を深く自覚し，絶えず研究と修養に励み，その職責の遂行に努めなければならない。

【21】学校保健安全法の条文として適切なものの組合せは，以下の1～5のうちのどれか。

A 国は，各学校における安全に係る取組を総合的かつ効果的に推進するため，学校安全の推進に関する計画の策定その他所要の措置を講ずるものとする。

B 学校の設置者は，学校環境衛生基準に照らしてその設置する学校の適切な環境の維持に努めなければならない。

C 学校においては，児童生徒等の心身の健康に関し，専門の医療機関で健康相談を実施しなければならない。

D 学校の設置者は，学校の職員に対して本人の同意があれば，健康診断の結果に基づく治療及び勤務の軽減等の措置を延期することができる。

　　1　A・B
　　2　A・C
　　3　A・D
　　4　B・C
　　5　B・D

【22】次の文章は，児童福祉法の条文である。空所（　A　）～（　D　）に該当する語句の組合せとして適切なものは，以下の1～5のうちのどれか。

　　全て国民は，児童が良好な（　A　）において生まれ，かつ，社会のあらゆる分野において，児童の（　B　）及び（　C　）の程度に応じて，その（　D　）が尊重され，その最善の利益が優先して考慮され，心身ともに健やかに育成されるよう努めなければならない。

	A	B	C	D
1	環境	年齢	養育	意見
2	環境	特性	発達	人権
3	家庭	年齢	養育	意見
4	家庭	特性	発達	人権
5	環境	年齢	発達	意見

【23】児童虐待の防止等に関する法律の条文として適切なものは，次の1～5のうちのどれか。

1　児童の親権を行う者は，児童を心身ともに健やかに育成することについて第一義的責任を有するものであって，親権を行うに当たっては，できる限り児童の利益を尊重するよう努めなければならない。

2　国及び地方公共団体は，児童虐待を受けた児童がその重大さにかかわらず心身に受けた被害の事例の分析を行うとともに，必要な事項についての調査研究及び検証を行うものとする。

3　都道府県知事は，児童虐待が行われているおそれがあると認めるときは，緊急時のみ当該児童の保護者に対し，当該児童を同伴せずに出頭することを認め，児童委員等に必要な調査又は質問をさせることができる。

4　都道府県知事は，児童虐待が行われている疑いがあるときは，児童委員等に都道府県知事があらかじめ発する許可状により，当該児童を捜索さ

せることができる。

5　国及び地方公共団体は，児童虐待を行った保護者が当該勧告に従わない場合において必要があると認めるときは，当該児童の一時保護その他の必要な措置を講ずるものとする。

【24】次の教育思想に関わる「人物」と関連の深い「著書や施設」の組合せとして適切なものは，以下の1～5のうちのどれか。

【人物】

A　野口幽香
B　倉橋惣三
C　関　信三
D　石井十次

【著書や施設】

ア　幼稚園真諦
イ　二葉幼稚園
ウ　岡山孤児院
エ　幼稚園創立法

1　A－ア　　B－イ　　C－エ　　D－ウ
2　A－イ　　B－ウ　　C－ア　　D－エ
3　A－イ　　B－ア　　C－エ　　D－ウ
4　A－エ　　B－ア　　C－ウ　　D－イ
5　A－ウ　　B－エ　　C－イ　　D－ア

【25】身近な植物に関する説明として最も適切なものは，次の1～5のうちのどれか。

1　アサガオは，1年草で種子から成長する植物である。
2　ヒマワリは，2年以上にわたり生きつづける多年草である。
3　キンモクセイは，春になると紫色の大きな花を咲かせる。
4　ホウセンカは，球根から葉をつけ花を咲かせる。
5　サクラは，どの季節でも葉がついている常緑樹である。

【26】 絵本の「題名」と「作者」の組合せとして適切なものは，以下の1～5のうちのどれか。

A　きんぎょがにげた　　　―――　五味太郎

B　バムとケロのにちようび　―――　なかやみわ

C　からすのパンやさん　　―――　かこさとし

D　そらまめくんのベッド　―――　島田ゆか

　1　A・B

　2　A・C

　3　A・D

　4　B・C

　5　B・D

【27】 健康・安全に関する説明として最も適切なものの組合せは，以下の1～5のうちのどれか。

A　教育・保育施設等でプール活動・水遊びを行う場合は，水の外で監視に専念する人員とプール指導等を行う人員を分けて配置し，その役割分担を明確にする。

B　乳幼児は，感染症に対しての免疫が弱いので，全ての感染症に対してワクチンによる予防接種を行わなければならない。

C　背部叩打法とは，気道や食道に異物が詰まっている場合に，背中を強く叩き，異物を除去する方法の一つである。

D　AED(自動体外式除細動器)は，医師や看護師など資格を持った者しか使用することができない。

　1　A・B

　2　A・C

　3　A・D

　4　B・C

　5　B・D

【28】 次の旋律は，ある歌唱曲の一部を抜粋したものである。楽譜を見て，以下の各問いに答えなさい。

[問1] この楽曲の題名に出てくる遊びは，次の1～5のうちのどれか。

1　おにごっこ　　　2　みずでっぽう　　　3　しゃぼんだま

4　かけっこ　　　　5　かくれんぼ

[問2] この楽曲の中の音符♩に付いている符号「＞」の意味として最も適切なものは，次の1～5のうちのどれか。

1　その音でペダルを踏む　　　2　その音を延長する

3　その音を短く切る　　　　　4　その音を強調する

5　その音を十分に保つ

[問3] （　A　）部分の小節として最も適切なものは，次の1～5のうちのどれか。

解答・解説

【1】4

〈解説〉「幼稚園教育の基本」に関して幼稚園教育要領解説(平成30年3月)「総説」で1は，「教育は，子供の望ましい発達を期待し，子供のもつ潜在的な可能性に働き掛け，その人格の形成を図る営みである。特に，幼児期の教育は，生涯にわたる人格形成の基礎を培う重要な役割を担っている」，2は「一般に，幼児期は自分の生活を離れて知識や技能を一方向的に教えられて身に付けていく時期ではなく，生活の中で自分の興味や欲求に基づいた直接的・具体的な体験を通して，この時期にふさわしい生活を営むために必要なことが培われる時期であることが知られている」，3は「幼稚園教育においては，学校教育法に規定された目的や目標が達成されるよう，幼児期の発達の特性を踏まえ，幼児の生活の実情に即した教育内容を明らかにして，それらが生活を通して幼児の中に育てられるように計画性をもった適切な教育が行われなければならない」，5は「環境の中に教育的価値を含ませながら，幼児が自ら興味や関心をもって環境に取り組み，試行錯誤を経て，環境へのふさわしい関わり方を身に付けていくことを意図した教育である」と解説している。

【2】2

〈解説〉幼稚園教育要領解説(平成30年3月)「総説」において，Bは「幼児期の終わりまでに育ってほしい姿」は5歳児に突然見られるようになるものではないため，5歳児だけでなく，3歳児，4歳児の時期から，幼児が発達していく方向を意識して，それぞれの時期にふさわしい指導を積み重ねていくことに留意する必要がある。Dは「『幼児期の終わりまでに育ってほしい姿』からイメージする子供の姿にも違いが生じることがあるが，教師同士で話し合いながら，子供の姿を共有できるようにすることが大切である」と解説されている。

【3】3

〈解説〉幼稚園教育要領解説(平成30年3月)「総説」において，1は「教育課程の編成や指導計画の作成においては，入園から修了まで幼児の生活する姿がどのように変容するかという発達の過程を捉え，発達の見通しをもつことが大切である。発達には個人差があり，様々な道筋があることはいうまでもないが，大筋でみると同じような道筋をたどるものである」，2は「必要な経験を積み重ねることによって初めて望ましい発達が促されていくので，

先を急ぎ過ぎたり，幼児にとって意味ある体験となることを見逃してしまったりすることのないようにすることが大切である」，4は「幼児期は，発達の特性として，友達の行動の危険性は指摘できても，自分の行動の危険性を予測できないということもあるので，友達や周囲の人々の安全にも関心を向けながら，次第に幼児が自ら安全な行動をとることができるように，発達の実情に応じて指導を行う必要がある」，5は「幼児は，幼稚園から小学校に移行していく中で，突然違った存在になるわけではない。発達や学びは連続しており，幼稚園から小学校への移行を円滑にする必要がある。しかし，それは，小学校教育の先取りをすることではなく，就学前までの幼児期にふさわしい教育を行うことが最も肝心なことである」とされている。

【4】4

〈解説〉幼稚園教育要領解説（平成30年3月）「総説」においてAは，「行事を選択するに当たっては，その行事が幼児にとってどのような意味をもつのかを考えながら，それぞれの教育的価値を十分に検討し，長期の指導計画を念頭に置いて，幼児の生活に即して必要な体験が得られるように，また遊びや生活が更に意欲的になるよう，行事が終わった後の幼稚園生活をも考慮することが大切である」，Cは「行事そのものを目的化して，幼稚園生活に行事を過度に取り入れたり，結果やできばえに過重な期待をしたりすることは，幼児の負担になるばかりでなく，ときには幼稚園生活の楽しさが失われることにも配慮し，幼児の発達の過程や生活の流れから見て適切なものに精選することが大切である」と解説されている。

【5】2

〈解説〉平成29年の幼稚園教育要領改訂において，この部分は大きく修正された。その際加筆された個別の教育支援計画とは「関係機関の連携による乳幼児期から学校卒業後まで一貫した支援を行うための教育的支援の目標や内容等を盛り込んだ」もののことで，「個別の指導計画」とは「児童生徒一人一人のニーズに応じた指導目標や内容，方法等を示した」ものである。

【6】2

〈解説〉「教育課程に係る教育時間の終了後等に行う教育活動」について幼稚園教育要領解説（平成30年3月）「総説」でBは，「家庭での過ごし方などにより幼児一人一人の生活のリズムや生活の仕方が異なることに十分配慮して，心身の負担が少なく，無理なく過ごせるように，1日の流れや環境を工夫することが大切である」，Dは「教育課程に係る教育時間の終了後等に行う教

育活動を行うに当たっては，教育活動であることから，学校教育法第22条，第23条によって示されている幼稚園教育の目的及び目標と，幼稚園教育要領第1章第1に示す幼稚園教育の基本を踏まえた活動とする必要がある。これは，必ずしも教育課程に係る教育時間に行う活動と同じように展開するものではないが，幼稚園の教育活動として適切な活動となるよう，学校教育法や幼稚園教育の基本を踏まえ，そこで示されている基本的な考え方によって幼稚園で行われる教育活動全体が貫かれ，一貫性をもったものとなるようにすることが大切である」と解説されている。

【7】4

〈解説〉幼稚園の教育課程は，心身の健康に関する領域「健康」，人とのかかわりに関する領域「人間関係」，身近な環境とのかかわりに関する領域「環境」，言葉の獲得に関する領域「言葉」及び感性と表現に関する領域「表現」の5領域から構成されており，幼稚園教育要領（平成30年3月）では領域「健康」の内容の取扱いについて出題の引用部分とは別に5点の留意事項が示されている。

【8】5

〈解説〉幼稚園教育要領解説（平成30年3月）において1は，「幼児が自分自身の生活を確立し，自分の力で行うことの充実感を味わうようになるために，教師は次の点に配慮することが大切である。第一は，幼児の行動に温かい関心を寄せることである。それは，やたらに褒めたり，励ましたり，付きまとったりすることではない。大人がもっている判断の基準にとらわれることなく，幼児のありのままの姿をそのまま受け止め，期待をもって見守ることである」，2は「社会のきまりを守ることは，初めからできるわけではなく，日々，繰り返される生活や人との関わりを通して徐々に規範意識が形成され，きまりを守ることができるようになっていく。特に，幼児期では，教師や友達と共にする集団の生活を通して，体験を重ねながら規範意識の芽生えを培うことが重要である」，4は「皆で一緒に活動する中では，自分の思いと友達の思いが異なることもあり，ときには自己主張がぶつかり合い，ある部分は互いに我慢したり友達の思いを受け入れたりしながら活動を展開していくこともある。このように，幼児同士が試行錯誤して活動を展開していくようになるが，大切なことは，幼児自身が活動自体を楽しむことである」とされている。3は，言葉の獲得に関する領域「言葉」の「内容の取扱い」に関する記述である。

【9】4

〈解説〉幼稚園教育要領では領域「環境」の内容について，1は「生活に関係の深い情報や施設などに興味や関心をもつ」，2は「日常生活の中で数量や図形などに関心をもつ」，3は「生活の中で，様々な物に触れ，その性質や仕組みに興味や関心をもつ」，5は「幼稚園内外の行事において国旗に親しむ」とされている。

【10】3

〈解説〉幼稚園教育要領においてBは，感じたことや考えたことを自分なりに表現することを通して，豊かな感性や表現する力を養い，創造性を豊かにする領域「表現」，Cは，経験したことや考えたことなどを自分なりの言葉で表現し，相手の話す言葉を聞こうとする意欲や態度を育て，言葉に対する感覚や言葉で表現する力を養う領域「言葉」の内容において，「生活の中で言葉の楽しさや美しさに気付く」とされている。

【11】5

〈解説〉幼稚園教育要領領域「表現」の「内容の取扱い」では，3点の留意事項が示されており，幼稚園教育要領解説（平成30年3月）ではこのような感動を起こす環境として「このような環境としては，幼児一人一人の感動を引き出せる自然から，絵本，物語などのような幼児にとって身近な文化財，さらに，心を弾ませたり和ませたりするような絵や音楽がある生活環境など幅広く考えられる」と具体的に解説している。

【12】5

〈解説〉「指導と評価に生かす記録」（令和3年10月）「第1章 専門性を高めるための記録の在り方」で，1は「幼児の心の動きや発達を一つの場面や行動のみで捉えるのではなく，一定の期間の記録をまとめることで捉えるということも大切です」，2は「保育中は同時刻に様々な場所で様々な活動が展開していますから，全体を把握した上で，最も援助を必要としている幼児や活動を的確に把握し，対応する必要があります」，3は「『幼児のありのままの姿を理解する』と言いますが，理解とは幼児の言動からその意味を解釈することですから，そこには教師のもつ幼児観や教育観が反映されます」，4は「文字による記録が主ですが，それ以外にも写真やビデオなどの映像記録やイラストなどで表した記録もあります。記録を保育に生かすためには，記録の目的を意識し，その目的に応じた方法を考えて使い分けたり，工夫したりすることが大切です」とされている。

【13】 4

〈解説〉「幼保小の架け橋プログラム」は，子供に関わる大人が立場を越えて連携し，架け橋期(義務教育開始前後の5歳児から小学校1年生の2年間)にふさわしい主体的・対話的で深い学びの実現を図り，一人一人の多様性に配慮した上で全ての子供に学びや生活の基盤を育むことを目指すもの。「保幼小の架け橋プログラムの実施に向けての手引き(初版)」(令和4年3月)「幼保小の架け橋プログラムの実施にあたり，関係者で共有し大切にしていきたい視点」で，1は「特別な配慮を必要とする子供(障害のある子供や外国人の子供など)を含む全ての子供の可能性を引き出すため，ウェルビーイングを保障する意識を持ちましょう」，2は「幼保小を問わず，先生や大人は，子供の思いや願いを踏まえ，その学びや生活を豊かにしていく存在です」，3は「施設類型・設置者・学校種を越えて，幼保小の先生が，気軽に話し合える関係を構築し，対話を大切にするとともに，主体的・対話的で深い学びの実現に向けて協働して取り組み，発信しましょう」，5は「形式的な取組とならないよう，家庭や地域も一緒に，『幼児期の終わりまでに育ってほしい姿』を手掛かりに，子供の姿を起点に話し合いを深めましょう」とされている。なおウェルビーイングは「Well」と「Being」を組み合わせた言葉で，身体的な健康，精神的な健康，社会的に良好な状態，これらすべてが満たされた状態を「ウェルビーイング」と呼ぶ。

【14】 1

〈解説〉「障害のある子供の教育支援の手引～子供たち一人一人の教育的ニーズを踏まえた学びの充実に向けて～」は，令和3年1月に取りまとめられた「新しい時代の特別支援教育の在り方に関する有識者会議報告」を受けて令和3年6月に文部科学省が作成したものである。その「第2編 就学に関する事前の相談・支援，就学先決定，就学先変更のモデルプロセス 第2章 就学に向けた様々な事前の準備を支援するための活動 1 就学に関する事前の相談・支援とは (2)就学に関する事前の相談・支援の実施に当たっての留意点」では6点の留意点が示されている。

【15】 5

〈解説〉「就学前カリキュラムの基本的な考え方」について「就学前教育プログラム 改訂版」(平成28年3月)「総説」で，1は「衣服の着脱，食事，排せつ，片付けなど生活に必要な活動の必要性に気付き，自分のことは自分でする」，2は「友達の思いや考えを受け止め，相手の気持ちを大切に考えな

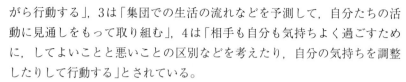

がら行動する」, 3は「集団での生活の流れなどを予測して, 自分たちの活動に見通しをもって取り組む」, 4は「相手も自分も気持ちよく過ごすために, してよいことと悪いことの区別などを考えたり, 自分の気持ちを調整したりして行動する」とされている。

【16】 4

〈解説〉「東京都特別支援教育推進計画(第二期)第二次実施計画〜共生社会の実現に向けた特別支援教育の推進〜」は障害のある子供たちが自分らしく成長できるように子供たちの意見も聴取し令和4年3月に東京都教育委員会が策定したもので, 基本理念を「共生社会の実現に向け, 障害のある幼児・児童・生徒の自立を目指し, 一人一人の能力を最大限に伸長して, 社会に参加・貢献できる人間を育成」とし, 4つの方向性を示している。なお自己実現とは「人が自らの内に潜在している可能性を最大限に開発し, それを実現して生きること」である。

【17】 5

〈解説〉「幼保連携型認定こども園における園児が心を寄せる環境の構成」(令和4年3月)は, 幼保連携型認定こども園教育・保育要領に基づき教育及び保育を展開する中で, 環境の構成を行う際に基本となる考え方や方法について解説するものであり, 保育教諭等による的確な園児の理解の下, 指導計画を作成し, 環境を構成していくという実践の流れにおいて行われている一つ一つの内容や関連性について, 具体的な考え方を示している。幼保連携型認定こども園において展開される教育及び保育は, 幼保連携型認定こども園教育・保育要領にも示されているように, 乳幼児期の全体を通して, その特性や保護者, 地域の実態を踏まえ, 「環境を通して行う」ものであることが基本である。

【18】 3

〈解説〉「『令和の日本型学校教育』の構築を目指して〜全ての子供たちの可能性を引き出す, 個別最適な学びと, 協働的な学びの実現〜」は中央教育審議会が令和3年1月26日に答申したものである。「幼児教育の質の向上」について「各論」で, 1は「幼児教育施設においては, 集団活動を通して, 家庭や地域では体験し難い, 社会・文化自然等に触れる中で, 幼児期に育みたい資質・能力を育成する幼児教育の実践の質の向上に一層取り組んでいく必要がある」, 2は「幼児教育施設では, 環境を通して行う教育を基本としていることから, 環境が子供の発達にとってどのような意味があるのかと

る」，4は「障害のある幼児等の将来的な自立と社会参加を見据えた一人一人の教育的ニーズを把握した早期発見・早期支援が重要であることから，幼児教育施設における特別支援教育の充実，それを支える関係機関・部局と連携した切れ目ない支援体制整備が求められている」，5は「幼児教育施設における親子登園や相談事業，一時預かり事業等の取組の充実を図ることなどにより，地域の未就園児を含めた子育ての支援の充実を図ることが必要である」とされている。

【19】 3

〈解説〉幸福追求権を保障した日本国憲法第13条，法の下の平等を定めた憲法第14条，生存権を保障した憲法第25条，教育を受ける権利を保障した憲法第26条からの出題である。憲法は，国民の権利・自由を守るために，国がやってはいけないこと（またはやるべきこと）について国民が定めた最高法規であり，日本国憲法は前文と103の条文で構成されている。

【20】 2

〈解説〉1は教育基本法第2条が定める教育の目標の一つで，正しくは「正義と責任，男女の平等，自他の敬愛と協力を重んずるとともに，公共の精神に基づき，主体的に社会の形成に参画し，その発展に寄与する態度を養うこと」である。3は教育の目的を定めた教育基本法第1条で，正しくは「教育は，人格の完成を目指し，平和で民主的な国家及び社会の形成者として必要な資質を備えた心身ともに健康な国民の育成を期して行われなければならない」である。4は家庭教育について定めた教育基本法第10条第1項で，正しくは「父母その他の保護者は，子の教育について第一義的責任を有するものであって，生活のために必要な習慣を身に付けさせるとともに，自立心を育成し，心身の調和のとれた発達を図るよう努めるものとする」である，5は教員について定めた教育基本法9条第1項で，正しくは「法律に定める学校の教員は，自己の崇高な使命を深く自覚し，絶えず研究と修養に励み，その職責の遂行に努めなければならない」である。なお2は教育の機会均等を定めた教育基本法第4条第2項である。

【21】 1

〈解説〉学校保健安全法は学校における児童・生徒及び職員の健康の保持増進や安全の確保に必要な事項を定めた昭和33年制定の法律である。Cについて，学校保健安全法第8条は「学校においては，児童生徒等の心身の健康に

関し，健康相談を行うものとする」，Dについて，同法第16条で「学校の設置者は，前条の健康診断の結果に基づき，治療を指示し，及び勤務を軽減する等適切な措置をとらなければならない」とされている。

【22】5

〈解説〉児童福祉法は児童が良好な環境において生まれ，且つ，心身ともに健やかに育成されるよう，保育，母子保護，児童虐待防止対策を含むすべての児童の福祉を支援する昭和22年制定の法律。出題は児童福祉に関して国民の努力義務を定めた同法第2条第1項である。なお同法第12条により，児童の福祉増進のため各都道府県に児童相談所が設置され，児童の生活全般に関して保護者や学校からの相談に応じ，児童や家庭について調査や判定を行って，必要な指導や措置を行っている。

【23】1

〈解説〉2について児童虐待の防止等に関する法律第4条第5項は「国及び地方公共団体は，児童虐待を受けた児童がその心身に著しく重大な被害を受けた事例の分析を行うとともに，児童虐待の予防及び早期発見のための方策，児童虐待を受けた児童のケア並びに児童虐待を行った保護者の指導及び支援のあり方，学校の教職員及び児童福祉施設の職員が児童虐待の防止に果たすべき役割その他児童虐待の防止等のために必要な事項についての調査研究及び検証を行うものとする」，3について同法8条の2は「都道府県知事は，児童虐待が行われているおそれがあると認めるときは，当該児童の保護者に対し，当該児童を同伴して出頭することを求め，児童委員又は児童の福祉に関する事務に従事する職員をして，必要な調査又は質問をさせることができる」，4について同法9条の3は「都道府県知事は，第8条の2第1項の保護者又は第9条第1項の児童の保護者が正当な理由なく同項の規定による児童委員又は児童の福祉に関する事務に従事する職員の立入り又は調査を拒み，妨げ，又は忌避した場合において，児童虐待が行われている疑いがあるときは，当該児童の安全の確認を行い，又はその安全を確保するため，児童の福祉に関する事務に従事する職員をして，当該児童の住所又は居所の所在地を管轄する地方裁判所，家庭裁判所又は簡易裁判所の裁判官があらかじめ発する許可状により，当該児童の住所若しくは居所に臨検させ，又は当該児童を捜索させることができる」，5について同法第11条第5項は「都道府県知事は，前項の規定による勧告を受けた保護者が当該勧告に従わない場合において必要があると認めるときは，児童福祉法第33条第

2項の規定により児童相談所長をして児童虐待を受けた児童の一時保護を行わせ，又は適当な者に当該一時保護を行うことを委託させ，同法第27条第1項第3号又は第28条第1項の規定による措置を採る等の必要な措置を講ずるものとする」としている。なお1は同法第4条第7項で規定されている。

【24】3

〈解説〉野口幽香(1866〜1950年)は私立幼稚園の先駆けとなる社会福祉法人二葉幼稚園の創設者で，今日のような福祉制度がない時代，社会からはじき出され，誰からも見られることがなかった貧児やその母親らを支援し，寄り添ったとされる。倉橋惣三(1882〜1955年)は静岡県生まれの教育者・教育学者で，幼稚園教育の改善に努め，『幼稚園真諦』を著し，自然主義保育論を指導した。関信三(1843〜1880年)は明治時代の教育者で，東京女子師範(現お茶の水女子大)校付属幼稚園開設に際し初代監事として，主任保母松野クララらと日本初の幼稚園経営を行い，『幼稚園創立法』を著した。石井十次(1865〜1914年)は岡山孤児院の創設など児童救済に力を尽くし，「児童福祉の父」と呼ばれている。

【25】1

〈解説〉ヒマワリは1年草なので2は誤り。キンモクセイは秋にオレンジ色の小さな花を咲かせるので3は誤り。ホウセンカは種から発芽するので4は誤り。サクラは落葉樹で，秋に紅葉しその後落葉するので5は誤り。

【26】2

〈解説〉A 『きんぎょがにげた』(五味太郎)…金魚鉢から一匹の金魚が逃げ出した。逃げた金魚を探しながら読み進む絵本。 B 『バムとケロのにちようび』(島田ゆか)…雨の日曜日。犬のバムは読書をするために，まずは部屋の掃除をして，おやつ作りをする。 C 『からすのパンやさん』(かこさとし)…森のからすの街のパンやさんには4羽のあかちゃんがいる。忙しく子育てをしながらも，おもしろい形のパンを焼くと，パンやさんは大繁盛。 D 『そらまめくんのベッド』(なかやみわ)…そらまめくんの宝物はふわふわベッド。ある日，大事なベッドがなくなり探しにいくと，うずらのおかあさんが使っているところを発見。問題文ではBとDの作者が入れ替わっているので，「題名」と「作者」の組合わせとして適切なものは，AとCである。

【27】2

〈解説〉Bについて，生後数か月以降，母親から胎盤を通して受け取っていた

免疫(移行抗体)が減少し始めるので，乳幼児は感染症にかかりやすいが，全てのワクチンによる予防接種を行わなければならないわけではない。「保育所における感染症対策ガイドライン2018年改訂版　2023(令和5)年5月一部改訂　子ども家庭庁)に「日本において小児への接種可能な主なワクチンの種類(2023(令和5)年10月現在)」が掲載されている。Dについて，AEDは特別な資格がなくても，誰でも行える応急手当であり，各地の消防署が使用方法の講習会を広く行っている。

【28】問1 5　　問2 4　　問3 1

〈解説〉問1　楽譜は，サトウハチロー作詞，中田喜直作曲の「かわいいかくれんぼ」である。「ひよこがね　おにわで　ぴょこぴょこ　かくれんぼ」という歌いだしで広く知られている。　問2「アクセント」と呼ばれ，この記号がついた音を強調して演奏する。2「フェルマータ」，3「スタッカート」，5「テヌート」の記号も確認しておきたい。　問3　4分の2拍子の楽曲なので，Aには4分音符2つ分の音が入る。該当するのは1と5である。4段目は「きいろい　あんよが　みえてるよ」の部分であることを加味すると1であることが分かる。

令和4年度

【1】 次の文章は，幼稚園教育要領における「総則」のうち，「幼稚園教育の基本」に関する記述の一部である。空所A～Dに該当する語句の組合せとして適切なものは，以下の1～5のうちのどれか。

> 幼児期の教育は，生涯にわたる（　A　）の基礎を培う重要なものであり，幼稚園教育は，学校教育法に規定する目的及び目標を達成するため，（　B　）を踏まえ，環境を通して行うものであることを基本とする。
>
> このため教師は，幼児との信頼関係を十分に築き，幼児が身近な環境に主体的に関わり，（　C　）や意味に気付き，これらを取り込もうとして，試行錯誤したり，考えたりするようになる幼児期の教育における見方・考え方を生かし，幼児と共によりよい（　D　）を創造するように努めるものとする。

	A	B	C	D
1	人格形成	個々の特性	環境の生かし方	園環境
2	生きる力	幼児期の特性	環境の生かし方	教育環境
3	生きる力	個々の特性	環境の生かし方	園環境
4	人格形成	幼児期の特性	環境との関わり方	教育環境
5	生きる力	幼児期の特性	環境との関わり方	教育環境

【2】 幼稚園教育要領における「総則」のうち，「幼稚園教育において育みたい資質・能力及び『幼児期の終わりまでに育ってほしい姿』」に関する記述の内容として最も適切なものは，次の1～5のうちのどれか。

1　身近な事象に積極的に関わる中で，物の性質や仕組みなどを図鑑や教師の指導を通して学ぶことにより，考えたり，予想したり，工夫したりするなど，多様な関わりを楽しむようになる。

2　幼稚園内外の様々な環境に関わる中で，遊びや生活に必要な情報を取り入れ，情報に基づき判断したり，情報を伝え合ったり，活用したりするなど，情報を役立てながら活動するようになる。

3　友達と様々な体験を重ねる中で，してよいことや悪いことが分かり，自分の行動を振り返ったり，友達の気持ちに共感したりし，学級で決められた決まりの意味を考えるようになる。

4 心を動かす出来事などに触れ感性を働かせる中で，様々な素材の特徴や表現の仕方などに気付き，感じたことや考えたことを自分で表現したり，友達同士で表現する過程を楽しんだりし，表現する難しさを感じるようになる。

5 自然に触れて感動する体験を通して，自然の変化などを感じ取り，好奇心や探究心をもって考え言葉などで表現しながら，身近な事象への関心が高まる反面，災害などの自然に対する恐ろしさも感じるようになる。

【3】次の文章は，幼稚園教育要領における「総則」のうち，「指導計画の作成と幼児理解に基づいた評価」に関する記述の一部である。空所A〜Cに該当する語句の組合せとして適切なものは，以下の1〜5のうちのどれか。

> 幼稚園教育は，幼児が自ら意欲をもって環境と関わることによりつくり出される具体的な活動を通して，その目標の達成を図るものである。
> 幼稚園においてはこのことを踏まえ，（ A ）が展開され，適切な指導が行われるよう，（ B ）に基づき，調和のとれた組織的，発展的な指導計画を作成し，幼児の活動に沿った（ C ）を行われなければならない。

	A	B	C
1	幼児期にふさわしい生活	それぞれの幼稚園の教育課程	柔軟な指導
2	小学校教育に向けての生活	幼稚園指導要領	堅固な指導
3	幼児期にふさわしい生活	幼稚園指導要領	堅固な指導
4	小学校教育に向けての生活	幼稚園指導要領	柔軟な指導
5	幼児期にふさわしい生活	それぞれの幼稚園の教育課程	堅固な指導

【4】次の文章は，幼稚園教育要領における「総則」のうち，「教育課程に係る教育時間終了後等に行う教育活動など」に関する記述である。空所A〜Dに該当する語句の組合せとして適切なものは，以下の1〜5のうちのどれか。

> 幼稚園は，第3章に示す教育課程に係る教育時間の終了後等に行う教育活動について，（ A ）に規定する目的及び目標並びにこの章の第1に示す幼稚園教育の（ B ）を踏まえ実施するものとする。また，（ C ）の達成に資するため，幼児の生活全体が豊かなものとなるよう家庭や地域における幼児期の教育の（ D ）に努めるものとする。

	A	B	C	D
1	学校教育法	基本	幼稚園の目的	支援
2	学校教育法	ねらい	教育計画	啓蒙
3	各園の教育目標	基本	教育計画	支援
4	各園の教育目標	ねらい	幼稚園の目的	啓蒙
5	学校教育法	基本	教育計画	啓蒙

【5】 幼稚園教育要領における領域「健康」のうち，「内容」に関する記述として適切なものの組合せは，以下の1～5のうちのどれか。

A　進んで戸外で遊ぶ。

B　自分でできることは自分でする。

C　いろいろな遊びの中で十分に体を動かす。

D　自分の健康に関心をもち，病気の予防などに必要な活動は教師に任せる。

　　1　A・B

　　2　A・C

　　3　A・D

　　4　B・C

　　5　B・D

【6】 幼稚園教育要領における領域「人間関係」のうち，「内容」に関する記述として適切なものは，次の1～5のうちのどれか。

　1　友達と楽しく生活する中できまりの大切さを教師が守らせる。

　2　先生や友達と触れ合い，安定感をもって行動する。

　3　親しみをもって日常の挨拶をする。

　4　友達と積極的に関わりながら喜びや悲しみを共感し合う。

　5　生活の中で言葉の楽しさや美しさに気付く。

【7】 幼稚園教育要領における領域「環境」のうち，「内容」に関する記述として適切なものは，次の1～5のうちのどれか。

　1　身の回りを清潔にし，衣服の着脱，食事，排泄などの生活に必要な活動を自分でする。

　2　身近な物や遊具に興味をもって関わり，自分なりに比べたり，関連付けたりしながら考えたり，試したりして工夫して遊ぶ。

3　感じたこと，考えたことなどを音や動きなどで表現したり，自由にかい
　　たり，つくったりなどする。
4　したいこと，してほしいことを言葉で表現したり，分からないことを尋
　　ねたりする。
5　友達と楽しく活動する中で，共通の目的を見いだし，工夫したり，協力
　　したりなどする。

【8】幼稚園教育要領における領域「言葉」のうち，「内容」に関する記述とし
　　て適切なものは，次の1〜5のうちのどれか。
1　生活の中で必要な言葉が分かり，決められた表現で正しく使う。
2　よいことや悪いことがあることに気付き，友達と伝え合いながら行動する。
3　日常生活の中で簡単な標識や文字などに関心をもつ。
4　絵本や物語などに親しみ，興味をもって聞き，想像をする楽しさを味わう。
5　自分のイメージを動きや言葉などで表現したり，演じて遊んだりするな
　　どの楽しさを味わう。

【9】幼稚園教育要領の「ねらい及び内容」に関する記述における「ねらい」と
　　「領域」の組合せとして適切なものは，あとの1〜5のうちのどれか。
　　【ねらい】

A　身近な事象を見たり，考えたり，扱ったりする中で，物の性質や
　　数量，文字などに対する感覚を豊かにする。
B　自分の気持ちを言葉で表現する楽しさを味わう。
C　明るく伸び伸びと行動し，充実感を味わう。
D　社会生活における望ましい習慣や態度を身に付ける。

　　【領域】

ア　健康	イ　人間関係	ウ　環境	エ　言葉	オ　表現

1　A−ウ　　B−エ　　C−イ　　D−ア
2　A−エ　　B−オ　　C−イ　　D−ア
3　A−エ　　B−オ　　C−ア　　D−イ
4　A−ウ　　B−オ　　C−イ　　D−ア
5　A−ウ　　B−エ　　C−ア　　D−イ

【10】 次の文章は，「幼児の思いをつなぐ指導計画の作成と保育の展開」（令和
3年2月　文部科学省）に示されている「指導計画の作成の具体的な手順とポ
イント」のうち，「教育課程に基づいた指導計画の作成」に関する記述であ
る。空所A〜Dに該当する語句の組合せとして適切なものは，以下の1〜5
のうちのどれか。

> 　指導計画の作成に当たっては，教育課程に沿った長期の指導計画，
> さらに，その長期の指導計画を基にした短期の指導計画を構想するこ
> とが大切です。
> 　（　A　）の幼児の姿からのみ，ねらいや内容を設定し，（　B　）を考
> えるのではなく，幼児の発達に必要な体験を確保するためには，
> （　C　）な見通しをもちながら，目の前の幼児の姿に沿って指導する
> こと，つまり，（　D　）を併せもった指導が必要です。

	A	B	C	D
1	前週や前日	環境の構成	長期的	計画性と柔軟性
2	前月や前週	保育の活動	具体的	連続性と一貫性
3	前週や前日	保育の活動	具体的	計画性と柔軟性
4	前月や前週	保育の活動	長期的	計画性と柔軟性
5	前週や前日	環境の構成	具体的	連続性と一貫性

【11】 幼稚園教育要領解説（平成30年3月　文部科学省）における「総説」のう
ち，「小学校教育との接続に当たっての留意事項」に関する記述の内容とし
て最も適切なものは，次の1〜5のうちのどれか。

1　幼稚園教育において，幼児が小学校に就学するまでに，模倣的な思考や
従属的な生活態度などの基礎を培うことが重要である。

2　幼稚園では偶発的に環境を構成し，遊びを中心とした生活を通して体験
を重ね，一人一人に応じた個別的な指導を行っている。

3　小学校教育との円滑な接続を図るため，小学校の教師との意見交換や合
同の研究会や研修会，保育参観や授業参観などを通じて連携を図ること
が大切である。

4　小学校就学への極端な不安を感じないよう，就学前の幼児が小学校の活
動に参加するなどの交流活動は行わない方がよい。

5　小学校の入学当初においては，スタートカリキュラムを編成し，その中

で，特に国語科の指導を中心とした時間割の設定などが行われている。

【12】「障害のある子供の教育支援の手引〜子供たち一人一人の教育的ニーズを踏まえた学びの充実に向けて〜」（令和3年6月　文部科学省初等中等教育局特別支援教育課）に示されている「障害のある子供の教育支援の基本的考え方」のうち，「障害のある子供の教育に求められること」に関する記述の内容として最も適切なものの組合せは，以下の1〜5のうちのどれか。

A　インクルーシブ教育システムの構築のためには，障害のある子供と障害のない子供が，可能な限り同じ場で共に学ぶことを目指すべきである。

B　子供一人一人の自立と社会参加を見据えて，就学時に定められた教育的ニーズに応える指導を提供できる学びの場を，限定的に整備することが重要である。

C　子供一人一人の障害の状態等や教育的ニーズよりも，本人及び保護者の意見を優先して，就学先の学校や学びの場を判断することが必要である。

D　特別支援学校に在籍する子供が，居住する地域の小中学校等に在籍する子供と共に学ぶ取組を，年間を通じて計画的に実施することが求められる。

 1　A・B
 2　A・C
 3　A・D
 4　B・C
 5　B・D

【13】「第4次食育推進基本計画」（令和3年3月　農林水産省）における食育の推進に関する記述の内容として最も適切なものの組合せは，以下の1〜5のうちのどれか。

A　子供への食育を推進する際には，食に関する感謝の念と理解，健康な食生活に必要な栄養に関する知識等，食に関する基礎の習得について配慮する。

B　様々な家庭環境や生活の多様化により，朝食を食べることが難しい家庭も増えているため，子供の朝食欠食をなくすことは目標としない。

C　子供の基本的な生活習慣づくりについては，個々の家庭の問題として，保護者に対する意識を高め，行動できるようにするための取組を推進する。

D　幼稚園においては，和やかな雰囲気の中で教師や他の幼児と食べる喜びや楽しさを味わうことなど，進んで食べようとする気持ちが育つよう配慮する。

1　A・B
2　A・C
3　A・D
4　B・C
5　B・D

【14】「『生きる力』をはぐくむ学校での安全教育」（平成31年3月　文部科学省）に示されている「学校における安全教育」及び「学校における安全管理」に関する記述の内容として最も適切なものは，次の1〜5のうちのどれか。

1　幼稚園における安全教育の目標は，災害時には教職員や保護者の指示に従い行動できるようにするとともに，危険な状態を発見したときには自ら対応する行動の方法を身に付けることである。

2　幼児が自分で状況に応じ機敏に体を動かし，危険を回避するようになるためには，危険な場所，事物，状況などを教師が説明し，そのときにとるべき最善の行動についてシミュレーションを重ねて学ぶことが大切である。

3　幼児が交通安全の習慣を身に付けるために，日常の生活を通して，交通上のきまりに関心をもたせるとともに，家庭と連携を図りながら適切な指導を具体的な体験を通して繰り返し行うことが必要である。

4　幼稚園における安全管理は，幼児の安全を確保するための環境を整えることであり，学校安全計画や危機管理マニュアル作成時には留意する必要はなく，別々に展開することが求められる。

5　園外保育における安全上の留意点は，活動場所やその経路に関する事前の実地調査，参加した幼児の人数や心身の健康状態の把握，活動の場所，時刻，時間等における無理や危険性の把握などについて担任の教師のみが把握していればよい。

【15】次の文章は，「就学前教育カリキュラム　改訂版－新幼稚園教育要領等対応リーフレット－」（平成30年3月　東京都教育委員会）に示されている「生きる力の基礎を培う就学前教育の充実」のうち，「就学前教育と小学校教育との円滑な接続について」に関する記述の一部である。空所A〜Dに該当

する語句の組合せとして適切なものは，以下の1〜5のうちのどれか。

　　幼稚園や保育所等では，乳幼児期にふさわしい教育及び保育を行うことが小学校以降の生活や学習の基盤の育成につながるものであることに配慮する必要があります。一方，小学校では，幼児期における遊びを通した（　Ａ　）な学びを各教科等における学習へと円滑に移行できるよう工夫することが求められます。

　　そのため，「幼児期の終わりまでに育ってほしい姿」を手掛かりに，幼稚園や保育所等の保育者と小学校の教師が（　Ｂ　）を共有することを通して，幼児期から児童期への発達の流れを長期的な視点で捉えることが大切です。また，「幼児期の終わりまでに育ってほしい姿」を踏まえ，それぞれが指導方法を工夫し，互いの（　Ｃ　）や指導方法の違いや共通点について理解を深めるなど，子供の発達と学びの（　Ｄ　）を踏まえた教育及び保育の充実を図っていく必要があります。

	Ａ	Ｂ	Ｃ	Ｄ
1	主体的	子供の課題	環境の構成	整合性
2	総合的	子供の課題	環境の構成	連続性
3	主体的	子供の成長	環境の構成	連続性
4	総合的	子供の成長	教育内容	整合性
5	総合的	子供の成長	教育内容	連続性

【16】次の文章は，「学校危機管理マニュアル」（平成25年3月改訂　東京都教育委員会）に示されている「事件・事故」のうち，「校内の安全確保に関する防犯マニュアル作成の目的」に関する記述の一部である。空所Ａ〜Ｄに該当する語句の組合せとして適切なものは，以下の1〜5のうちのどれか。

　○　校内の防犯に関する危機管理の具体的な方法及び（　Ａ　）等を明らかにし，危機管理体制を確立する。
　○　防犯マニュアルの作成等を通して，学校の（　Ｂ　）の問題点を明らかにするとともに，教職員の危機管理意識や対応能力の向上を図る。また，訓練などを通して（　Ｃ　）ことにより，その学校の危機対応の全体的なレベルを高める。
　○　家庭及び地域の関係機関・団体等との（　Ｄ　）を整備する。

	A	B	C	D
1	教職員の役割	施設・設備	対応を定着させる	移動や連絡手段
2	警察や消防の役割	施設・設備	定期的に見直す	移動や連絡手段
3	教職員の役割	施設・設備	定期的に見直す	連携や協力体制
4	警察や消防の役割	危機管理	対応を定着させる	連携や協力体制
5	教職員の役割	危機管理	定期的に見直す	連携や協力体制

【17】 次の文章は，教育基本法の条文の一部である。空所A〜Dに該当する語句の組合せとして適切なものは，以下の1〜5のうちのどれか。

○ 教育は，（ A ）を目指し，平和で民主的な国家及び社会の形成者として必要な（ B ）を備えた心身ともに健康な国民の育成を期して行われなければならない。

○ 法律に定める学校は，（ C ）を有するものであって，国，（ D ）及び法律に定める法人のみが，これを設置することができる。

	A	B	C	D
1	人格の形成	教養	専門性	都道府県
2	人格の完成	資質	公の性質	地方公共団体
3	自己の形成	教養	専門性	地方公共団体
4	人格の完成	資質	公の性質	都道府県
5	自己の形成	教養	公の性質	都道府県

【18】 学校教育法が定める幼稚園の目的の条文として適切なものは，次の1〜5のうちのどれか。

1 幼稚園は，その特性及び保護者や地域の実態を踏まえ，環境を通して行うものであることを基本とし，家庭や地域での生活を含めた幼児の生活全体が豊かなものになるようにすることを目的とする。

2 幼稚園は，義務教育及びその後の教育の基礎を培うものとして，幼児を保育し，幼児の健やかな成長のために適当な環境を与えて，その心身の発達を助長することを目的とする。

3 幼稚園は，小学校以降の生活や学習の基盤の育成につながることに配慮し，幼児期にふさわしい生活を通して，創造的な思考や主体的な生活態度などの基礎を培うことを目的とする。

4　幼稚園は，生涯にわたる人格形成の基礎を培う重要なものであることにかんがみ，国及び地方公共団体は，幼児の健やかな成長に資する良好な環境の整備その他適当な方法によって，その振興に努めることを目的とする。

5　幼稚園は，その健全な心身の発達を図るため，幼児の最善の利益を考慮し，その発達を積極的に増進することに最もふさわしい生活の場であることを目的とする。

【19】教育公務員特例法の条文として適切なものの組合せは，次の1～5のうちのどれか。

A　教育公務員は，その職責を遂行するために，絶えず研究と修養に努めなければならない。

B　文部科学省は，研修に関する計画の立案その他研修の方法について任命権者に勧告することができる。

C　教育公務員には，その勤務能率の発揮及び増進のために，研修を受ける権利が与えられなければならない。

D　教育公務員は，任命権者の定めるところにより，現職のままで，長期にわたる研修を受けることができる。

1　A・B
2　A・C
3　A・D
4　B・C
5　B・D

【20】学校保健安全法の条文として適切なものの組合せは，次の1～5のうちのどれか。

A　学校には，健康診断，健康相談，保健指導，救急処置その他の保健に関する措置を行うため，保健室を設けるものとする。

B　学校の設置者は，感染症の予防上必要があるときは，臨時に，学校の全部又は一部の休業を行うことができる。

C　学校においては，隔年で児童生徒等（通信による教育を受ける学生を除く。）の健康診断を行わなければならない。

D　学校の設置者は，この法律の規定による健康診断を行おうとする場合

その他政令で定める場合においては，地域の医療機関の許可を得るものとする。

1　A・B
2　A・C
3　A・D
4　B・C
5　B・D

【21】児童虐待の防止等に関する法律の条文として適切なものは，次の1〜5のうちのどれか。

1　学校の教職員等は，児童虐待を発見しやすい立場にあることを自覚し，児童虐待の情報があれば，時間をかけて多くの証拠を収集しなければならない。

2　学校の教職員等は，その職務に関して知り得た児童虐待を受けたと思われる児童に関して，秘匿せず情報を開示しなければならない。

3　学校及び児童福祉施設は，児童及び保護者に対して，児童虐待の防止のための教育又は啓発に努めなければならない。

4　何人も，児童に対し，虐待をしてはならないが，保護者がしつけの範囲で行うことは，この限りでない。

5　国及び地方公共団体は，児童の健全な成長のために，学校及び近隣社会の連帯を強く求めなければならない。

【22】教育思想に関わる「人物」と「著書」の組合せとして適切なものは，あとの1〜5のうちのどれか。

【人物】

A　デューイ　　B　ロック　　C　ケイ　　D　フレーベル

【著書】

ア　人間の教育　　イ　学校と社会　　ウ　児童の世紀　　エ　教育論

1　A−ア　　B−エ　　C−イ　　D−ウ
2　A−イ　　B−ア　　C−ウ　　D−エ
3　A−ア　　B−イ　　C−エ　　D−ウ

4　A－イ　　　B－エ　　　C－ウ　　　D－ア
5　A－ウ　　　B－イ　　　C－ア　　　D－エ

【23】次の文章は，倉橋惣三著「育ての心」における「序」に関する記述の一部
　　である。空所A～Dに該当する語句の組合せとして適切なものは，以下の
　　1～5のうちのどれか。

○　自ら育つものを（　A　）とする心。それが育ての心である。世にこん
　な楽しい心があろうか。それは明るい世界である。温かい世界である。
　育つものと育てるものとが，互いの結びつきに於て（　B　）心である。
○　育ての心は相手を育てるばかりではない。それによって（　C　）も
　育てられてゆくのである。我が子を育てて自ら育つ親，子等の心を
　育てて自らの心も育つ教育者。育ての心は子どものためばかりでは
　ない。親と教育者とを（　D　）である。

	A	B	C	D
1	信頼しよう	相楽しんでいる	子ども	育てる心
2	育たせよう	信じ合う	子ども	つなぐ心
3	育たせよう	相楽しんでいる	子ども	つなぐ心
4	信頼しよう	信じ合う	自分	育てる心
5	育たせよう	相楽しんでいる	自分	育てる心

【24】幼稚園において，園児が関わることの多い生き物の生態や特徴の説明と
　　して最も適切なものは，次の1～5のうちのどれか。
1　モンシロチョウの幼虫は，水の中で1年ほど過ごし，脱皮を繰り返して
　大きくなる。
2　カブトムシの幼虫は，羽化するときに土の中から出てきて，草や木など
　にとまり羽化する。
3　クワガタムシは，木の葉に産卵し，ふ化した幼虫は土の中に潜り，1か
　月ほど過ごして成虫になる。
4　カタツムリは，オスとメスの区別がない雌雄同体であり，産卵期には土
　の中に卵を産む。
5　ダンゴムシは，卵を樹皮や葉に産み付け，成虫と同じ形の幼虫が卵の中
　から出てくる。

【25】日本における気候変動の影響や経年変化に関する現状の説明として最も
適切なものは，次の1～5のうちのどれか。

1 年平均気温の長期的な上昇率は，世界平均と比べると大幅に低い。

2 感染症を媒介する蚊の分布域は，南下し縮減している。

3 温暖化により稲の生育が遅くなっているが，品質には影響していない。

4 大雨や短時間強雨の発生頻度は，長期的に増加傾向となっている。

5 夏季の猛暑日や熱帯夜の日数は，温暖化対策により明らかに減少傾向に
ある。

【26】絵本の「題名」と「作者」の組合せとして適切なものは，次の1～5のうち
のどれか。

1 わたしのワンピース ―― 林明子

2 はらぺこあおむし ―― レオ・レオニ

3 スイミー ―― エリック・カール

4 こんとあき ―― にしまきかやこ

5 11ぴきのねこ ―― 馬場のぼる

【27】光化学スモッグ及び熱中症に関する説明として最も適切なものの組合せ
は，以下の1～5のうちのどれか。

A 光化学スモッグは，日差しが強くて気温の高い，風の弱い気象条件の
日に発生しやすく，目や喉の痛みなどの症状が出る場合がある。

B 光化学スモッグの注意報等が発令されたときは，窓を開けて戸外の新
鮮な空気を取り入れるなど，できるだけ換気を行う。

C 熱中症の予防に用いられている暑さ指数（WBGT）とは，「湿度」，「日
射・輻射など周辺の熱環境」，「気温」の三つを取り入れた指標である。

D 乳幼児は，体温調整機能の発達が十分ではないが，身長が低いため輻
射熱の影響を受けにくく，大人に比べて熱中症になりにくい。

1 A・B

2 A・C

3 A・D

4 B・C

5 B・D

【28】 次の旋律は，ある歌唱曲の一部を抜粋したものである。楽譜を見て，以下の各問いに答えなさい。

ただし，問題の性質上，拍子記号は記載していない。

[問1]　この楽曲は何調か。適切なものは，次の1〜5のうちのどれか。

　　1　ハ長調　　　　2　変ホ長調　　　3　ニ長調　　　4　変ロ長調

　　5　ニ短調

[問2]　（　A　）部分の小節として適切なものは，次の1〜5のうちのどれか。

[問3]　この楽曲を特徴付ける舞踊リズムを表す語句は，次の1〜5のうちのどれか。

　　1　ポルカ　　　2　カノン　　　3　ワルツ　　　4　マーチ　　　5　ロンド

解答・解説

【1】4

〈解説〉幼稚園教育要領は，幼児期における教育基準を具体的に示したもので，ほぼ10年毎に改訂される。2017年の主な改訂ポイントは，「環境を通して行う教育」を基本とすることは変わらないが，幼稚園教育において育みたい資質・能力を明確化，5歳児修了時までに育ってほしい具体的な姿を「幼児期の終わりまでに育ってほしい姿」として明確化したこと等である。また「総則」の「幼稚園教育の基本」では，「幼児期の教育」が「幼児期における教育」，「学校教育法」が「学校教育法第22条」と修正される等の改訂が行われた。

【2】2

〈解説〉幼稚園教育要領では，各選択肢に関して次のように記載されている。

1 「身近な事象に積極的に関わる中で，物の性質や仕組みなどを感じ取ったり，気付いたりし，考えたり，予想したり，工夫したりするなど，多様な関わりを楽しむようになる」。　3 「友達と様々な体験を重ねる中で，してよいことや悪いことが分かり，自分の行動を振り返ったり，友達の気持ちに共感したりし，相手の立場に立って行動するようになる」。　4 「心を動かす出来事などに触れ感性を働かせる中で，様々な素材の特徴や表現の仕方などに気付き，感じたことや考えたことを自分で表現したり，友達同士で表現する過程を楽しんだりし，表現する喜びを味わい，意欲をもつようになる」。　5 「自然に触れて感動する体験を通して，自然の変化などを感じ取り，好奇心や探究心をもって考え言葉などで表現しながら，身近な事象への関心が高まるとともに，自然への愛情や畏敬の念をもつようになる」。

【3】1

〈解説〉教育課程は，幼稚園における教育期間の全体を見通したもので，幼稚園の教育目標に向かい入園から修了までの期間において，どのような筋道をたどっていくかを明らかにした計画で，指導計画はこの教育課程を具体化したものである。指導には評価が必須であり，この評価結果や実際に展開される生活に応じて常に指導計画を改善し，そのような実践の積み重ねの中で，教育課程も見直してゆく必要がある。

【4】1

〈解説〉教育課程に係る教育時間外の教育活動とは，通常の教育時間の前後や長期休業期間中などに，地域の実態や保護者の要請に応じて，幼稚園が当該幼稚園の園児のうち希望者を対象に行う教育活動のことである。特に昨

今においてこの活動は，職業などはもっているが，子供を幼稚園に通わせたいという保護者に対する必要な支援策である。この活動は，教育課程に係る教育時間に行う活動と同じように展開するものではないが，幼稚園の教育活動として適切な活動となるよう，学校教育法や幼稚園教育の基本を踏まえ，そこで示されている基本的な考え方によって幼稚園で行われる教育活動全体が貫かれ，一貫性をもったものとなるように努めることが必要である。

【5】2

〈解説〉幼稚園の教育課程は，心身の健康に関する領域「健康」，人とのかかわりに関する領域「人間関係」，身近な環境とのかかわりに関する領域「環境」，言葉の獲得に関する領域「言葉」，及び感性と表現に関する領域「表現」の5領域から構成されている。Bは領域「人間関係」の内容，Dは領域「健康」の内容に関する記述で，正しくは「自分の健康に関心をもち，病気の予防などに必要な活動を進んで行う」である。

【6】4

〈解説〉領域「人間関係」は，他の人々と親しみ，支え合って生活するために，自立心を育て，人と関わる力を養うものである。幼稚園教育要領では，1は正しくは「友達と楽しく生活する中できまりの大切さに気付き，守ろうとする」である。2は領域「健康」の内容，3と4は領域「言葉」の内容である。

【7】2

〈解説〉領域「環境」は，周囲の様々な環境に好奇心や探究心をもって関わり，それらを生活に取り入れていこうとする力を養うものであり，幼稚園教育要領では3つのねらいと12の内容が示されている。1は領域「健康」の内容，3は領域「表現」の内容，4は領域「言葉」の内容，5は領域「人間関係」の内容である。

【8】4

〈解説〉領域「言葉」は経験したことや考えたことなどを自分なりの言葉で表現し，相手の話す言葉を聞こうとする意欲や態度を育て，言葉に対する感覚や言葉で表現する力を養うものであり，幼稚園教育要領では3つのねらいと10の内容が示されている。1は領域「表現」の内容をもとにしたもの，2は領域「人間関係」の内容をもとにしたもの，3は領域「環境」の内容，5は領域「表現」の内容である。

【9】5

〈解説〉身近な環境との関わりに関する領域「環境」は周囲の様々な環境に好奇心や探究心をもって関わり，それらを生活に取り入れていこうとする力を養うものである。言葉の獲得に関する領域「言葉」は経験したことや考えたことなどを自分なりの言葉で表現し，相手の話す言葉を聞こうとする意欲や態度を育て，言葉に対する感覚や言葉で表現する力を養うものである。心身の健康に関する領域「健康」は健康な心と体を育て，自ら健康で安全な生活をつくり出す力を養うものである。人との関わりに関する領域「人間関係」は他の人々と親しみ，支え合って生活するために，自立心を育て，人と関わる力を養うものである。それぞれの領域の趣旨を理解することにより，それぞれのねらいと内容が正しく選択できる。

【10】1

〈解説〉「幼児の思いをつなぐ指導計画の作成と保育の展開」(2021年2月文部科学省)は，指導計画作成にあたっての基本的な考え方や方法などを解説するもので，2017年3月に告示の幼稚園教育要領において，幼稚園教育において育みたい資質・能力と「幼児期の終わりまでに育ってほしい姿」が新たに示されたことや，カリキュラム・マネジメントの充実，幼児の発達に即した主体的・対話的で深い学びの実現，幼稚園教育と小学校教育との円滑な接続等の観点から改訂が行われたことを踏まえ，記述内容が見直されている。そこで述べられている教育課程は幼稚園の教育期間全体を見通し，教育目標に向かい入園から修了までの期間どのような道筋をたどって教育をしていくかを明らかにした計画で，この教育課程を具体化したものが指導計画である。

【11】3

〈解説〉幼稚園教育要領解説(2018年3月 文部科学省)では，各選択肢に関して次のように記載されている。 1 「幼稚園教育において，幼児が小学校に就学するまでに，創造的な思考や主体的な生活態度などの基礎を培うことが重要である」。 2 「幼稚園では計画的に環境を構成し，遊びを中心とした生活を通して体験を重ね，一人一人に応じた総合的な指導を行っている」。 4 「特に5歳児が小学校就学に向けて自信や期待を高めて，極端な不安を感じないよう，就学前の幼児が小学校の活動に参加するなどの交流活動も意義のある活動である」。 5 「入学当初においては，スタートカリキュラムを編成し，その中で，生活科を中心に合科的・関連的な指導や弾

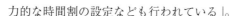

力的な時間割の設定なども行われている」。

【12】3

〈解説〉「障害のある子供の教育支援の手引～子供たち一人一人の教育的ニーズを踏まえた学びの充実に向けて～」は，2021年1月に取りまとめられた「新しい時代の特別支援教育の在り方に関する有識者会議報告」を受けて2021年6月に文部科学省が作成したものである。その中では各選択肢に関して，次のように記載されている。　B　「子供一人一人の自立と社会参加を見据えて，その時点での教育的ニーズに最も的確に応える指導を提供できる，多様で柔軟な仕組みを整備することが重要である」。　C　「子供一人一人の障害の状態等や教育的ニーズ，本人及び保護者の意見，教育学，医学，心理学等専門的見地からの意見，学校や地域の状況等を踏まえた総合的な観点から，就学先の学校や学びの場を判断することが必要である」。

【13】3

〈解説〉食育推進基本計画は，食育基本法に基づき，食育の推進に関する基本的な方針や目標について定めたもので，2021年度から2025年度までのおおむね5年間を期間とする第4次食育推進基本計画では，基本的な方針として3つの重点事項を掲げ，国民の健全な食生活の実現と，環境や食文化を意識した持続可能な社会の実現のために，SDGsの考え方を踏まえながら，多様な関係者が相互の理解を深め，連携・協働し，国民運動として食育を推進することとしている。その中では各選択肢に関して，次のように記載されている。　B　「朝食を毎日食べることは，栄養バランスに配慮した食生活や基本的な生活習慣を身に付ける観点から非常に重要であるため，引き続き，子供の朝食欠食をなくすことを目標とする」。　C　「朝食をとることや早寝早起きを実践することなど，子供の基本的な生活習慣づくりについて，個々の家庭や子供の問題として見過ごすことなく，社会全体の問題として捉えることが重要である」。

【14】3

〈解説〉「学校安全資料『生きる力』をはぐくむ学校での安全教育」は，安全教育，安全管理，組織活動の各内容を網羅して解説した総合的な資料として，2001年11月に作成され，「学校事故対応に関する指針」（2016年3月）の策定や学習指導要領の改訂等を踏まえ，2019年3月に改訂2版が発行された。その中では各選択肢に関して，次のように記載されている。　1　幼稚園における安全教育の目標については，「災害時などの行動の仕方については，教職員

や保護者の指示に従い行動できるようにするとともに，危険な状態を発見したときには教職員や保護者など近くの大人に伝えることができるようにする」とされている。　2「幼児が自分で状況に応じ機敏に体を動かし，危険を回避するようになるためには，日常の生活の中で十分に体を動かし遊ぶことを通して，危険な場所，事物，状況などが分かり，そのときにとるべき最善の行動について体験を通して学び取っていくことが大切である」。　4「安全管理は，安全教育と一体的な活動を展開することによって，初めて学校における安全が確保できるため，学校安全計画や危機管理マニュアル作成時には十分留意し，実効的なものとする必要がある」。　5「園外で活動する場合，活動場所，活動状況等が極めて多岐にわたるため，幼児の発達や活動場所などの特性に応じた安全管理が必要となる。活動場所やその経路に関する事前の実地調査，参加した幼児の人数や心身の健康状態の把握，活動の場所，時刻，時間等における無理や危険性の把握などについて教職員の共通理解を図り，状況に応じた慎重な安全管理を行うことが大切である」。

【15】5

〈解説〉「就学前教育カリキュラム　改訂版－新幼稚園教育要領等対応リーフレット－」は東京都内就学前教育施設における保育・教育の質の向上及び小学校教育との円滑な接続の推進を図るため，幼稚園教育要領(2017年3月告示)等の内容を就学前教育カリキュラムに反映させ作成したものである。この資料では，就学前教育と小学校教育との円滑な接続を図ることが小学校1年生の学校不適応という教育課題解決の一つの方策と捉えている。

【16】5

〈解説〉学校保健安全法第29条は校長に危険等発生時対処要領の作成等を義務付けている。学校危機管理マニュアル(2013年　東京都教育委員会)は東京都防災会議での「首都直下地震等による東京の被害想定」や東日本大震災で顕在化した大量の帰宅困難者の発生を防止する「東京都帰宅困難者対策条例」の制定を踏まえた「東京都地域防災計画」の修正を受け2013年に改訂され，同時に校舎等の非構造部材の耐震化やヘリサインの設置等の新たな課題に対応するとともに，震災編のみならず風水害編，事件・事故編についても見直されている。

【17】2

〈解説〉出題されている条文は教育の目的を定めた教育基本法第1条，学校教育について定めた同法第6条第1項である。教育基本法は，日本国憲法の精

神にのっとり，日本国の未来を切り拓く教育の基本を確立し，その振興を図るため，1947年に制定された法律で，2006年に大きく改正され，前文と18の条文で構成されている。前文を含めてすべての条文を学習しておきたい。

【18】2

〈解説〉幼稚園教育の目的は，日本の学校制度の根幹を定めている学校教育法第22条に規定されている。同法第23条で定められている幼稚園教育の5つの目標についても，しっかりと頭に入れておきたい。なお2以外の選択肢は主に幼稚園教育要領にある文言をもとにしたものである。

【19】3

〈解説〉公立幼稚園の教員は地方公務員であり基本的に地方公務員法が適用される。しかし幼稚園の教員等の教育公務員の職務とその責任の特殊性に基づき，その任免・分限・懲戒・服務・研修などについては，地方公務員法に対する特例を規定する教育公務員特例法が適用される。なお教育公務員特例法は2022年に改正され，2023年4月1日より新法が施行される。最新の内容を確認しておきたい。

【20】1

〈解説〉学校保健安全法は，1958年に学校における児童・生徒及び職員の健康の保持増進や安全の確保に必要な事項を定めるために学校保健法として制定されたが，近年の児童生徒等の健康・安全を取り巻く状況の変化を踏まえて2008年に名称が「学校保健安全法」と変更された。Cについて同法第13条は「学校においては，毎学年定期に，児童生徒等（通信による教育を受ける学生を除く。）の健康診断を行わなければならない」としている。Dについて同法第18条は「学校の設置者は，この法律の規定による健康診断を行おうとする場合その他政令で定める場合においては，保健所と連絡するものとする」としている。

【21】3

〈解説〉「児童虐待の防止等に関する法律」（児童虐待防止法）は2000年に制定の法律で，2020年4月に改正児童虐待防止法が施行され，親のしつけに際しての体罰を加えることの禁止が盛り込まれた。1については同法第5条1項で「学校，児童福祉施設，病院，都道府県警察，婦人相談所，教育委員会，配偶者暴力相談支援センターその他児童の福祉に業務上関係のある団体及び学校の教職員，児童福祉施設の職員，医師，歯科医師，保健師，助産師，看護師，弁護士，警察官，婦人相談員その他児童の福祉に職務上関

係のある者は，児童虐待を発見しやすい立場にあることを自覚し，児童虐待の早期発見に努めなければならない」，3については同法第5条第3項で「第一項に規定する者は，正当な理由がなく，その職務に関して知り得た児童虐待を受けたと思われる児童に関する秘密を漏らしてはならない」，4については同法第14条で「児童の親権を行う者は，児童のしつけに際して，児童の人格を尊重するとともに，その年齢及び発達の程度に配慮しなければならず，かつ，体罰その他の児童の心身の健全な発達に有害な影響を及ぼす言動をしてはならない」，5について同法第4条第8項で「何人も，児童の健全な成長のために，家庭及び近隣社会の連帯が求められていることに留意しなければならない」としている。

【22】4

〈解説〉デューイ（アメリカ，1859～1952年）の『学校と社会』は，シカゴ大学に併設された「実験室学校」で行った児童中心主義・活動主義の教育実践の記録である。ロック（イギリス，1632～1704年）は『教育論』で，人間の心は「白紙」（タブラ・ラサ）であって何も持っておらず，思考の材料は全て経験によられると説いた。フレーベル（ドイツ，1782～1852年）は『人間の教育』で，教育の課題は子どもに内在する活動や創造の衝動の発現の助成だとした。ケイ（スウェーデン，1849～1926年）は『児童の世紀』で，教育の最大の秘訣は，教育しないことにあると説いた。

【23】5

〈解説〉倉橋惣三（1882～1955年）は静岡生まれの教育者・教育学者で，児童心理学を研究し，自由遊びを重視した幼児教育をすすめた。ドイツの教育学者で幼児教育の祖であるフレーベルの教育思想を重視しながら，子どもが持つ「自らの内に育つ力」を大切にし，子どもが自発的に自由に遊ぶ中で「自己充実」を目指す「誘導保育」と呼ばれる保育方針を打ち立てた。

【24】4

〈解説〉1 モンシロチョウはキャベツ等に卵を産み付け，そこで幼虫は何度か脱皮を繰り返し，1ヶ月ほどで成虫になる。 2 カブトムシは土の中で羽化し成虫として地上に出てくる。 3 クワガタは朽木の中に産卵し，1年～2年ほど幼虫として過ごす。 4 正しい。 5 ダンゴムシは雌の体内にある育児嚢に卵を産む。

【25】4

〈解説〉1 気象庁によると，世界の年平均気温は100年あたり0.75℃の割合で

の上昇(統計期間1891～2020年)に対し，日本は1.26℃の割合での上昇(統計期間1898～2020年)とされている。　2　感染症を媒介する蚊の分布域は地球温暖化に伴い，北上して拡大している。　3　温暖化により稲の生育は早まり，米の品質は低下している。　4　正しい。　5　猛暑日や熱帯夜の日数は長期的に増加傾向にある。

【26】5

〈解説〉「わたしのワンピース」(文・絵)にしまきかやこ：空から落ちてきた白い布でうさぎがワンピースを作ると，不思議なワンピースが出来上がるお話。　「はらぺこあおむし」(作)エリック・カール：たまごから生まれたばかりのあおむしがどんどん食べて，やがてさなぎになり，美しいチョウに変身していくお話。穴があいたページがあり，子どもたちが指を入れたりできる色彩豊かな楽しい絵本である。　「スイミー」(作)レオ・レオニ：きょうだいたちが大きな魚にのまれてしまい，広い海で独りぼっちになった小さな黒い魚スイミーが，新しい仲間たちと協力していくお話。　「こんとあき」(作)林明子：あきと，あきのおばあちゃんがつくってくれたキツネのぬいぐるみ，こんの冒険物語。　「11ぴきのねこ」(作)馬場のぼる：とらねこ大将と10匹ののらねこたちの冒険物語。　よって，題名と作者の組み合わせが適切なものは選択肢5である。

【27】2

〈解説〉Bについて，東京都教育庁作成の「令和4年度学校における光化学スモッグ対策」では，光化学スモッグの注意報等が発令されたときは「なるべく戸外に面した窓を閉める」とされている。Dについて，国立研究開発法人国立医療生育センターのホームページには「子どもは体重に比べて体表面積が広い分，気温など周囲の環境の影響を受けやすいと言えます。また，幼少期の子どもは大人よりも身長が低い為，地面からの照り返しの影響を強くうけます。このため，大人が暑いと感じているとき，子どもはさらに高温の環境下にいることになります。たとえば大人の顔の高さで32℃の時，子どもの顔の高さでは35℃程度の感覚です」とされている。

【28】問1　2　　問2　1　　問3　3

〈解説〉問1　調号が♭3つの長調は変ホ長調，短調はハ短調である。4段目の旋律の最後の音が「変ホ」であることからも，変ホ長調の楽曲であることが分かる。選択肢に「ハ短調」がないことに注目すると正解を見つけやすい。問2　楽譜は1小節に4分音符3つ分の長さの音が入っているので，「4分の3

拍子」であることが分かる。選択肢1のみ4分の3拍子。選択肢4，5は8分音符が6つ並んでいるので「8分の6拍子」である。4分の3拍子との違いに注意すること。　問3　2拍子の舞踊リズムは「ポルカ」，3拍子の舞踊リズムは「ワルツ」である。他の選択肢は，舞踊リズムではない。

令和3年度

【1】幼稚園教育要領における「幼稚園教育の基本」に関する記述として適切なものの組合せは，以下の1～5のうちのどれか。

A　幼児は安定した情緒の下で自己を十分に発揮することにより発達に必要な体験を得ていくものであることを考慮して，幼児の主体的な活動を促し，幼児期にふさわしい生活が展開されるようにすることを重視して教育を行わなければならない。

B　幼児期の教育は，生涯にわたる人格形成の基礎を培う重要なものであり，幼稚園教育は，学校教育法に規定する目的及び目標を達成するため，幼児期の特性を踏まえ，環境を通して行うものであることを基本とする。

C　幼児の発達は，心身の諸側面が相互に関連し合い，多様な経過をたどって成し遂げられていくものであるということは考慮せずに，幼児期の特性に応じ，年齢毎の課題に即した指導を行うようにする。

D　幼児の自発的な活動としての遊びは，心身の調和のとれた発達の基礎を培う重要な学習であることを考慮して，知識や技能の習得を中心として第2章に示すねらいが部分的に達成されるようにすることを重視して教育を行わなければならない。

　　1　A・B
　　2　A・C
　　3　A・D
　　4　B・C
　　5　B・D

【2】幼稚園教育要領における「幼児期の終わりまでに育ってほしい姿」に関する記述として適切なものは，次の1～5のうちのどれか。

1　幼稚園生活の中で，充実感をもって自分のやりたいことに向かって心と体を十分に働かせ，教師の指導に基づいて行動し，その指導の範囲内で健康で安全な生活をつくり出すようになる。

2　遊びや生活の中で，数量や図形，標識や文字などに親しむ体験を重ねたり，標識や文字の役割に気付いたりし，自らの必要感に基づき，これらを活用し，文字を書くことができるようになる。

3　友達と関わる中で，友達の思いや考えよりも，自分の思いや考えを優先

し，その実現に向けて，自分で考えたり，工夫したりしながら，充実感をもってやり遂げるようになる。

4　身近な環境に主体的に関わり様々な活動を楽しむ中で，しなければならないことを自覚し，自分の力で行うために考えたり，工夫したりしながら，諦めずにやり遂げることで達成感を味わい，自信をもって行動するようになる。

5　先生や友達と心を通わせる中で，絵本や物語などに親しみながら，豊かな言葉や表現を身に付け，経験したことや考えたことなどを言葉で伝えることで，言葉による伝え合いを楽しむだけでなく，確実に行うことができるようになる。

【3】次の文章は，幼稚園教育要領解説（平成30年3月　文部科学省）における「教育課程の編成」に関する記述の一部である。空所A〜Dに該当する語句の組合せとして適切なものは，以下の1〜5のうちのどれか。

> 　教育課程の編成に当たっては，幼稚園教育の内容と方法及び幼児の発達と生活についての十分な理解をもつことが大切である。特に，幼児期においては，（　A　）が芽生え，（　B　）することが中心の生活から，次第に他者の存在を意識し，他者を思いやったり，（　C　）したりする気持ちが生まれ，同年代での（　D　）を円滑に営むことができるようになる時期へ移行していく。教育課程の編成に当たっては，このような幼児期の発達の特性を十分に踏まえて，入園から修了までの発達の見通しをもち，きめ細かな対応が図れるようにすることが重要である。

	A	B	C	D
1	自我	一人遊び	尊重	共同作業
2	自我	自己を表出	自己を抑制	集団生活
3	興味や関心	一人遊び	尊重	集団生活
4	興味や関心	一人遊び	自己を抑制	共同作業
5	自我	自己を表出	尊重	集団生活

【4】 次の文章は，幼稚園教育要領における「指導計画の作成上の基本的事項」に関する記述の一部である。空所A～Dに該当する語句の組合せとして適切なものは，以下の1～5のうちのどれか。

> (2) 指導計画の作成に当たっては，次に示すところにより，具体的なねらい及び内容を明確に設定し，適切な環境を構成することなどにより活動が選択・展開されるようにするものとする。
> ア 具体的なねらい及び内容は，幼稚園生活における幼児の発達の過程を見通し，（ A ），（ B ）などを考慮して，幼児の（ C ），（ D ）などに応じて設定すること。

	A	B	C	D
1	幼児の反応や態度	人間関係	興味や関心	生活リズム
2	幼児の生活の連続性	季節の変化	よさや可能性	発達の実情
3	幼児の生活の連続性	季節の変化	興味や関心	発達の実情
4	幼児の生活の連続性	人間関係	興味や関心	発達の実情
5	幼児の反応や態度	人間関係	よさや可能性	生活リズム

【5】 幼稚園教育要領解説（平成30年3月　文部科学省）における「幼児理解に基づいた評価の実施」に関する記述として適切なものは，次の1～5のうちのどれか。

1 日々の保育の中では，それぞれの幼児の生活する姿から，今経験していることは何か，また，今必要な経験は何かを捉え，それに応じた援助をすることが大切である。

2 幼児は自分の心の動きを言葉で伝えられるようになるので，教師は言葉以外の表現による幼児の思いや気持ちを感じ取ろうとする必要はない。

3 幼児理解に基づいた評価を行う際には，他の幼児との比較や一定の基準に対する達成度についての評定によって捉えることが必要である。

4 幼児一人一人のよさや可能性などを把握していく際には，教師自身の教育観や幼児の捉え方を考慮する必要はあるが，教職経験等の影響を考慮する必要はない。

5 幼稚園教育における評価の実施に当たっては，妥当性や信頼性が高められるよう創意工夫を行い，組織的でなく個人的な取組を推進することが必要である。

【6】 幼稚園教育要領解説(平成30年3月　文部科学省)における「幼稚園の役割」に関する記述として最も適切なものは，次の1～5のうちのどれか。

1　幼児期の教育は，大きくは家庭と幼稚園で行われるが，あくまでも家庭が主であることから，幼稚園は家庭での教育を補助する役割を果たし，一人一人の育ちを促すことが大切である。

2　家庭は，愛情としつけを通して幼児の成長の最も基礎となる心の基盤を形成する場であり，幼稚園は，これらを基盤にしながら家庭では体験できない社会・文化・自然などに触れ，教師の支えを必要とせずに，幼児期なりの世界の豊かさに出会う場である。

3　幼稚園では，幼児の自発的な活動としての遊びを十分に確保することが何よりも必要で，それは，遊びにおいて幼児の主体的な力が発揮され，生きる力の基礎ともいうべき生きる喜びを味わうことが大切だからである。

4　幼稚園教育は，学校教育全体の始まりとして，小学校以降の授業などを見通した上で，幼児期には不要あるいは少し難しい内容でも，全ての幼児に，確実に身に付けさせることが重要である。

5　幼稚園は，家庭と連携協力するとともに幼児と地域の人々をつなぐ教育のセンターとしての役割よりも，地域の様々な危険から幼児を守る防御壁としての役割を果たすことが期待される。

【7】 次の文章は，幼稚園教育要領における領域「健康」のうち，「内容の取扱い」に関する記述の一部である。空所A～Dに該当する語句の組合せとして適切なものは，以下の1～5のうちのどれか。

> (6)　安全に関する指導に当たっては，(　A　)を図り，(　B　)を通して安全についての構えを身に付け，危険な場所や事物などが分かり，安全についての理解を深めるようにすること。また，(　C　)を身に付けるようにするとともに，(　D　)などを通して，災害などの緊急時に適切な行動がとれるようにすること。

	A	B	C	D
1	情緒の安定	遊び	交通安全の習慣	避難訓練
2	体力の向上	遊び	危険を認知する力	安全指導
3	情緒の安定	日常生活	危険を認知する力	安全指導
4	情緒の安定	日常生活	交通安全の習慣	避難訓練
5	体力の向上	遊び	危険を認知する力	避難訓練

【8】幼稚園教育要領における領域「人間関係」のうち,「内容」に関する記述として適切なものの組合せは,以下の1〜5のうちのどれか。

A　先生や友達と食べることを楽しみ,食べ物への興味や関心をもつ。

B　自分で考え,自分で行動する。

C　人の話を注意して聞き,相手に分かるように話す。

D　いろいろな遊びを楽しみながら物事をやり遂げようとする気持ちをもつ。

1　A・B

2　A・C

3　A・D

4　B・C

5　B・D

【9】次のア〜エは,それぞれ幼稚園教育要領におけるいずれかの領域の「内容」に関する記述である。ア〜エと領域の組合せとして適切なものは,以下の1〜5のうちのどれか。

ア　生活の中で,様々な物に触れ,その性質や仕組みに興味や関心をもつ。

イ　様々な出来事の中で,感動したことを伝え合う楽しさを味わう。

ウ　様々な活動に親しみ,楽しんで取り組む。

エ　自分の思ったことを相手に伝え,相手の思っていることに気付く。

	ア	イ	ウ	エ
1	環境	言葉	健康	表現
2	健康	表現	環境	人間関係
3	健康	言葉	環境	表現
4	環境	表現	健康	人間関係
5	環境	言葉	健康	人間関係

【10】幼稚園教育要領における領域「表現」のうち,「内容」に関する記述として適切なものは,次の1〜5のうちのどれか。

1　生活の中で様々な音,形,色,手触り,動きなどに気付いたり,感じたりするなどして楽しむ。

2　生活の中で美しいものや心を動かす出来事に触れ,イメージを豊かに

67

し，そのイメージを正確に表現する。

3 感じたことは音や動きで表現し，考えたことは言葉で表現したり，自由
にかいたりする。

4 音楽に親しみ，正しい発声で歌を歌ったり，簡単なリズム楽器を上手に
演奏したりすることで楽しさを味わう。

5 友達のイメージに影響されることなく，自分のイメージを動きだけで表
現したり，演じて遊んだりするなどの楽しさを味わう。

【11】 幼稚園教育要領解説(平成30年3月　文部科学省)における「教育課程に
係る教育時間の終了後等に行う教育活動などの留意事項」に関する記述の内
容として最も適切なものは，次の1〜5のうちのどれか。

1 この教育活動を行うに当たっては，教育課程に係る教育時間中の活動を
必ず連続させるよう考慮することが大切である。

2 この教育活動の対象となる幼児は，幼稚園で過ごす時間が長時間となる
ので，家庭においては休息が得られるよう家庭への働き掛けを十分に行
うことが大切である。

3 この教育活動を行うに当たっては，幼児一人一人の生活のリズムや生活
の仕方が異なるので，心身の負担が少なくなるよう，園内のみで保育を
行うことが大切である。

4 この教育活動の計画を作成する際は，幼稚園の教育目標を共有し，教育
課程との関連を考慮して作成する必要がある。

5 この教育活動の実施日数や時間については，保護者の事情によって様々
な希望が考えられるが，公平性の観点から，一律の運用を図ることが必
要である。

【12】 幼稚園教育要領解説(平成30年3月　文部科学省)における「子育ての支
援」に関する記述として最も適切なものは，次の1〜5のうちのどれか。

1 未就園児の親子登園は，教師が未就園児の姿に触れることで，入園前の
子供の人やものとの関わりから幼児理解を深めることが目的であり，未
就園児や保護者とのつながりを深めることが目的ではない。

2 幼稚園において，子育ての支援活動を行う際には，地域の様々な人々が
気軽に利用できる雰囲気をつくることが大切であるが，子育て相談を優
先して行い，単なる憩いの場とならないようにしなければならない。

3　幼稚園が家庭や地域社会との連携を深め，地域の実態や保護者及び地域の人々の要請などを踏まえ，地域における幼児期の教育のセンターとしてその施設や機能を開放し，積極的に子育てを支援していく必要がある。

4　子育ての支援活動は，幼稚園の実態に応じ，できることから着実に実施していくことが必要であるが，地域の幼児の健やかな成長を支えていくためには，教育課程に基づく活動よりも優先して対応しなければならない。

5　保護者の養育が不適切である場合や，家庭での育ちの状況が気になる子供がいた場合の保護者支援については，子供の最善の利益を重視しつつ，個人情報保護の観点から，幼稚園のみで対応を行うことが大切である。

【13】「特別支援学校教育要領・学習指導要領解説　総則編（幼稚部・小学部・中学部）」（平成30年3月　文部科学省）に示されている「障害種別ごとに留意する事項」のうち，知的障害者である幼児に対する指導の際に，特に配慮することに関する記述として適切なものは，次の1～5のうちのどれか。

1　標準的で，汎用性の高い日課を設定し，基本的な生活動作が身に付くように繰り返し訓練する。

2　安全の観点から，行動範囲が広がらないように注意するとともに，身の回りの世話をきめ細かく行う。

3　いろいろな一人遊びの経験を通して，ものとの関わり方を身に付けるとともに，教師や友達に依存せず，自立しようとする態度を育てる。

4　教師や友達と関わる中で，自分の要求を表現するのではなく，相手の要求を理解したり，言葉を交わしたりすることができるようにする。

5　いろいろな遊具や用具，素材を扱うことにより，目的に合わせて，手指を効果的に使えるようにすることや，手指を使おうとする意欲を育む。

【14】次の文章は，「幼稚園施設整備指針」（平成30年3月　文部科学省大臣官房文教施設企画部）における「幼稚園施設整備の基本的方針」に関する記述の一部である。空所A～Dに該当する語句の組合せとして適切なものは，あとの1～5のうちのどれか。

1　自然や人，ものとの触れ合いの中で遊びを通した柔軟な指導が展開できる環境の整備

　　幼稚園は幼児の主体的な生活が展開される場であることを踏まえ，家庭的な雰囲気の中で，幼児同士や教職員との交流を促すとともに，

自然や人，ものとの触れ合いの中で幼児の（　A　）を満たし，幼児の（　B　）な活動としての遊びを引き出すような環境づくりを行うことが重要である。

2　健康で安全に過ごせる豊かな施設環境の確保

　発達の著しい幼児期の健康と安全を重視し，日照，採光，通風等に配慮した良好な環境を確保するとともに，（　C　）に応じて，また，障害のある幼児にも配慮しつつ，十分な防災性，防犯性など安全性を備えた安心感のある施設環境を形成することが重要である。

　さらに，それぞれの地域の自然や文化性を生かした快適で豊かな施設環境を確保するとともに，環境負荷の低減や（　D　）等を考慮することが重要である。

	A	B	C	D
1	自尊心	教育的	幼児の身体的発達	地域との交流
2	好奇心	自発的	幼児期の特性	自然との共生
3	自尊心	自発的	幼児期の特性	自然との共生
4	好奇心	自発的	幼児の身体的発達	地域との交流
5	自尊心	教育的	幼児の身体的発達	自然との共生

【15】「きまりをまもるこころを育てる　―幼児期の『規範意識の芽生え』の醸成　指導資料―」（平成26年3月　東京都教育委員会）に示されている「『規範意識の芽生え』に関する発達の道筋及び大人の関わり」のうち，3歳児への「大人の関わりで大切なこと」に関する記述として適切なものの組合せは，あとの1〜5のうちのどれか。

A　子供が自分で身の回りのことをしようとする気持ちや，できた喜びをもてるように，着脱しやすい服や靴，扱いやすい持ち物や置き場所などを整える。

B　悪いことをしたときには，子供が萎縮しないよう，どこが悪かったのかだけを伝え，叱ることは避ける。

C　できるようになったことや表現したこと，考えたことなどを，他の子供と比べるのではなく，その子供の成長として受け止め，認めていく。

D　地域の行事や図書館，児童館など地域の施設に出掛けた際には，安全面の配慮から，同じ園の子供同士だけでの触れ合いを楽しめるようにする。

　　1　A・B
　　2　A・C
　　3　A・D
　　4　B・C
　　5　B・D

【16】「就学前教育カリキュラム　改訂版」(平成28年3月　東京都教育委員会)
に示されている「生きる力の基礎を身に付けた子供像」のうち，「確かな学力
につながる〔学びの芽生え〕を身に付けた子供像」に関する記述として適切な
ものの組合せは，以下の1〜5のうちのどれか。
　A　興味や関心のないことでも主体的にかかわったり，そのことを遊びに
　　取り入れたりする。
　B　自分の考えを相手に分かるように伝えたり，友達や先生の話に関心を
　　もってすすんで聞いたりする。
　C　経験したことだけでなく，経験していないことも積極的に取り入れよ
　　うとしたり，身近な物や用具などの性質や仕組みを生かしたりして遊び
　　や課題に取り組む。
　D　生活や遊びを通して感じたことや考えたことなどを，様々な表現方法
　　で自由に表現することを楽しむ。
　　1　A・B
　　2　A・C
　　3　A・D
　　4　B・C
　　5　B・D

【17】教育基本法に規定する「教育の目標」に掲げられている目標として適切な
ものは，次の1〜5のうちのどれか。
　1　幅広い知識と教養を身に付け，正義を求める態度を養い，豊かな情操と
　　道徳心を培うとともに，健やかな精神を養うこと。
　2　個人の意欲と志向を尊重して，その能力を伸ばし，創造性を培い，学力
　　や技能等を養うとともに，社会生活との関連を重視し，法と規則を重ん
　　ずる態度を養うこと。
　3　平和と自由，他者への敬愛と自己犠牲を重んずるとともに，博愛の精神

に基づき，主体的に平等社会の形成に参画し，その発展に寄与する態度
を養うこと。

4　生命を尊び，家族や隣人を大切にし，個人の尊厳を重んずるとともに，
人権の保護に寄与する態度を養うこと。

5　伝統と文化を尊重し，それらをはぐくんできた我が国と郷土を愛すると
ともに，他国を尊重し，国際社会の平和と発展に寄与する態度を養うこ
と。

【18】次の文章は，教育基本法に規定する「教育の機会均等」の一部と，「幼児
期の教育」に関するものである。空所Ａ～Ｄに該当する語句の組合せとして
適切なものは，以下の1～5のうちのどれか。

> （教育の機会均等）
> 　すべて国民は，ひとしく，その能力に応じた教育を受ける機会を
> 与えられなければならず，人種，信条，（　Ａ　），（　Ｂ　），経済的
> 地位又は門地によって，教育上差別されない。
> （幼児期の教育）
> 　幼児期の教育は，生涯にわたる（　Ｃ　）の基礎を培う重要なもの
> であることにかんがみ，国及び地方公共団体は，幼児の健やかな成
> 長に資する良好な（　Ｄ　）その他適当な方法によって，その振興に
> 努めなければならない。

	Ａ	Ｂ	Ｃ	Ｄ
1	年齢	家庭環境	学ぶ力	環境の整備
2	年齢	社会的身分	学ぶ力	保育と指導
3	性別	社会的身分	人格形成	環境の整備
4	性別	家庭環境	学ぶ力	保育と指導
5	年齢	社会的身分	人格形成	保育と指導

【19】学校教育法が幼稚園に関して規定する条文の内容として適切なものの組
合せは，あとの1～5のうちのどれか。

Ａ　幼稚園においては，保護者からの相談に応じ，必要な情報の提供及び
助言を行うなど，家庭における幼児期の教育の支援を必ず行わなければ
ならない。

B　幼稚園の教育課程その他の保育内容に関する事項は，学校教育法第22条及び第23条の規定に従い，文部科学大臣が定める。

C　幼稚園に入園することのできる者は，満3歳から小学校就学の始期に達するまでの幼児とするが，特別の事情のあるときは，満2歳の幼児も入園することができる。

D　幼稚園には，園長，教頭及び教諭を置かなければならないが，副園長を置くときその他特別の事情のあるときは，教頭を置かないことができる。

1　A・B
2　A・C
3　A・D
4　B・C
5　B・D

【20】　学校教育法に規定する「幼稚園教育の目標」に掲げられている目標として適切なものは，次の1〜5のうちのどれか。

1　身近な自然や動植物に対する興味を養い，それらに親しむことを通じて，健全な心身と人格を形成する基礎を培うこと。

2　健康，安全で幸福な生活のために必要な基本的な知力と体力を養うとともに，心の健全な発達を図ること。

3　集団生活を通じて，集団に合わせていく態度を養うとともに，身近な人とのかかわりを深め，平等の精神及び助け合いの精神の芽生えを養うこと。

4　日常の会話や，絵本，童話等に親しむことを通じて，言葉の使い方を正しく導くとともに，相手の話を理解しようとする態度を養うこと。

5　音楽，造形等に親しむことを通じて，豊かな感性と音楽と造形による表現力の芽生えを養うこと。

【21】　学校保健安全法の条文として適切なものの組合せは，あとの1〜5のうちのどれか。

A　学校においては，児童生徒等及び職員の心身の健康の保持増進を図るため，児童生徒等及び職員の健康診断，環境衛生検査，児童生徒等に対する指導その他保健に関する事項について計画を策定し，これを実施しなければならない。

B　市町村の教育委員会は，児童生徒等の健康診断の結果に基づき，疾病

の予防処置を行い，又は治療を指示し，並びに運動及び作業を軽減する
等適切な措置をとることができる。
C　校長は，感染症にかかつており，かかつている疑いがあり，又はかか
るおそれのある児童生徒等があるときは，政令で定めるところにより，
出席を停止させることができる。
D　学校においては，児童生徒等の安全の確保を図るため，当該学校の施
設及び設備の安全点検，児童生徒等に対する通学を除いた学校生活その
他の日常生活における安全に関する指導について計画を策定しなければ
ならない。
1　A・B
2　A・C
3　A・D
4　B・C
5　B・D

【22】教育学，心理学に関する用語の説明として最も適切なものは，次の1～
5のうちのどれか。
1　ピグマリオン効果とは，カウンセリングにおいて，カウンセラーと患者
の間に深い親和的関係が生じる現象をいう。
2　レディネスとは，災害，事故，戦争など，命の危険や，非常に苦しい体
験などによって長期的に影響が残る心身の不調をいう。
3　ラポールとは，教師の密かな期待が意識的・無意識的な態度によって相
手に伝わり，相手の意欲や能力に変化が生じている状態をいう。
4　ハロー効果とは，人物の特徴の一つに好ましい，ないしは好ましくない
印象を受けると，影響されて他の特徴も高い，ないしは低い評価をする
現象をいう。
5　PTSDとは，人が何かを学習するとき，効果的に学習する心身の条件が
準備されている状態をいう。

【23】教育学，心理学に関わる人物の説明として最も適切なものは，次の1～
5のうちのどれか。
1　ピアジェは，生理的欲求，安全の欲求，所属と愛情の欲求，自尊の欲
求，自己実現の欲求という5つの階層的欲求理論を提唱した。

2 シュタイナーは，子ザルを用いた実験で，母子関係の成立には，授乳による生理的欲求の充足よりも，身体接触による快感，安心感が重要であることを示した。

3 ペスタロッチは，教える対象の観念を，数・形・語の単純な要素に分解して，それを再構成するという教授法である「メトーデ」を提唱した。

4 ハーロウは，独自の人智学に基づき，8年間一貫担任制，周期集中のエポック授業，言語・身体芸術としてのオイリュトミーなどの教育を展開した。

5 マズローは，幼児は自他の区別が未分化で，すべてのものに生命があるという「アニミズム的世界観」をもつとし，その世界観の発達を4段階に区分した。

【24】幼稚園における幼児の病気やけが等への応急処置に関する説明として最も適切なものは，次の1～5のうちのどれか。

1 鼻血が出たときは，血を飲み込まないように座らせて前傾姿勢をとらせ，小鼻を指で押さえて止血する。

2 突き指をして痛みを訴えているときは，患部を湿布薬等で冷やすとともに指が変形しないように真っ直ぐに引っ張って固定する。

3 けいれんを起こしたときは，仰向けに寝かせ，舌をかまないように口の中にやわらかい布等を詰めて，抱きかかえるように身体を押さえる。

4 じんましんを発症したときは，温かいタオル等で患部を拭いて様子を観察し，強いかゆみを訴えているときは，原因が特定されなくても塗り薬を使用する。

5 頭部の打撲でこぶができたときは，患部を温かいタオル等で温め，意識障害が見られても，安静にして様子を観察する。

【25】身近な自然現象に関する説明として最も適切なものは，次の1～5のうちのどれか。

1 虹は，雨上がりのときなどに，太陽光が空気中の水滴で屈折・反射し，太陽の方向に見られる円弧状の光の帯をいう。

2 雷は，下降気流が起こっている巻積雲の中で，向きの違う強い風がぶつかり合うことで静電気が発生し，電流が放出されることにより音をとどろかせて光る現象をいう。

3　霜柱は，気温が下がり，空気中の水分が木の葉や窓ガラスなどに触れて凍り付き，結晶となる現象をいう。

4　霧は，空気中に含まれる水蒸気が冷やされ小さな水の粒になり，地表近くを漂っている現象のうち，視界が1km未満のものをいう。

5　台風は，太平洋高気圧のうち，中心付近の最大風速が秒速10m以下となったものをいう。

【26】身近な生き物と，えさの組合せとして，最も適切なものは，次の1〜5のうちのどれか。

1　モルモット　　　　　——　ニラ

2　アメリカザリガニ　——　水草

3　ハムスター　　　　　——　アボカド

4　ウサギ　　　　　　　——　タマネギ

5　クサガメ　　　　　　——　ホウレン草

【27】次のA〜Cは，野菜の一般的な栽培方法である。A〜Cと野菜の組合せとして最も適切なものは，以下の1〜5のうちのどれか。

| A　主に種を蒔いて育てるもの |
| B　主に種芋を植えて育てるもの |
| C　主に苗を植えて育てるもの |

	A	B	C
1	ニンジン	ジャガイモ	サツマイモ
2	コマツナ	サトイモ	ダイコン
3	コマツナ	サツマイモ	ジャガイモ
4	ニンジン	サトイモ	ダイコン
5	サトイモ	ジャガイモ	サツマイモ

【28】次の楽曲について，以下の各問に答えなさい。ただし，問いの性質上，拍子記号は記載していない。

[問1] この楽曲の題名は，次の1～5のうちのどれか。

1 ぞうさん　　2 いぬのおまわりさん　　3 むすんでひらいて

4 アイアイ　　5 こいのぼり

[問2] この楽曲の拍子として適切なものは，次の1～5のうちのどれか。

1 4分の2拍子　　2 4分の3拍子　　3 8分の6拍子

4 2分の2拍子　　5 4分の4拍子

[問3] （ A ）部分の楽譜として最も適切なものは，次の1～5のうちのどれか。

解答・解説

【1】1

〈解説〉幼稚園教育要領(平成29年告示)第1章　総則　第1　幼稚園教育の基本　からの出題である。　C 「幼児の発達は，心身の諸側面が相互に関連し合い，多様な経過をたどって成し遂げられていくものであること，また，幼児の生活経験がそれぞれ異なることなどを考慮して，幼児一人一人の特性に応じ，発達の課題に即した指導を行うようにすること」と記述されている。　D 「幼児の自発的な活動としての遊びは，心身の調和のとれた発達の基礎を培う重要な学習であることを考慮して，遊びを通しての指導を中心として第2章に示すねらいが総合的に達成されるようにすること」と記述されている。

【2】4

〈解説〉幼稚園教育要領(平成29年告示)第1章　総則　第2　幼稚園教育において育みたい資質・能力及び「幼児期の終わりまでに育ってほしい姿」からの出題である。　1　健康な心と体についての記述で，「幼稚園生活の中で，充実感をもって自分のやりたいことに向かって心と体を十分に働かせ，見通しをもって行動し，自ら健康で安全な生活をつくり出すようになる」と記述されている。　2　数量や図形，標識や文字などへの関心・感覚についての記述で，「遊びや生活の中で，数量や図形，標識や文字などに親しむ体験を重ねたり，標識や文字の役割に気付いたりし，自らの必要感に基づきこれらを活用し，興味や関心，感覚をもつようになる」と記述されている。3　協同性についての記述で，「友達と関わる中で，互いの思いや考えなどを共有し，共通の目的の実現に向けて，考えたり，工夫したり，協力したりし，充実感をもってやり遂げるようになる」と記述されている。　5　言葉による伝え合いについての記述で，「先生や友達と心を通わせる中で，絵本や物語などに親しみながら，豊かな言葉や表現を身に付け，経験したことや考えたことなどを言葉で伝えたり，相手の話を注意して聞いたりし，言葉による伝え合いを楽しむようになる」と記述されている。

【3】2

〈解説〉幼稚園教育要領(平成29年告示)第1章　総則　第3　教育課程の役割と編成等　3　教育課程の編成上の基本的事項　に関する幼稚園教育要領解説(平成30年3月　文部科学省)からの出題である。同解説によると，幼稚園教育要領における教育課程の編成の基本は，①幼稚園教育要領に示されて

いる「ねらい」や「内容」をそのまま教育課程における具体的な指導のねらいや内容とするのではなく，「幼児期の終わりまでに育ってほしい姿」との関連を考慮しながら，幼児の発達の各時期に展開される生活に応じて適切に具体化したねらいや内容を設定すること，②幼児期の発達の特性を十分に踏まえて，入園から修了までの発達の見通しをもち，きめ細かな対応が図れるようにすることである。

【4】3

〈解説〉幼稚園教育の基本は「学校教育法に規定する目的及び目標を達成するため，幼児期の特性を踏まえ，環境を通して行う」ことである。また，指導計画策定にあたっては，まず幼児の生活実態の理解が大切である。生活の実態を理解する視点としては，幼児の興味や関心，遊びや生活への取り組み方の変化，教師や友達との人間関係の変化，さらには，自然や季節の変化などの様々なものが考えられ，生活が無理なく継続して展開されていくように，その連続性を重視することが大切である。

【5】1

〈解説〉幼稚園教育要領解説（平成30年3月　文部科学省）第4節　指導計画の作成と幼児理解に基づいた評価　4　幼児理解に基づいた評価の実施　からの出題である。　2　「幼児は自分の心の動きを言葉で伝えるとは限らないため，教師は身体全体で表現する幼児の思いや気持ちを丁寧に感じ取ろうとすることが大切である」と記述されている。　3　「幼児理解に基づいた評価を行う際には，他の幼児との比較や一定の基準に対する達成度についての評定によって捉えるものではないことに留意する必要がある」と記述されている。　4　「幼児一人一人のよさや可能性などを把握していく際には，教師自身の教育観や幼児の捉え方，教職経験等が影響することを考慮する必要がある」と記述されている。　5　「幼稚園教育における評価の実施に当たっては，妥当性や信頼性が高められるよう創意工夫を行い，組織的かつ計画的な取組を推進することが必要である」と記述されている。　なお幼児理解とは「一人一人の幼児と直接に触れ合いながら，幼児の言動や表情から，思いや考えなどを理解しかつ受け止め，その幼児のよさや可能性を理解しようとする」ことで，幼稚園教育の出発点である。

【6】3

〈解説〉幼稚園教育要領解説（平成30年3月　文部科学省）第2節　幼児期の特性と幼稚園教育の役割　3　幼稚園の役割　からの出題である。　1　「幼児

期の教育は，大きくは家庭と幼稚園で行われ，両者は連携し，連動して一人一人の育ちを促すことが大切である」と記述されている。　2　「家庭は，愛情としつけを通して幼児の成長の最も基礎となる心の基盤を形成する場である。幼稚園は，これらを基盤にしながら家庭では体験できない社会・文化・自然などに触れ，教師に支えられながら，幼児期なりの世界の豊かさに出会う場である」と記述されている。　4　「幼稚園教育は，その後の学校教育全体の生活や学習の基盤を培う役割も担っている。この基盤を培うとは，小学校以降の子供の発達を見通した上で，幼稚園教育において育みたい資質・能力である『知識及び技能の基礎』『思考力，判断力，表現力等の基礎』そして『学びに向かう力，人間性等』を幼児期にふさわしい生活を通してしっかり育むことである」と記述されている。　5　「幼稚園は，幼児期の教育のセンターとしての役割を家庭や地域との関係において果たすことも期待される」と記述されている。

【7】1

〈解説〉幼稚園教育要領（平成29年告示）第2章　保育の内容　3　3歳以上児の保育に関するねらい及び内容　(2)　ねらい及び内容　ア　健康　(ウ)　内容の取扱い　からの出題である。心身の健康に関する領域「健康」の観点は，「健康な心と体を育て，自ら健康で安全な生活をつくり出す力を養う」である。「健康」，「安全」といったキーワードと関連させて，内容やその取扱いに関しても理解を深めておくことが大切である。

【8】5

〈解説〉Aは10項目ある領域「健康」の内容で，Cは10項目ある領域「言葉」の内容である。なお領域「人間関係」の観点は「他の人々と親しみ，支え合って生活するために，自立心を育て，人と関わる力を養う」であり，13項目の内容が示されている。領域それぞれの観点をしっかり理解しておくと，「内容」についての正しい記述を選ぶことができる。

【9】4

〈解説〉幼稚園の教育課程は心身の健康に関する領域「健康」，人との関わりに関する領域「人間関係」，身近な環境との関わりに関する領域「環境」，言葉の獲得に関する領域「言葉」及び感性と表現に関する領域「表現」の5つで構成されている。領域「言葉」の観点は「経験したことや考えたことなどを自分なりの言葉で表現し，相手の話す言葉を聞こうとする意欲や態度を育て，言葉に対する感覚や言葉で表現する力を養う」で，幼稚園教育要領（平成29

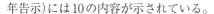

年告示)には10の内容が示されている。

【10】 1

〈解説〉幼稚園教育要領(平成29年告示)第2章　ねらい及び内容　感性と表現に
　関する領域「表現」　からの出題である。　　2　「生活の中で美しいものや心
　を動かす出来事に触れ，イメージを豊かにする」と記述されている。　3　「感
　じたこと，考えたことなどを音や動きなどで表現したり，自由にかいたり，
　つくったりなどする」と記述されている。　4　「音楽に親しみ，歌を歌った
　り，簡単なリズム楽器を使ったりなどする楽しさを味わう」と記述されてい
　る。　5　「自分のイメージを動きや言葉などで表現したり，演じて遊んだり
　するなどの楽しさを味わう」と記述されている。

【11】 4

〈解説〉幼稚園教育要領解説(平成30年3月　文部科学省)第3章　教育課程に係
　る教育時間の終了後等に行う教育活動などの留意事項　からの出題である。
　1　「幼児が夢中になって遊びに取り組んでいる場合には，教育課程に係る
　教育時間の終了後等に行う教育活動においても幼児は同じ活動をやってみ
　たいと思うこともあろう。教育課程に基づく活動を考慮するということは，
　必ずしも活動を連続させることではない」と記述されている。　2　「教育課
　程に係る教育時間の終了後等に行う教育活動の対象となる幼児については，
　幼稚園で過ごす時間が比較的長時間となるので，家庭における教育が充実
　するよう家庭への働き掛けを十分に行うことも大切である」と記述されてい
　る。　3　「家庭での過ごし方などにより幼児一人一人の生活のリズムや生
　活の仕方が異なることに十分配慮して，心身の負担が少なく，無理なく過
　ごせるように，1日の流れや環境を工夫することが大切である」と記述され
　ている。　5　「教育課程に係る教育時間の終了後等に行う教育活動を毎日
　希望する場合又は週の何日かを希望する場合，あるいは，幼稚園の設定し
　た終了時間よりも早く帰ることを希望する場合など様々なケースが考えら
　れるが，できるだけそれぞれの要請に応えるよう弾力的な運用を図ること
　が必要である」と記述されている。

【12】 3

〈解説〉幼稚園教育要領解説(平成30年3月　文部科学省)第1章　総説　第7節
　教育課程に係る教育時間の終了後等に行う教育活動な活動　2　子育ての支
　援　からの出題である。　1　「子育て相談や未就園児の親子登園などを通
　じて，未就園児と保護者との温かなつながりがより深まることは，幼稚園

入園後の生活をより豊かなものとしていく」と記述されている。　2 「各幼稚園において，このような子育ての支援活動を行う際には，地域の様々な人々が気軽に利用できるような雰囲気をつくり，自然に足が向くような憩いの場を提供するよう配慮することが大切である」と記述されている。　4「子育ての支援活動は多様であるが，幼稚園の実態に応じ，できることから着実に実施していくことが必要である。その際，教育課程に基づく活動の支障となることのないように配慮する必要がある」と記述されている。　5「保護者の養育が不適切である場合や家庭での育ちの状況が気になる子供がいた場合の保護者支援については，子供の最善の利益を重視しつつ，幼稚園のみで抱え込むことなく，カウンセラーや保健師等の専門家や，市町村などの関係機関と連携して，適切な支援を行っていくことも大切である」と記述されている。

【13】5

〈解説〉特別支援学校教育要領・学習指導要領解説　総則編（幼稚部・小学部・中学部）（平成30年3月　文部科学省）　第2編　幼稚部教育要領解説　第2章　総説（教育課程の基準と編成）　第7節　特に留意する事項　4 障害種別ごとに留意する事項　からの出題である。　1 「幼児の実態に即した，分かりやすい日課を設定し，生活のリズムを身に付けるようにすること」と記述されている。　2 「身体活動を活発に行うことができるようにし，行動範囲を広げるとともに，身の回りのことを自分でしようとする意欲や態度の芽生えを育てること」と記述されている。　3 「いろいろな遊びを通して，人やものとの関わり方を身に付け，教師や友達に働き掛けようとする意慾や態度を育てること」と記述されている。　4 「教師や友達と関わる中で，自分の要求を表現したり，表現しようとすることや言葉を交わしたりすることができるようにすること」と記述されている。

【14】2

〈解説〉学校施設整備指針（平成30年3月　文部科学大臣官房文教施設企画部）　第1章　総則　第1節　幼稚園施設整備の基本的方針　からの出題である。この「学校施設整備指針」は，学校教育を進める上で必要な施設機能を確保するために，計画及び設計における留意事項を示したものである。「幼稚園施設整備指針」については，平成5（1993）年に作成し，その後，幼稚園施設を取り巻く状況の変化等を踏まえ数次にわたる改訂が行われ，最新の改訂が平成30（2018）年である。この平成30（2018）年の改訂では，幼稚園教育要領

の改訂や学校施設を取り巻く今日的課題に対応するため，「学校施設の在り
方に関する調査研究協力者会議」における検討を経て，幼児教育の場にふさ
わしい豊かな環境づくり，幼児教育の担い手を支え家庭や地域と連携・協働
を促す環境づくり，その他の施設的配慮の観点から記述の充実が行われた。

【15】2

〈解説〉「きまりをまもるこころを育てる　―幼児期の『規範意識の芽生え』の
醸成　指導資料―」(平成26年3月　東京都教育委員会）は，幼児期の規範
意識の芽生えの醸成を通した保育・教育の充実及び小学校教育との円滑な
接続の推進を図ることを目的に，東京都教育委員会が作成したもの。その
「4『規範意識の芽生え』に関する発達の道筋及び大人の関わり」からの出題で
ある。　B「やってよいことと悪いことがあることを，その都度知らせる。
悪いことをしたときには，どこが悪かったのかを伝え，きちんと叱る」と記
述されている。　D「地域の行事や図書館，児童館など地域の施設に積極
的に出掛け，様々な人との触れ合い，新たな体験や出会いを楽しめるよう
にする」と記述されている。

【16】5

〈解説〉「就学前教育カリキュラム　改訂版」(平成28年3月　東京都教育委員
会）は，都内就学前教育施設における保育・教育の質の向上及び小学校教育
との円滑な接続の推進を図るため，幼保連携型認定こども園教育・保育要
領（平成26年4月告示）の内容を，就学前教育カリキュラムに反映し作成し
たもの。その中の「生きる力の基礎を身に付けた子供像」「確かな学力につ
ながる〔学びの芽生え〕を身に付けた子供像」からの出題である。　A「興
味や関心をもったことに主体的にかかわったり，そのことを遊びに取り入
れたりする」と記述されている。　C「経験したことを取り入れたり，身
近な物や用具などの性質や仕組みを生かしたりして遊びや課題に取り組む」
と記述されている。

【17】5

〈解説〉教育基本法第2条では5つの教育の目標が定められている。　1「幅広
い知識と教養を身に付け，真理を求める態度を養い，豊かな情操と道徳心
を培うとともに，健やかな身体を養うこと」と記述されている。　2「個人
の価値を尊重して，その能力を伸ばし，創造性を培い，自主及び自律の精
神を養うとともに，職業及び生活との関連を重視し，勤労を重んずる態度を
養うこと」と記述されている。　3「正義と責任，男女の平等，自他の敬愛

と協力を重んずるとともに，公共の精神に基づき，主体的に社会の形成に参
画し，その発展に寄与する態度を養うこと」と記述されている。　4　「生命
を尊び，自然を大切にし，環境の保全に寄与する態度を養うこと」と記述さ
れている。

【18】3

〈解説〉教育の機会均等は教育基本法第4条，幼児期の教育は教育基本法第11
条で定められている。教育基本法第4条は，日本国憲法第14条の法の下の
平等，日本国憲法第26条の教育を受ける権利の保障を受け，教育を行うに
あたっての重要な基本理念として，教育の機会均等を定めている。教育基
本法第11条は，幼児期の教育が子供の基本的な生活習慣を育て，道徳性の
芽生えを培い，学習意欲や態度の基礎となる好奇心や探求心を養い，創造
性を豊かにする等の重要な役割を担っていることを踏まえ，国と地方公共
団体にその振興への努力義務を定めている。

【19】5

〈解説〉A　学校教育法第24条で「幼稚園においては，第22条に規定する目的
を実現するための教育を行うほか，幼児期の教育に関する各般の問題につ
き，保護者及び地域住民その他の関係者からの相談に応じ，必要な情報の
提供及び助言を行うなど，家庭及び地域における幼児期の教育の支援に努
めるものとする」とされており，幼稚園の家庭における幼児期の教育の支援
は努力義務である。　C　学校教育法第26条で「幼稚園に入園することので
きる者は，満3歳から，小学校就学の始期に達するまでの幼児とする」とさ
れており，例外規定はない。　なおBは学校教育法第25条，Dは同法第27
条で規定されている。

【20】4

〈解説〉学校教育法第23条は幼稚園教育の目標を定めている。　1　「身近な社
会生活，生命及び自然に対する興味を養い，それらに対する正しい理解と
態度及び思考力の芽生えを養うこと」と記述されている。　2　「健康，安全
で幸福な生活のために必要な基本的な習慣を養い，身体諸機能の調和的発
達を図ること」と記述されている。　3　「集団生活を通じて，喜んでこれに
参加する態度を養うとともに家族や身近な人への信頼感を深め，自主，自
律及び協同の精神並びに規範意識の芽生えを養うこと」と記述されている。
5　「音楽，身体による表現，造形等に親しむことを通じて，豊かな感性と
表現力の芽生えを養うこと」と記述されている。

【21】2

〈解説〉B　学校保健安全法第14条で「学校においては，前条の健康診断の結果に基づき，疾病の予防処置を行い，又は治療を指示し，並びに運動及び作業を軽減する等適切な措置をとらなければならない」と記述されている。

D　学校保健安全法第27条で「学校においては，児童生徒等の安全の確保を図るため，当該学校の施設及び設備の安全点検，児童生徒等に対する通学を含めた学校生活その他の日常生活における安全に関する指導，職員の研修その他学校における安全に関する事項について計画を策定し，これを実施しなければならない」と記述されている。　なおAは学校保健計画の策定等を定めた学校保健安全法第5条，Cは感染症予防のための出席停止を定めた同法第19条である。

【22】4

〈解説〉ピグマリオン効果とは，他者に対する期待が結果としてその実現の方向に機能することで，ゴーレム効果の逆のことである。レディネスはある学習に対する特定の準備が整っている状態のことである。ラポールは互いに親しい感情が通い合う状態で，打ちとけて話ができる関係のことである。PTSD（Post Traumatic Stress Disorder：心的外傷後ストレス障害）は，強烈なショック体験，強い精神的ストレスが，こころのダメージとなって，時間がたってからも，その経験に対して強い恐怖を感じることである。各選択肢に関して，1の説明がラポール，2の説明がPTSD，3の説明がピグマリオン効果，5の説明がレディネスである。

【23】3

〈解説〉ピアジェ（1896〜1980年）はスイスの心理学者で，実験的臨床法により児童の知能や思考の発達過程を研究し，知的操作の構造を明らかにした。シュタイナー（1861〜1925年）はドイツの教育者で，シュトゥットガルトに自由ヴァンドルフ学校を設立し，8年間一貫担任制などの教育を実践した。ハーロウ（1905〜1981年）はアメリカの心理学者で，猿の子供に布製と針金製の代理母を与え，アタッチメントの大切さを示した。マズロー（1908〜1970年）はアメリカの産業心理学者で，人間の欲求は①生理的欲求，②安全の欲求，③社会的欲求，④自我欲求，⑤自己実現欲求の5段階から成り，下位欲求から順に上位欲求の充足にニーズが進むとする欲求段階説を唱えた。各選択肢に関して，1の説明がマズロー，2の説明がハーロウ，4の説明がシュタイナー，5の説明がピアジェである。

【24】1

〈解説〉スポーツ等でけがをした場合の応急処置の基本は「rest（安静）」「ice（冷却）」「compression（圧迫）」「elevation（拳上）」の4つの頭文字を並べた「RICE処置」で措置する。　2　「突き指は引っ張って治せ」は誤った知識で，けっして勝手な判断で指を引っ張ったり，ひねったり，押し込んだりせず，仮固定をして氷や保冷剤で冷やし，また，手を下げないようにして，早めに受診することが肝要である。　3　けいれんの対応は，安全な場所に移動し，周りにある危険なものを取り払い，平坦な場所に横向きに寝かせ，シャツのボタンやベルトなどを緩めて楽に呼吸ができるよう調整する。　4　じんましんは冷やすとかゆみが軽減することがあるので，保冷剤，氷を入れたビニール袋などをタオルに包み，かゆい部分に当てる。　5　頭部打撲によるこぶは，保冷剤や冷たいタオルなどでコブを冷やし，当日はしばらく激しい運動はさけて室内で経過観察する。

【25】4

〈解説〉1　虹は太陽の反対側にできる。　2　雷は強い上昇気流によって発達した積乱雲の中でできる。　3　霜柱は地中の水分が地表にしみだして凍結したものである。　4　正しい。　5　台風は太平洋で発生した熱帯低気圧のうち，最大風速が17.2m/s以上のものをいう。

【26】2

〈解説〉アメリカザリガニは水草や小魚，イトミミズなどを食べる。ニラやタマネギ等のネギ類，アボカドは中毒症状を引き起こすためモルモット，ハムスター，ウサギに与えてはいけない。ホウレン草はカメにとって毒となる成分が含まれるので与えてはいけない。

【27】1

〈解説〉ニンジン，コマツナ，ダイコンは種を蒔いて育てる。ジャガイモ，サトイモは種芋を植えて育てる。サツマイモは苗を植えて育てる。

【28】［問1］5　　［問2］2　　［問3］3

〈解説〉［問1］　楽譜から旋律を歌唱できるようにしておきたい。少なくとも選択肢の楽曲に関しては，歌詞と旋律は口ずさめる程度に覚えておきたい。　［問2］　1小節に4分音符3つ分の長さの音が入っているので，4分の3拍子である。　［問3］　「ちいさい」「ひごいは」の部分である。「ちいさい〜こどもたち」まで，音が低くなっていく音型に注目すれば3であることが分かる。

令和2年度

【1】幼稚園教育要領における「幼稚園教育の基本」に関する記述として適切なものは，次の1～5のうちのどれか。

1　幼児期の教育は，生涯にわたる人格形成の基礎を培う重要なものであり，幼稚園教育は，日本国憲法に規定する目的及び目標を達成するため，幼児期の特性を踏まえ，環境を通して行うものであることを基本とする。

2　幼児は安定した情緒の下で自己を十分に発揮することにより発達に必要な体験を得ていくものであることを考慮して，幼児の主体的な活動を促し，幼児期にふさわしい生活が展開されるようにする。

3　教師は，幼児の主体的な活動が確保されるよう幼児一人一人の行動の理解と予想に基づき，一斉活動時間はなるべく最小限ですむよう計画するとともに，教材を工夫し，知的環境を構成しなければならない。

4　幼児の自発的な活動としての遊びは，心身の調和のとれた発達の基礎を培う重要な学習であることを考慮して，教師が主導し知識や技能を一方向的に指導してねらいが達成されるようにする。

5　幼児の発達は，心身の諸側面が関連し合い，多様な経過をたどって成し遂げられていくものであること，また，幼児の生活経験がそれぞれ異なることなどを考慮し，幼児の経験が一律になるよう，発達の課題に即した指導を行うようにする。

【2】幼稚園教育要領解説(平成30年3月　文部科学省)における「幼児期の終わりまでに育ってほしい姿」に関する記述の内容として適切なものは，次の1～5のうちのどれか。

1　「幼児期の終わりまでに育ってほしい姿」は，各領域ごとに展開される活動により資質・能力が育まれている5歳児後半に必ず見られるようになる姿である。

2　「幼児期の終わりまでに育ってほしい姿」は，幼児が発達していく姿を捉える際に念頭に置くものであるが，指導を行う際には，あまり考慮する必要はない。

3　「幼児期の終わりまでに育ってほしい姿」を手掛かりに，小学校の教師と子供の姿を共有するなど，幼稚園教育と小学校教育の円滑な接続を図ることが大切である。

4　「幼児期の終わりまでに育ってほしい姿」は実際の指導で到達すべき目

標であり，個別に取り出して指導することが重要である。

5 「幼児期の終わりまでに育ってほしい姿」は，3歳児，4歳児の時期から幼児が発達していく方向を意識することで，5歳児になってすぐに見られるようになる。

【3】幼稚園教育要領解説(平成30年3月　文部科学省)における教育課程の編成上の基本的事項に関する記述として適切なものは，次の1～5のうちのどれか。

1 教育課程の編成に当たっては，幼稚園教育要領に示されている「ねらい」や「内容」をそのまま教育課程における具体的な指導のねらいや内容とする必要がある。

2 教育課程の編成に当たっては，入園から修了まで見通しをもって編成するよりも，幼児の個々の発達に合わせて，その都度考えて決めていくことが重要である。

3 教育課程の編成に当たっては，幼稚園教育の内容と方法への理解を促進するために，まずは保護者の意向についての十分な理解をもつことが大切である。

4 教育課程の編成に当たっては，幼稚園や地域の実態と違っていても，教育要領に沿った編成をするとともに，その実施状況を評価し，改善を図る必要がある。

5 教育課程の編成に当たっては，それぞれの幼稚園に累積されている資料などから幼児の発達の過程や実情を的確に把握する必要がある。

【4】幼稚園教育要領解説(平成30年3月　文部科学省)における指導計画の考え方に関する記述として適切なものは，次の1～5のうちのどれか。

1 幼稚園生活を通して，個々の幼児が学校教育法における幼稚園教育の目標を達成していくためには，まず，教師が，あらかじめ幼児の発達に必要な経験を見通し，各時期の発達の特性を踏まえつつ，教育課程に沿った指導計画を立てて継続的な指導を行うことが必要である。

2 計画的に指導を行うためには，発達の見通しや活動の予想に基づいて環境を構成すること，園の年間行事を見通して援助すること，保護者と連携することが重要であり，この三点を重視することによって，計画性のある指導が行われ，一人一人の発達が促されていく。

3　指導計画は一つの仮説であって，実際に展開される生活に応じて常に改善されるものであるが，教育課程は幼稚園における教育期間の全体を見通し，入園から修了までの期間において，どのような筋道をたどっていくかを明らかにした計画であるため，改善する必要はない。

4　実際に指導を行う場合には，教師の予想と異なる展開が見られたとき，指導計画に基づいた保育が確実に展開できるよう，あらかじめ設定したねらいや内容を変えることなく環境を再構成したり，必要な援助をしたりするなど，教師が意図的に指導していく必要がある。

5　指導計画は，一般に一人一人の発達の実情を踏まえながら，発達に共通する部分や全体的な様相を手掛かりにして作成するので，それを基に具体的な指導をするときには，幼児の興味や欲求を十分満足させるよう，全ての幼児に同じ経験をさせることが大切である。

【5】次の文章は，幼稚園教育要領における教育課程に係る教育時間の終了後等に行う教育活動などに関する記述である。空所Ａ～Ｄに該当する語句の組合せとして適切なものは，下の1～5のうちのどれか。

幼稚園は，第3章に示す教育課程に係る教育時間の終了後等に行う教育活動について，（　Ａ　）に規定する目的及び目標並びにこの章の第1に示す幼稚園教育の基本を踏まえ実施するものとする。また，幼稚園の目的の達成に資するため，幼児の（　Ｂ　）が豊かなものとなるよう（　Ｃ　）における幼児期の教育の（　Ｄ　）に努めるものとする。

	Ａ	Ｂ	Ｃ	Ｄ
1	学校教育法	生活全体	家庭や地域	支援
2	教育基本法	環境	遊びや集団生活	支援
3	学校教育法	環境	家庭や地域	発展
4	学校教育法	環境	遊びや集団生活	支援
5	教育基本法	生活全体	家庭や地域	発展

【6】幼稚園教育要領解説（平成30年3月　文部科学省）における特別な配慮を必要とする幼児への指導に関する記述の内容として適切なものは，次の1～5のうちのどれか。

1　特別支援教育において大切な視点は，一人一人の障害の状態等により，生活上の困難が異なることに十分留意し，指導内容や指導方法は幼児の

89

年齢によって一律に決め，指導を行うことが適切である。

2　各幼稚園において，幼児の障害の状態等に応じた指導を充実させるためには，必ず幼児の保護者に対し専門的な助言又は援助を要請するなどして，計画的，組織的に取り組むことが重要である。

3　個別の教育支援計画と個別の指導計画の作成・活用システムを幼稚園内で構築していくためには，障害のある幼児などを担任する教師と特別支援コーディネーターに任せ，他の職員は関わらないことが必要である。

4　障害の種類や程度を的確に把握した上で，障害のある幼児などの「困難さ」に対する「指導上の工夫の意図」を理解し，個に応じた様々な「手立て」を検討し，指導に当たっていく必要がある。

5　教師は障害のある幼児などのありのままの姿を受け止め，障害の状態等を理解し，幼児が安心して過ごせるように保育をし，周囲の環境と関わることは考えない方がよい。

【7】次の文章は，幼稚園教育要領における領域「人間関係」の内容の取扱いの一部である。空所A～Dに該当する語句の組合せとして適切なものは，下の1～5のうちのどれか。

高齢者をはじめ（　A　）などの自分の生活に関係の深いいろいろな人と触れ合い，自分の感情や意志を表現しながら共に楽しみ，（　B　）体験を通して，これらの人々などに親しみをもち，（　C　）ことの楽しさや人の役に立つ喜びを味わうことができるようにすること。また，生活を通して親や（　D　）などの家族の愛情に気付き，家族を大切にしようとする気持ちが育つようにすること。

	A	B	C	D
1	地域の人々	共感し合う	一緒に遊ぶ	祖父母
2	教師や友達	支え合う	人と関わる	兄弟
3	教師や友達	支え合う	人と関わる	祖父母
4	地域の人々	共感し合う	一緒に遊ぶ	兄弟
5	地域の人々	共感し合う	人と関わる	祖父母

【8】幼稚園教育要領における領域「環境」の内容の記述として適切なものの組合せは，あとの1～5のうちのどれか。

A　いろいろな素材に親しみ，工夫して遊ぶ。

B 日常生活の中で，我が国や地域社会における様々な文化や伝統に親しむ。

C 季節により自然や人間の生活に変化のあることに気付く。

D 共同の遊具や用具を大切にし，皆で使う。

1 A・B

2 A・C

3 A・D

4 B・C

5 B・D

【9】次の文章は，幼稚園教育要領における領域「言葉」の内容の取扱いの一部である。空所A～Dに該当する語句の組合せとして適切なものは，下の1～5のうちのどれか。

言葉は，（ A ）親しみをもって接し，自分の（ B ）などを伝え，それに相手が応答し，その言葉を聞くことを通して（ C ）獲得されていくものであることを考慮して，幼児が教師や他の幼児と関わることにより（ D ）体験をし，言葉を交わす喜びを味わえるようにすること。

	A	B	C	D
1	身近な人に	願いや欲求	急速に	心を動かされるような
2	誰にでも	感情や意志	次第に	言葉による直接的な
3	身近な人に	感情や意志	急速に	言葉による直接的な
4	誰にでも	願いや欲求	急速に	言葉による直接的な
5	身近な人に	感情や意志	次第に	心を動かされるような

【10】「発達や学びをつなぐスタートカリキュラム　スタートカリキュラム導入・実践の手引き」(平成30年3月　文部科学省　国立教育政策研究所　教育課程研究センター)におけるスタートカリキュラムをデザインする基本的な考え方に関する記述として適切なものの組合せは，あとの1～5のうちのどれか。

A 「幼児期の終わりまでに育ってほしい姿」を踏まえるなどして，幼児の発達や学びの様子を理解した上で，カリキュラムをデザインすることが重要である。

B 入学当初の児童がより早く学習活動に慣れるためには，10分から15分

　程度の短い時間を活用した時間割よりも45分程度の標準的な時間割で進
　めることが重要である。
C　自分との関わりを通して総合的に学ぶという，この時期の児童の発達
　の特性を踏まえ，生活科を中心とした合科的・関連的な指導の充実を図
　ることが重要である。
D　入学当初の児童がもつ不安感に対しては，自分の力で学校生活を送る
　ことができるようになるまで見守りに徹することが重要である。
　　1　A・B
　　2　A・C
　　3　A・D
　　4　B・C
　　5　B・D

【11】「幼児理解に基づいた評価」(平成31年3月　文部科学省)における幼児理
　解と評価の考え方に関する記述の内容として最も適切なものは，次の1〜5
　のうちのどれか。
　1　幼児を理解するとは，何歳にはこのような姿であるというような一般化
　　された幼児の姿を基準として，一人一人の幼児をその基準に照らして，
　　優れているか劣っているかを評定することである。
　2　幼児の発達の理解を深めるためには，教師が幼稚園生活の全体を通して
　　幼児の発達の実情を的確に把握することや，一人一人の幼児の個性や発
　　達の課題を捉えることが大切である。
　3　適切な教育は適切な評価によって初めて実現するものなので，「評価」
　　という語は，優劣を決めたり，ランクを付けたりする成績表のようなイ
　　メージで受け止めることが必要である。
　4　評価とは，保育の中で幼児の姿がどのように変容しているかを捉えなが
　　ら，そのような姿が生み出されてきた様々な状況について適切かどうか
　　を検討して，教師の評定を判断するために行うものである。
　5　指導の過程を振り返る際に，「幼児期の終わりまでに育ってほしい姿」
　　を活用して，実際の幼児の姿にとらわれることなく，教師の関わり方に
　　ついて見落としている点はないかを確認することが大切である。

【12】「幼児期運動指針ガイドブック～毎日，楽しく体を動かすために～」(平成24年3月 文部科学省)における「幼児期における運動の配慮事項と保育者・保護者の方々に向けた提案」に関する記述の内容として適切なものの組合せは，下の1～5のうちのどれか。

A 子どもの動線に配慮し，園庭や遊具の配置を工夫したり，遊具の安全点検や危険な場所のチェックを定期的に行ったりしていく。

B 戸外では，幼児は解放感を味わいながら思い切り活動することができるので，屋内での遊びの環境を工夫する必要はない。

C 幼児の身体諸機能が十分に伸びるような環境を用意すれば，特に援助をしなくても，十分に全身を動かし活動意欲を満足させることができる。

D 幼児だけでなく保護者にも体を動かす楽しさの意識を高め，幼い頃から一緒に楽しみながら体を動かす習慣に結びつくよう働きかけることが大切である。

  1 A・B
  2 A・C
  3 A・D
  4 B・C
  5 B・D

【13】「幼稚園施設整備指針」(平成30年3月 文部科学省大臣官房文教施設企画部)における「幼稚園施設整備の基本的方針」に関する記述として適切なものの組合せは，下の1～5のうちのどれか。

A 発達の著しい幼児期の健康と安全を重視し，日照のみに配慮した良好な環境を確保することが重要である。

B 幼児期の特性に応じて，また，障害のある幼児にも配慮しつつ，十分な防災性，防犯性など安全性を備えた安心感のある施設環境を形成することが重要である。

C それぞれの地域の自然や文化性にかかわらず，一律に快適で豊かな施設環境を確保するとともに，環境負荷の低減や自然との共生等を考慮することが重要である。

D 近隣の町並みや景観，住環境との調和に配慮して整備することや施設のバリアフリー対策を図ることが重要である。

  1 A・B

2 A・C
3 A・D
4 B・C
5 B・D

【14】「安全教育プログラム　第12集」(令和2年3月　東京都教育委員会)における学校の安全教育の記述の内容として適切なものは，次の1〜5のうちのどれか。
1 安全教育で身に付ける力は，危険を予測し回避する能力と，他者や社会の安全に貢献できる資質や能力である。
2 安全教育で身に付ける力は，事例に基づいて行う「応急的・緊急的な安全指導」だけで身に付けることが可能である。
3 安全教育が対象とする領域は，「生活安全」と「交通安全」の2つから構成され，災害に関する「災害安全」は含まない。
4 安全教育は，「安全指導」と「安全学習」の2つの側面があるが，相互の連携を図るよりも「安全指導」に重点をおいて，計画的，継続的に行うことが重要である。
5 安全管理は，教職員が中心となって行われるものであり，子供たちに関与，参画させる必要はない。

【15】「そうだ，やっぱり早起き・早寝！　改善しよう！　子どもたちの生活リズム」(平成31年2月　東京都教育委員会)における早起き・早寝が大切な理由に関する記述として適切なものの組合せは，下の1〜5のうちのどれか。
A ヒトは元来，夜行性の動物なので，生活リズムを矯正する必要がある。
B 夜に浴びる光は体内時計に働いて，体内時計と地球時間のズレを大きくする。
C 体温のリズムが乱れると，昼間，活動的に生活することができない。
D 成長に必要なホルモンは，朝，目覚めの時にたくさん分泌される。
1 A・B
2 A・C
3 A・D
4 B・C
5 B・D

【16】「東京都教育ビジョン(第4次)」(平成31年3月　東京都教育委員会)にお
ける『「東京都教育ビジョン(第4次)」策定の社会的背景』に関する記述とし
て適切なものの組合せは，下の1～5のうちのどれか。

A　人間の労働を代替する側面と雇用を促進する側面の両面を兼ね備える
　　AIが普及する近未来の社会を見据え，今後必要とされる知識・技能の習
　　得を通した人材の育成が重要になる。

B　全ての子供たちが社会の形成者としての自覚をもち，自らのキャリア
　　を力強く歩んでいく力を育むことで，企業や学校等を退職した人材を頼
　　ることなく，活力ある社会を築き上げていくことができるようにする。

C　将来は，世界で様々な国の人々と共に働き，共に生活することが当た
　　り前の時代になることが見込まれることから，子供たちには，外国人と
　　良好な人間関係やコミュニケーションを築くために必要な力を育成する
　　ことが不可欠である。

D　日本の製造業において，国際競争力の低下が見受けられるため，次代
　　を担う子供たちには，ものづくりのスキルよりも，新しいビジネスモデ
　　ルを創造し，東京ひいては日本の経済を発展させることができる力を育
　　成する必要がある。

　　1　A・B
　　2　A・C
　　3　A・D
　　4　B・C
　　5　B・D

【17】次の文章は，教育基本法の条文である。空所A～Dに該当する語句の組
　　合せとして適切なものは，あとの1～5のうちどれか。

○　法律に定める学校の教員は，（　A　）を深く自覚し，絶えず（　B　）
　　に励み，その職責の遂行に努めなければならない。

○　学校，（　C　）その他の関係者は，教育におけるそれぞれの役割と
　　責任を自覚するとともに，（　D　）に努めるものとする。

	A	B	C	D
1	自己の崇高な使命	情報収集	教育委員会	相互の連携及び協力
2	全体の奉仕者であること	研究と修養	家庭及び地域住民	教育の質の向上
3	自己の崇高な使命	研究と修養	家庭及び地域住民	相互の連携及び協力
4	全体の奉仕者であること	情報収集	家庭及び地域住民	教育の質の向上
5	自己の崇高な使命	研究と修養	教育委員会	相互の連携及び協力

【18】 日本国憲法の条文として適切なものの組合せは，下の1～5のうちのどれか。

A 集会，結社及び言論，出版その他一切の表現の自由の保障のため，検閲される。

B 国民は，法律の定めるところにより，納税の義務を負ふ。

C すべて公務員は，全体の奉仕者であつて，一部の奉仕者ではない。

D 国及びその機関は，宗教教育その他の宗教的活動の自由を有する。

  1 A・B

  2 A・C

  3 A・D

  4 B・C

  5 B・D

【19】 次の文章は，学校教育法における「幼稚園教育の目標」の条文である。空所A～Dに該当する語句の組合せとして適切なものは，あとの1～5のうちのどれか。

幼稚園における教育は，前条に規定する目的を実現するため，次に掲げる目標を達成するよう行われるものとする。

一 健康，安全で幸福な生活のために必要な基本的な習慣を養い，身体諸機能の調和的発達を図ること。

二 集団生活を通じて，喜んでこれに参加する態度を養うとともに家族や身近な人への（ A ）を深め，自主，自律及び協同の精神並びに規範意識の芽生えを養うこと。

三 身近な社会生活，生命及び自然に対する興味を養い，それらに対する正しい理解と態度及び（ B ）の芽生えを養うこと。

四 日常の会話や，絵本，童話等に親しむことを通じて，（ C ）の使い方を正しく導くとともに，相手の話を理解しようとする態度

を養うこと。
　　五　音楽，身体による表現，造形等に親しむことを通じて，豊かな
　　　（　D　）と表現力の芽生えを養うこと。

	A	B	C	D
1	信頼感	思考力	文字	感性
2	愛情	道徳性	言葉	想像力
3	信頼感	思考力	言葉	感性
4	愛情	思考力	言葉	想像力
5	信頼感	道徳性	文字	感性

【20】児童福祉法の条文の内容として適切なものは，次の1～5のうちのどれ
　か。

1　養育支援訪問事業とは，乳児家庭全戸訪問事業の実施その他により把握
　した保護者の養育を支援することが特に必要と認められる児童等に対し，
　当該要支援児童等の居宅において，養育に関する相談，指導，助言その
　他必要な支援を行う事業をいう。

2　一時預かり事業とは，家庭において保育を受けることが一時的に困難と
　なった乳児又は幼児について，厚生労働省令で定めるところにより，主
　に夜間において保育所，認定こども園において一時的に預かり，必要な
　保護を行う事業をいう。

3　地域子育て支援拠点事業とは，厚生労働省令で定めるところにより，乳
　児及びその保護者が，子育てについての相談，情報の提供などを家庭に
　おいて受けられることを目的とした事業をいい，幼児及びその保護者は
　対象に含まれない。

4　小規模保育事業とは，保育を必要とする満3歳未満の乳幼児を保育する
　ことを目的とする施設（利用定員が6人以上19人以下であるものに限る）
　において，保育を行う事業をいい，満3歳以上の幼児は対象に含まれな
　い。

5　病児保育事業とは，保育を必要とする乳児又は幼児のみであって，疾病
　にかかっているものに限り，保育所，認定こども園，病院，診療所その
　他厚生労働省令で定める施設において，保育を行う事業をいう。

【21】 児童虐待の防止等に関する法律の条文の内容として適切なものは，次の
1〜5のうちのどれか。

1　学校及び児童福祉施設の管理者は，児童虐待を行っている疑いがある保
　護者が，児童委員等の立ち入りや調査を拒んだり妨げたりした場合，警
　察の許可を得て現場に出向いて立ち入り捜査をしたり，当該児童を捜索
　したりすることができる。

2　学校及び児童福祉施設は，児童が保護者から児童虐待を受けていないか
　を見守るだけでなく，保護者に対してのみ児童虐待の防止のための教育
　を行うよう努めなければならない。

3　児童虐待を行った保護者について行われる指導は，親子の再統合への配
　慮その他の児童虐待を受けた児童が家庭で生活するために必要な配慮の
　下に適切に行われなければならない。

4　児童虐待を受けた児童について施設入所等の措置や一時保護が行われた
　場合において，保護者の要望があった場合は，保護者に対して当該児童
　の住所や居所を明らかにしなければならない。

5　児童相談所長は，児童虐待を受けたと思われる児童の安全の確認を行お
　うとする場合や一時保護を行おうとする場合などにおいては，必ず当該
　児童の住所又は居所の所在地を管轄する警察署長に対し援助を求めなけ
　ればならない。

【22】 ピアジェの発達段階に関する説明として適切なものの組合せは，下の1
～5のうちのどれか。

A　感覚運動期は，自分の身体全体を使って対象とかかわるなど，反射的
　な行動により環境に適応する時期である。

B　前操作期は，言葉やイメージを使って，対象を頭の中で象徴的に扱う
　ことができるようになり，思考は幼いものの，自己中心的な思考はなく
　なる時期である。

C　具体的操作期は，思考がより成熟し，具体物を扱う場合においては，
　論理を通してものごとを考えることができるようになる時期である。

D　形式的操作期は，論理的にものごとを考えるよりも，抽象的にものご
　とを考えるようになる時期である。

　1　A・B
　2　A・C

3　A・D

4　B・C

5　B・D

【23】教育思想に関わる人物の説明として適切なものは，次の1〜5のうちのどれか。

1　モンテッソーリは，「子どもの家」を開設し，教具を用意し環境を整えた教育を実践した。

2　コメニウスは，クライエント(来談者)中心療法の創始者であり，クライエントの受容，共感に重点が置かれ，非指示的カウンセリングとも言われている。

3　フレーベルは，著書に「大教授学」や「世界図絵」があり，「世界図絵」は，絵入りの教科書で各国語に翻訳されている。

4　ロジャーズは，オペラント条件づけの理論家であり，ティーチングマシンとプログラム学習の開発者でもある。

5　スキナーは，ドイツにおいて幼稚園を創設し，子どもの教育遊具である恩物の製作と普及に努めた。

【24】幼稚園における幼児の病気等への対応に関する記述として最も適切なものは，次の1〜5のうちのどれか。

1　インフルエンザは，ウイルスによる感染症でかぜと区別がつきにくく，感染した場合には，発症後の日数にかかわらず，解熱後すぐに登園が可能である。

2　溶連菌感染症は，発熱と喉の痛み，嘔吐などとともに，時に苺舌もみられ，抗菌薬療法開始から3日を経過し，かつ全身状態が良好になるまで，出席停止となる。

3　風疹は，3日ほどで発疹が消えることから「三日ばしか」とも言われるが，発疹が消失するまで，出席停止となる。

4　手足口病は，手の平や足の裏，口の中に小さな水ほうや赤い発疹ができ，熱が出ることもあるので，発疹がなくなっても3日間は出席停止となる。

5　流行性耳下腺炎は，「おたふくかぜ」とも言われ，潜伏期間は2，3日であり，耳の下に腫れと痛みを伴うが，腫れが引いた後すぐに登園が可能

である。

【25】 気象に関する語句とその説明として適切なものの組合せは，下の1～5
のうちのどれか。

A　エルニーニョ現象とは，海水の温度が平年より低い状態が続く現象を
いう。

B　木枯らしとは，秋の終わりから冬の初めにかけて吹く冷たく強い風を
いう。

C　黄砂とは，中国大陸からの砂が，強風で舞い上げられ下降する現象を
いう。

D　放射冷却とは，昼間に大気中から地表面に熱が放射され気温が下がる
現象をいう。

 1　A・B
 2　A・C
 3　A・D
 4　B・C
 5　B・D

【26】 幼稚園において園児が関わることの多い生き物の生態や特徴に関する記
述として最も適切なものは，次の1～5のうちのどれか。

1　トンボの幼虫はヤゴといい，水中の水草を食べ，脱皮を繰り返しながら
育ち，やがて水中で羽化して成虫となる。

2　テントウムシはアブラムシを食べる種がおり，その種のテントウムシ
は，アブラムシがついている植物の周辺で比較的容易に見つけられる。

3　コオロギは脱皮を繰り返して成長し，オス・メスともに羽をこすり合わ
せて鳴くが，オスに比べメスの音色のほうが高音である。

4　カマキリは草食であるので共食いしないが，同種同士では喧嘩をしやす
いので，2匹以上同じ飼育ケースには入れない配慮が必要である。

5　クワガタムシは，腐葉土の中で育ってさなぎとなり，翌年，羽化し成虫
となった後は，ミミズなどの生き物を与えて育てる。

【27】 季節の行事に関する説明として最も適切なものは，次の1～5のうちの
どれか。

1 鏡開きは，1月7日に包丁で鏡餅を切り，七草粥に入れて食べることである。

2 お月見は，冬至を過ぎて間もない時期に満月を楽しむ行事である。

3 ひな祭りは重陽の節句とも呼ばれ，女の子の健やかな成長を祝う行事である。

4 七夕の日には健康を願い，笹の葉に見立てた菖蒲湯に入るとよいとされている。

5 立春の前日の節分は，豆をまいて邪気を払う行事である。

【28】次の楽曲について下の各問いに答えなさい。

[問1] （ A ）の小節として最も適切なものは，次の1～5のうちのどれか。

[問2] この楽曲の歌詞に出てくる生き物は，次の1～5のうちのどれか。

1 こいぬ　　2 あり　　3 ことり　　4 かたつむり

5 ちょうちょ

[問3] この楽曲の中の音符(「♪」「♪」)に付いている符号「・」の意味として適切なものは，次の1～5のうちのどれか。

1 音符の長さを十分に保って演奏する。

2 音を弱く演奏する。

3 音と音とをなめらかに続けて演奏する。

4 音を短く切って演奏する。

5 音を強く演奏する。

解 答・解 説

【1】2

〈解説〉幼稚園教育要領(平成29年告示)第1章　総則　第1　幼稚園教育の基本　からの出題である。　1　幼稚園教育の目的，目標を規定しているのは，「日本国憲法」ではなく，「学校教育法」である。　3　一斉活動時間については触れられていない。また，教材を工夫して構成しなければならないのは，「物的・空間的環境」としている。　4　幼児の自発的な活動としての遊びは，遊びを通しての指導を中心として，各領域に示されたねらいが総合的に達成されるようにすることとしている。　5　幼児の発達や生活経験などを考慮して行う指導は，幼児一人一人の特性に応じ，発達の課題に即した指導を行うようにすることが示されている。

【2】3

〈解説〉今回の幼稚園教育要領改訂においては，幼稚園教育において育みたい資質・能力と「幼児期の終わりまでに育ってほしい姿」が，総則に新たに示された。また，これらと各領域のねらい及び内容との関係について新たに示された。　1　幼稚園教育要領解説(平成30年2月)では，「幼児期の終わりまでに育ってほしい姿」は，「幼稚園教育において育みたい資質・能力が育まれている幼児の具体的な姿であり，特に5歳児後半に見られるようになる姿である」と記述されており，5歳児後半に必ず見られる姿とは記されていない。　2　「幼稚園の教師は，遊びの中で幼児が発達していく姿を，『幼児期の終わりまでに育ってほしい姿』を念頭に置いて捉え，一人一人の発達に必要な体験が得られるような状況をつくったり必要な援助を行ったりするなど，指導を行う際に考慮することが求められる」と記述されている。　4　「『幼児期の終わりまでに育ってほしい姿』が到達すべき目標ではないことや，個別に取り出されて指導されるものではないことに十分留意する必要がある」と記述されている。　5　「『幼児期の終わりまでに育ってほしい姿』は5歳児に突然見られるようになるものではないため，5歳児だけでなく，3歳児，4歳児の時期から，幼児が発達していく方向を意識して，それぞれの時期にふさわしい指導を積み重ねていくことに留意する必要がある」と記述されている。

【3】5

〈解説〉1　幼稚園教育要領解説(平成30年2月)では，幼稚園教育要領に示されている「ねらい」や「内容」については，「そのまま教育課程における具体的

な指導のねらいや内容とするのではなく，『幼児期の終わりまでに育ってほしい姿』との関連を考慮しながら，幼児の発達の各時期に展開される生活に応じて適切に具体化したねらいや内容を設定する必要がある」と記述されている。　2　「教育課程の編成に当たっては，このような幼児期の発達の特性を十分に踏まえて，入園から修了までの発達の見通しをもち，きめ細かな対応が図れるようにすることが重要である」としている。　3　「教育の内容や方法が幼児の発達の実情に即したものでなければ，教育の効果を生み出すことができない」，「教育課程の編成に当たっては，」「幼児の発達の過程や実情を的確に把握する必要がある」と記されている。保護者に関しては，具体的な手順の一つとして「保護者の願いの把握」が挙げられている程度である。　4　「幼稚園や地域の実態を把握して，特色を生かし，創意のある教育課程を編成するとともに，その実施状況を評価し，改善を図る必要がある」と記述されている。

【4】1

〈解説〉2　幼稚園教育要領解説(平成30年2月)では，計画的に指導を行うためには，「発達の見通しや活動の予想に基づいて環境を構成すること」と，「幼児一人一人の発達を見通して援助すること」の二点を重視するとしている。　3　「指導計画は一つの仮説であって，実際に展開される生活に応じて常に改善されるものであるから，そのような実践の積み重ねの中で，教育課程も改善されていく必要がある」と記述されている。　4　「実際に指導を行う場合には，幼児の発想や活動の展開の仕方を大切にしながら，あらかじめ設定したねらいや内容を修正したり，それに向けて環境を再構成したり，必要な援助をしたりするなど，教師が適切に指導していく必要がある」と記述されている。　5　指導計画を作成する際には，「具体的な指導においては，一人一人の幼児が発達に必要な経験を得られるようにするために，個々の幼児の発達や内面の動きなどを的確に把握して，それぞれの幼児の興味や欲求を十分満足させるようにしなければならない」としている。

【5】1

〈解説〉幼稚園教育要領(平成29年告示)第1章　総則　第7　教育課程に係る教育時間終了後等に行う教育活動など　からの出題である。　A　教育活動であることから，学校教育法第22条，第23条によって示されている幼稚園教育の目的及び目標を踏まえた活動とする必要がある。　B〜D　教

育課程に係る教育時間外の教育活動は，職業などはもっているが，子供を幼稚園に通わせたいという保護者に対する必要な支援策であるとともに，通える範囲に幼稚園しかないような地域においては欠かせないものである。平成19(2007)年6月に学校教育法が改正され，新たに幼稚園の役割として子育て支援が位置づけられ，平成20年告示の幼稚園教育要領で幼稚園の役割として加筆された。

【6】4

〈解説〉1　幼稚園教育要領解説（平成30年2月）では，特別支援教育において大切な視点は，「一人一人の障害の状態等により，生活上などの困難が異なることに十分留意し，個々の幼児の障害の状態等に応じた指導内容や指導方法の工夫を検討し，適切な指導を行うこと」としている。　2　各幼稚園において，幼児の障害の状態等に応じた指導を充実させるためには，「特別支援学校等に対し専門的な助言又は援助を要請するなどして，計画的，組織的に取り組むことが重要である」としている。　3　個別の教育支援計画と個別の指導計画の作成・活用システムを幼稚園内で構築していくためには，「障害のある幼児などを担任する教師や特別支援教育コーディネーターだけに任せるのではなく，全ての教師の理解と協力が必要である」としている。5　「教師は，障害のある幼児などのありのままの姿を受け止め，幼児が安心して，ゆとりをもって周囲の環境と十分に関わり，発達していくようにすることが大切である」と記述されている。

【7】5

〈解説〉幼稚園の教育課程は心身の健康に関する領域「健康」，人との関わりに関する領域「人間関係」，身近な環境との関わりに関する領域「環境」，言葉の獲得に関する領域「言葉」，感性と表現に関する領域「表現」の5領域で構成される。選択肢が与えられているので，文脈から選択肢を選ぶことができる場合もある。例えばAについては，「高齢者をはじめ」を受ける言葉であるから「教師や友達」ではなく，「地域の人々」が適切である。Cは，人間関係の形成について記述されていることから，「一緒に遊ぶ」ではなく，「人とかかわる」が適切である。Dについては，幼児を見守る家族の一員であり高齢者の代表でもある祖父母が適切である。

【8】4

〈解説〉Aは領域「表現」の内容で，Dは領域「人間関係」の内容である。領域「環境」の内容としてはほかに，「自然に触れて生活し，その大きさ，美し

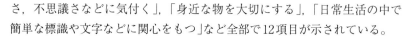

さ，不思議さなどに気付く」，「身近な物を大切にする」，「日常生活の中で簡単な標識や文字などに関心をもつ」など全部で12項目が示されている。

【9】5

〈解説〉A　幼児が幼稚園生活の中で常日頃関わりをもつのは，教師や友達などの身近な人である。　B　親しみを感じるようになると，互いに自分の気持ち，つまり感情や意志を相手に伝えようとする。　C　自分の思い通りに話せない場合でも，教師や友達の温かな人間関係を基盤にしながら，幼児が徐々に心を開き，安心して話ができるように援助していくことが大切である。つまり，「次第に」が適切である。　D　幼児期の言葉の発達は個人差が大きいが，教師や友達との関わりの中で，心を動かされるような体験を積み重ね，それを言葉で伝えるなど言葉でやり取りすることによって，次第に自分なりの言葉で人に伝わる言葉になっていくのである。　教師は，このような幼児の言葉の発達や人との関わりを捉えそれに応じながら，正しく分かりやすく，美しい言葉を使って幼児に語り掛け，言葉を交わす喜びや豊かな表現などを伝えるモデルとしての役割を果たしていくことが大切である。

【10】2

〈解説〉スタートカリキュラムとは，小学校へ入学した子供が，幼稚園・保育所・認定こども園などの遊びや生活を通した学びと育ちを基礎として，主体的に自己を発揮し，新しい学校生活を創り出していくためのカリキュラムである。文部科学省のシンクタンクである国立教育政策研究所は，平成27(2015)年に「スタートカリキュラムスタートブック～学びの芽生えから自覚的な学びへ～」，平成30(2018)年に「発達や学びをつなぐスタートカリキュラム　スタートカリキュラム導入・実践の手引き」を作成している。出題の手引きでは，スタートカリキュラムをデザインする際，4つの基本的な考え方を挙げている。　A　「一人一人の児童の成長の姿からデザインしよう」に示されている考え方である。　B　「児童の発達の特性を踏まえて，時間割や学習活動を工夫しよう」という考え方の中で，「入学当初の児童の発達の特性やこの時期の学びの特徴を踏まえて，10分から15分程度の短い時間を活用して時間割を構成したり，具体的な活動の伴う学習活動を位置付けたりするような工夫が必要である」と記述されている。　C　「生活科を中心に合科的・関連的な指導の充実を図ろう」に示されている考え方である。　D　「安心して自ら学びを広げていけるような学習環境を整えよう」という

考え方の中で、「児童が安心感をもち、自分の力で学校生活を送ることができるように学習環境を整えることが重要である」と記述されている。

【11】2

〈解説〉「幼児理解に基づいた評価」(平成31年3月　文部科学省)は平成29年3月の幼稚園教育要領の改訂を踏まえて刊行されたもので、幼稚園の教師が一人一人の幼児を理解し、適切な評価に基づいて保育を改善していくための基本的な考え方や方法などについて解説している。出題されたのは、「第1章　幼児理解に基づいた評価の意義　1　幼児理解と評価の考え方」からである。　1　幼児を理解することについては、「何歳にはこのような姿であるというような一般化された幼児の姿を基準として、一人一人の幼児をその基準に照らして、優れているか劣っているかを評定することではない」としている。　3　「評価」という語は、優劣を決めたり、ランクを付けたりする成績表のようなイメージで受け止められることがあるため、幼児の発達をゆがめるなど、幼稚園教育に評価は不必要だとする意見もあるが、教育を行うために評価は欠くことのできないものであり、適切な教育は適切な評価によって初めて実現できる、と記述されている。　4　評価とは、「保育の中で幼児の姿がどのように変容しているかを捉えながら、そのような姿が生み出されてきた様々な状況について適切かどうかを検討して、保育をよりよいものに改善するための手掛かりを求めること」であるとしている。　5　指導の過程を振り返る際に、「幼児期の終わりまでに育ってほしい姿」を活用して、幼児の発達の姿と教師の関わり方などについて見落としている点はないか、一面的な捉えになっていないかなどを確認することが大切であるとしている。

【12】3

〈解説〉「幼児期運動指針ガイドブック～毎日、楽しく体を動かすために～」(平成24年3月　文部科学省)は、幼児期に必要な多様な動きの獲得や体力・運動能力の基礎を培うとともに、様々な活動への意欲や社会性、創造性などを育むことを目指し、策定されたものである。　B　気候や環境などによっては、長期にわたって戸外で遊べないこともあるため、屋内でも遊びの環境を工夫する必要があるとしている。　C　幼児の身体諸機能が十分に伸びるような環境を用意したり、十分に全身を動かし活動意欲を満足させることができるような援助をしたりすることが大切であるとしている。

【13】 5

〈解説〉学校施設整備指針は，学校教育を進める上で必要な施設機能を確保す
るために，学校施設の計画及び設計における留意事項を示したものである。
幼稚園教育要領の改訂等を契機として，「幼稚園施設整備指針」（平成30年3
月　文部科学省大臣官房文教施設企画部）の改訂が行われた。
A　「発達の著しい幼児期の健康と安全を重視し，日照，採光，通風等に配
慮した良好な環境を確保するとともに，幼児期の特性に応じて，また，障
害のある幼児にも配慮しつつ，十分な防災性，防犯性など安全性を備えた
安心感のある施設環境を形成することが重要である」と記述されている。
C　「それぞれの地域の自然や文化性を生かした快適で豊かな施設環境を確
保するとともに，環境負荷の低減や自然との共生等を考慮することが重要
である」と記述されている。

【14】 1

〈解説〉「安全教育プログラム　第12集」（令和2年3月　東京都教育委員会）は，
子供たちに，危険を予測し回避する能力や他者や社会の安全に貢献できる
資質・能力を身に付けさせる安全教育を推進するための総合的な指導資料
である。平成21(2009)年度から毎年，都内公立学校の全ての教員に配布し
ている。　2　安全教育で身に付ける能力は，「応急的・緊急的な安全指導」
だけで身に付くものではないとしている。　3　安全教育が対象とする領域
は，「生活安全」，「交通安全」，「災害安全」の3つから構成される。　4　「安
全教育は『安全指導』と『安全学習』の2つの側面があり，相互の関連を図り
ながら，計画的，継続的に行われる」としている。　5　「安全管理は，教
職員が中心となって行われるものであるが，安全に配慮しつつ，子供自身
が危険な状況を知らせたり簡単な安全点検に関わったりするなど，子供た
ちに関与，参画させることは，安全教育の視点からも重要である」としてい
る。

【15】 4

〈解説〉「そうだ，やっぱり早起き・早寝！　改善しよう！子どもたちの生活
リズム」は，東京都教育委員会が制作した，小学校へ入学する前の子供を
持つ保護者のための啓発テキストである。　A　ヒトは昼行性の動物であ
る。　D　成長に必要なホルモンは，夜寝ているときにたくさん分泌され
る。

【16】2

〈解説〉「東京都教育ビジョン(第4次)」は,平成31(2019)年度から令和5(2023)年度までの5年間で,東京都教育委員会として取り組むべき基本的な方針と,その達成に向けた施策展開の方向性を示した「教育振興基本計画」(教育基本法第17条第2項で定められた計画)として策定されたものである。

B 「全ての子供たちが社会の形成者としての自覚をもち,自らのキャリアを力強く歩んでいく力を育むとともに,企業や学校等を退職した人材の活動の場を創設し,活力ある社会を築き上げていく必要」があるとしている。

D 「次代を担う子供たちには,ものづくりのスキルと,新しいビジネスモデルを創造し,東京ひいては日本の経済を発展させることができる力を育成する必要」があるとしている。

【17】3

〈解説〉教員について定めた教育基本法第9条第1項と,学校,家庭及び地域住民等の相互の連携協力について定めた第13条からの出題である。教育基本法は戦前の教育勅語に代わるものとして昭和22(1947)年に制定された法律で,日本国憲法の精神に基づき,日本の教育の基本的なあり方を示している。前文と18の条文からなり,義務教育や家庭教育,生涯学習などについて,それぞれの基本方針を定めている。

【18】4

〈解説〉Bは,納税の義務を定めた日本国憲法第30条,Cは,公務員の本質を定めた日本国憲法第15条第2項である。Aについては,表現の自由を保障した日本国憲法第21条第2項で「検閲は,これをしてはならない」と規定されている。またDについては,信教の自由を保障した日本国憲法第20条第3項で「国及びその機関は,宗教教育その他いかなる宗教的活動もしてはならない」と規定され,政教分離の原則が定められている。

【19】3

〈解説〉学校教育法第3章は幼稚園について定め,同法第23条は幼稚園教育の目標を5つ定めている。教育の目標を定めた教育基本法第2条とともに必ず覚えておく必要がある。

【20】1

〈解説〉児童福祉法は昭和22(1947)年に制定された,児童の健全な育成,児童の福祉の保障とその積極的増進を基本精神とする総合的な法律である。出題は各種児童自立生活援助事業を定義した児童福祉法第6条の3からである。

2　同法同条第7項には一時預かり事業について，「主として昼間」に行う事業であることが規定されている。　3　同法同条第6項には地域子育て支援拠点事業について，乳児又は幼児及びその保護者が相互の交流を行う場所を開設し，子育ての相談・援助を行う事業であることが規定されている。4　同法同条第10項には小規模保育事業において，満3歳以上の幼児に関しては地域の事情を勘案して，保育が必要と認められる満3歳以上の児童について，満3歳未満で規定された施設において保育を行うことが規定されている。　5　同法同条第13項に定義された病児保育事業については，「保育を必要とする乳児・幼児又は保護者の労働若しくは疾病その他の事由により家庭において保育を受けることが困難となつた小学校に就学している児童であつて，疾病にかかつているもの」を対象とする規定となっている。

【21】3

〈解説〉1　児童虐待の防止等に関する法律(児童虐待防止法)第9条の3第1項には，児童虐待を行っている疑いがある保護者が児童委員等による立ち入りや調査を拒んだり妨げたりした場合，都道府県知事は地方裁判所，家庭裁判所又は簡易裁判所の裁判官があらかじめ発する許可状により，児童の福祉に関する事務に従事する職員に，現場に出向いて当該児童の住所若しくは居所に臨検させたり，当該児童を捜索させることができることが規定されている。　2　同法第5条第5項には，「学校及び児童福祉施設は，児童及び保護者に対して，児童虐待の防止のための教育又は啓発に努めなければならない」と定めている。　4　同法第12条第3項には，児童虐待を受けた児童について施設入所等の措置や一時保護が行われた場合において，当該保護者によって児童虐待が行われるおそれや当該児童の保護に支障をきたすと認めるときは，当該保護者に対し，当該児童の住所又は居所を明らかにしないものとすることが規定されている。　5　同法第10条第1項には，児童相談所長が虐待を受けたと思われる児童の安全の確認や一時保護を行おうとする場合，警察署長に対し援助を求めることができると規定されている。

【22】2

〈解説〉ピアジェ(1896～1980年)はスイスの心理学者で，実験的臨床法により児童の知能や思考の発達過程を研究し，知的操作の構造を明らかにした。ピアジェの認知発達理論は，人の知能・心理の発達を「生物的な成長」と「成長過程の中で知識・経験を重ねたことによる成長」の両面から考察したもの

で，4つの発達段階に分類している。0～2歳は感覚運動期，2～7歳は前操作期，7～11歳は具体的操作期，11歳以上は形式的操作期である。

B　前操作期では，物事を自分のイメージを使って区別して認識できるようになるが，自己中心的な思考・行動になっている。　D　形式的操作期では，具体的操作期で発達する論理的思考のほかに，抽象的思考ができるようになる。

【23】　1

〈解説〉2は，クライエント（来談者）中心療法を提唱した米国の心理学者ロジャーズ（1902～87年）の説明である。3は，チェコの教育思想家コメニウス（1592～1670年）の説明である。4は，アメリカの現代における新行動主義を代表する心理学者スキナー（1904～90年）の説明である。5は，世界最初の幼稚園の創設者とされるドイツの教育家フレーベル（1782～1852年）の説明である。

【24】　3

〈解説〉「学校において予防すべき感染症の解説」（平成30(2018)年　公益財団法人　日本学校保健会）によると，それぞれの感染症に関する登園開始時期についての目安の基準は次のとおりである。　1　インフルエンザは，「幼児にあっては，発症した後5日を経過し，かつ解熱した後3日を経過するまで」とされている。　2　溶連菌感染症は，「適切な抗菌薬療法開始後24時間以内に他への感染力は消失するため，それ以降，登校（園）は可能である」とされている。　4　手足口病は，「本人の全身状態が安定している場合は登校（園）可能」とされている。　5　流行性耳下腺炎は，「耳下腺，顎下腺又は舌下腺の腫脹が発現した後5日を経過し，かつ全身状態が良好になるまで出席停止とする」とされている。

【25】　4

〈解説〉A　エルニーニョ現象とは，太平洋赤道域の日付変更線付近から南米沿岸にかけて海面水温が平年より高くなり，その状態が1年程度続く現象をいう。　D　放射冷却とは，地面の熱が放射によって奪われ，気温が下がることである。特に晴れた夜は熱の放射をさえぎる雲がないため，放射冷却が進む。

【26】　2

〈解説〉1　トンボの幼虫であるヤゴは，肉食で小さな虫などを食べる。

3　コオロギが鳴くのはオスのみでメスは鳴かない。自分のなわばりである

ことを他の仲間に知らせるために鳴くと言われている。　4　カマキリはおもに昆虫を捕獲して食べる。共食いについては，交尾中のメスが空腹などの理由でオスを食べることがあることが知られている。　5　成虫になったクワガタムシの餌としては，熟したバナナやリンゴ，昆虫ゼリーなどが適している。

【27】5

〈解説〉1　鏡開きは鏡餅を食べる行事で，1月11日に行われる(地域によっては異なることもある)。　2　お月見は，旧暦の8月15日に月を鑑賞する行事である。令和2(2020)年は10月1日で，令和3(2021)年は9月21日となっている。　3　ひな祭りは上巳(じょうし)の節句が正式名称だが，桃の節句という名称で親しまれている。重陽の節句は9月9日で，菊の節句とも呼ばれ，菊酒を飲んだり栗ご飯を食べたりして無病息災などを願う行事である。　4　5月5日の端午の節句は菖蒲の節句とも言われるように，菖蒲湯に入るという風習がある。

【28】[問1]　2　　[問2]　3　　[問3]　4

〈解説〉[問1]・[問2]　楽譜は，童謡「ことりのうた」(与田準一作詞　芥川也寸志作曲)である。歌詞と旋律は口ずさめる程度に覚えておきたい。「かあさんよぶのも」の部分が問われている。リズムから1，2，4に絞ったのち，音程で正しいものを選ぶと良い。　[問3]　「スタッカート」の意味を問う問題である。1は「テヌート」，2は「ピアノ」，3は「スラー」，5は「フォルテ」である。

Q 令和元年度

【1】 幼稚園教育要領解説(平成30年3月　文部科学省)における幼稚園教育に
おいて育みたい資質・能力(「知識及び技能の基礎」,「思考力, 判断力, 表
現力等の基礎」,「学びに向かう力, 人間性等」)に関する記述の内容として
最も適切なものは, 次の1～5のうちのどれか。

1 「知識及び技能の基礎」とは, 特定の活動を通して, 幼児が自ら感じた
り, 気付いたり, 分かったり, できるようになったりすることである。

2 「思考力, 判断力, 表現力等の基礎」とは, 気付いたことや, できるよう
になったことなどを使い, 考えたり, 試したり, 工夫したり, 表現した
りすることである。

3 「学びに向かう力, 人間性等」とは, 心情, 意欲, 態度が育つ中で, 教師
の設定した目標に近付こうとすることである。

4 実際の指導場面においては, 3つの資質・能力を個別に取り出して指導
するとともに, 年間の計画を通した各行事等の指導の中で育むよう努め
ることが重要である。

5 3つの資質・能力はこれまでは幼稚園教育で育んできていないので, 実
践における幼児の具体的な姿から改めて捉え, 教育の充実を図ることが
求められている。

【2】 幼稚園教育要領解説(平成30年3月　文部科学省)における指導計画の作
成上の基本的事項に関する記述の内容として最も適切なものは, 次の1～5
のうちのどれか。

1 指導計画の作成においては, 学級や学年の幼児たちがどのような時期に
どのような道筋で発達しているかという発達の過程を理解することも必
要になるが, 幼児期は発達の過程に大きな違いがない時期であることに
留意しなければならない。

2 やりたいことが十分できなかったり, 途中で挫折してしまったり, 友
達との葛藤などにより中断してしまったりする場面では, 幼児が自信を
失ったり, 自己実現を諦めたりすることがないよう, 教師は様子を見る
ことに徹することが重要である。

3 指導計画においては, 幼児が主体的に活動できる場や空間, 適切な物や
友達との出会い, さらに, 幼児が十分に活動できる時間やその流れなど
を考えることが必要となるため, いつも教師が環境をつくり出すことが

大切である。

4　具体的なねらいや内容を設定する際には，その時期の幼児の発達する姿に見通しをもつことやその前の時期の指導計画のねらいや内容がどのように達成されつつあるかその実態を捉えることなどが大切である。

5　保育における評価は，指導の過程の全体に対して行われるものであり，幼児の発達の理解と教師の指導の改善という両面から行うことが大切であることから，評価を自分一人だけで行うことが必要である。

【3】次の文章は，幼稚園教育要領における幼稚園運営上の留意事項の一部である。空所A～Dに該当する語句の組合せとして適切なものは，下の1～5のうちのどれか。

> 各幼稚園においては，（　A　）の下に，（　B　）に基づき教職員が適切に役割を分担しつつ，相互に連携しながら，教育課程や指導の改善を図るものとする。また，各幼稚園が行う（　C　）については，教育課程の編成，実施，改善が教育活動や幼稚園運営の中核となることを踏まえ，（　D　）と関連付けながら実施するよう留意するものとする。

	A	B	C	D
1	各自治体の教育方針	指導計画	情報公開	保護者・地域の要望
2	園長の方針	指導計画	学校評価	カリキュラム・マネジメント
3	園長の方針	園務分掌	学校評価	カリキュラム・マネジメント
4	各自治体の教育方針	園務分掌	情報公開	カリキュラム・マネジメント
5	園長の方針	園務分掌	情報公開	保護者・地域の要望

【4】幼稚園教育要領における「健康」の内容に関する記述として適切なものの組合せは，下の1～5のうちのどれか。

A　様々な活動に親しみ，楽しんで取り組む。

B　いろいろな遊びを楽しみながら物事をやり遂げようとする気持ちをもつ。

C　先生や友達と触れ合い，安定感をもって行動する。

D　季節により自然や人間の生活に変化のあることに気付く。

1　A・B

2　A・C

3　A・D

4　B・C

5　B・D

【5】幼稚園教育要領解説(平成30年3月　文部科学省)における「人間関係」の内容に関する記述として適切なものは，次の1〜5のうちのどれか。

1　共同の物の使い方は，教師が順番を指示したりじゃんけんで決めたりするなど，順番を守って使えるようにしていくことが大切である。

2　幼児の自己発揮と自己抑制の調和のとれた発達の上で，自己主張のぶつかり合う場面は重要な意味をもっていることを考慮して教師が関わることが必要である。

3　教師は，その時々の幼児の心の動きを感じ取り，幼児がその物事をやり遂げなければならないという重圧を感じるように関わっていくことが大切である。

4　教師のそばにいることで安定する幼児には，友達と共に過ごす喜びを味わえるよう，すぐに友達とどのように関わるかを知らせることが大切である。

5　地域の人々との交流を図る上で重要なことは，それが幼児の発達にとって有意義であることよりも，幼児と関わる地域の人たちにとって有意義となることである。

【6】幼稚園教育要領における「環境」の内容の記述として適切なものは，次の1〜5のうちのどれか。

1　身近な動植物に親しみをもって接し，生命の尊さに気付き，いたわったり，大切にしたりする。

2　危険な場所，危険な遊び方，災害時などの行動の仕方が分かり，安全に気を付けて行動する。

3　幼稚園における生活の仕方を知り，自分たちで生活の場を整えながら見通しをもって行動する。

4　生活の中で様々な音，形，色，手触り，動きなどに気付いたり，感じたりするなどして楽しむ。

5　高齢者をはじめ地域の人々などの自分の生活に関係の深いいろいろな人に親しみをもつ。

【7】 次の文章は，幼稚園教育要領における「表現」の内容の取扱いの一部である。空所A〜Dに該当する語句の組合せとして適切なものは，下の1〜5のうちのどれか。

> 生活経験や（　A　）に応じ，自ら様々な表現を楽しみ，表現する意欲を十分に発揮させることができるように，遊具や用具などを整えたり，様々な（　B　）や表現の仕方に親しんだり，（　C　）表現に触れられるよう配慮したりし，（　D　）を大切にして自己表現を楽しめるように工夫すること。

	A	B	C	D
1	発達	作品	模範的な	他者に伝わること
2	興味	素材	模範的な	表現する過程
3	発達	作品	他の幼児の	表現する過程
4	興味	素材	模範的な	他者に伝わること
5	発達	素材	他の幼児の	表現する過程

【8】 幼稚園教育要領解説(平成30年3月　文部科学省)における「保育の展開における教師の役割」に関する記述の内容として適切なものの組合せは，下の1〜5のうちのどれか。

A　幼児がある活動に興味や関心を抱いたときは，そのまま実現に向かうので安心してよい。

B　教師は，環境を見る目を磨いておくことにより，実際の指導場面において，幼児の活動の広がりや深まりに応じて環境を構成することができる。

C　自由な発想をする幼児の視点に立って環境を捉えるのではなく，大人の視点から捉えることで，潜在的な学びの価値を引き出すことができる。

D　環境には，物的環境や人的環境，自然環境や社会環境など様々な環境があるが，そのような環境に教師自身がどのように関わっているかということも環境として大きな意味をもつ。

1　A・B
2　A・C
3　A・D
4　B・C
5　B・D

【9】 幼稚園教育要領解説(平成30年3月 文部科学省)における教育課程に係る教育時間の終了後等に行う教育活動に関する記述の内容として適切なものの組合せは,下の1〜5のうちのどれか。

A 通常の教育時間の前後や長期休業期間中などに,地域の実態や保護者の要請に応じて,幼稚園が,当該幼稚園の園児全員を対象に行う教育活動である。

B 教育活動として安全で適切な活動となるよう教育活動の内容を確認したり,緊急時の連絡体制を整える等,責任体制を整えておくことも大切である。

C 地域の人的・物的資源を生かしていくことが大切であり,例えば,地域に伝わる民話や伝承的な遊びに詳しい方を招くこと等が考えられる。

D 地域の実態などによって,希望日数や希望時間が異なることがあるが,不公平感がでないよう統一した計画を作成する必要がある。

   1 A・B
   2 A・C
   3 A・D
   4 B・C
   5 B・D

【10】「つくろう!家庭教育支援チーム〜地域の力で家庭や子供を支える〜」(平成28年2月 文部科学省)における家庭教育や子育ての現状に関する記述の内容として最も適切なものの組合せは,下の1〜5のうちのどれか。

A 三世代世帯の減少やひとり親世帯が増加しており,約4割の保護者が子育てに悩みや不安を抱えている。

B 地域のつながりが希薄化している傾向があるものの,子育ての悩みを相談できる人がいる保護者の割合は増加傾向にある。

C 子育てをする保護者は,地域の支えを重要だと思っている人の割合よりも,あまり重要だと思っていない人の割合が上回っている。

D 多くの人が,子育てに関する相談や情報提供をする人や場,交流の場が重要だと思っている。

   1 A・B
   2 A・C
   3 A・D

4 B・C

5 B・D

【11】「幼稚園施設整備指針」(平成30年3月 文部科学省大臣官房文教施設企画部)における「安全・防犯への対応」に関する記述として適切なものの組合せは，下の1～5のうちのどれか。

A 幼児の安全確保を図るため，幼稚園内にある全ての施設・設備について，幼児の決まったパターンの行動に対し十分な安全性を確保し，安心感のある計画とすることが重要である。

B 外部からの来訪者を確認でき，不審者の侵入を抑止することのできる施設計画や，事故も含めた緊急事態発生時に活用できる通報システム等を各幼稚園へ導入することが重要である。

C 敷地内や建物内及び外部からの見通しが確保され，死角となる場所がなくなるよう計画することや，特に不審者侵入の観点からはどの範囲を何によってどう守るかという領域性に留意した施設計画が重要である。

D 幼稚園や地域の特性に応じた防犯対策及び事故防止対策を実施し，その安全性を確保した上で，特定の地域住民が利用・協力しやすい施設づくりを推進することが重要である。

1 A・B

2 A・C

3 A・D

4 B・C

5 B・D

【12】「文部科学省所管事業分野における障害を理由とする差別の解消の推進に関する対応指針」(平成27年11月 文部科学省)における合理的配慮の具体例に関する記述の内容として適切なものの組合せは，下の1～5のうちのどれか。

A 管理する施設・敷地内において，車椅子利用者のためにキャスター上げ等の補助をし，又は段差に携帯スロープを渡す。

B 筆談，要約筆記，読み上げ，手話，点字など多様なコミュニケーション手段や分かりやすい表現を使って説明をするなどの意思疎通の配慮を行う。

C　疲労を感じやすい障害者から別室での休憩の申出があった際，必ず別室を用意できるよう，事前に確保しておく。

D　障害者が立って列に並んで順番を待っている場合に，本人の承諾を得て，当該障害者の順番が来るまで別室や席を用意する。

1　A・B

2　A・C

3　A・D

4　B・C

5　B・D

【13】「学校の危機管理マニュアル作成の手引」(平成30年2月　文部科学省)における「幼稚園等における留意点」に関する記述として適切なものは，次の1〜5のうちのどれか。

1　不審者侵入時は，複数の教職員で対応し幼児誘導の時間を稼ぐ必要があるが，まずは不審者を捕えることを最優先にする。

2　幼児の安全確保を行った後は，避難した部屋で幼児への指示と，事故等の発生元や不審者の情報収集・確認は，必ず一人の教職員が対応する。

3　日々の登降園や家庭生活の中で，保護者が歩行・横断・自転車のルールやマナーのモデルであることを繰り返し伝える。

4　他校にきょうだいがいる場合は，年少の幼児の不安を早く取り除くことができるよう，年少の幼児から引き取るよう事前に保護者と決めておく。

5　ビニールプールによる指導の場合は，幼児の見守りを行う範囲が狭いので，指導者一人で対応すればよい。

【14】「就学前教育カリキュラム　改訂版」(平成28年3月　東京都教育委員会)に示されている，5歳児V期の対象児が在籍するクラスにおける特別支援教育を推進するための視点からみた保育者の接助に関する記述として適切なものは，次の1〜5のうちのどれか。

1　人との関わりに関する幼児の姿の把握の視点では，クラスや学年の友達と皆でする楽しさが分かる前に，まずは自分だけの力を発揮していることを確認する。

2　対象児の保護者との連携の視点では，保育者や周囲の幼児が対象児と共に学んだこと，うれしかったことなどを具体的に伝え，対象児の存在の

大切さを共感する。

3 対象児への支援の視点では，クラスでの活動の際に，対象児が担任に注目できるようにクラス全体に促すとともに，対象児が自分で考えるよう指示を大まかに示す。

4 対象児が在籍する集団への援助の視点では，互いの良さを感じることよりも，対象児を理解しようとする気持ちが，周囲の幼児に芽生えるようにする。

5 専門機関との連携の視点では，特に表現活動に限り，対象児の特性に応じた支援方法や，参加の仕方などに対する助言を受ける。

【15】「東京都教育ビジョン（第4次）」（平成31年3月　東京都教育委員会）における，今後5か年の施策展開の方向性に関する記述として最も適切なものは，次の1〜5のうちのどれか。

1 就学前教育の充実を図るとともに，就学前教育と小学校教育とのより一層の円滑な接続を図る取組を推進するため，小学校と幼稚園・保育所等の就学前施設独自の指導の工夫を行うための支援を行うことも重要である。

2 児童・生徒が将来にわたり，グローバル社会でたくましく生き抜いていけるようにするためには，英語力よりも，積極的にコミュニケーションを図ろうとする態度等を育成することが重要である。

3 全ての児童・生徒が，家庭の状況等にかかわらず豊かな学校生活を送り，安心して教育を受けることができるよう，必要な経済的支援を優先的に行うことが極めて重要である。

4 児童・生徒に社会貢献への意識などを育むためには，特別活動等において地域・社会との連携に特化したボランティア活動を積極的に取り入れ，生命を大切にする心や他人を思いやる心などを育むことが重要である。

5 家庭に対し，乳幼児期から健康教育の重要性を普及・啓発することにより，「早起き，早寝，朝ごはん」など基本的な生活習慣を児童・生徒が身に付けることは，健やかな体をつくる上で重要である。

【16】「子供を預かる施設における食物アレルギー日常生活・緊急時対応ガイドブック」（平成30年3月第2版　東京都福祉保健局）における食物アレルギーの説明やその対応に関する記述の内容として適切なものの組合せは，下の1

～5のうちのどれか。

A 食物アレルギーは，原因となる食物を食べた後などに，免疫学的に体に何らかの異常な症状が現れる病態であり，その多くは，食物に含まれるタンパク質が原因で起こる。

B アナフィラキシーとは，アレルギー症状が皮膚，呼吸器，消化器など，複数の臓器に出現した状態を呼ぶが，重症化することはほとんどないので，安静にして経過を観察すればよい。

C エピペン®は，利便性という観点から，すぐに取り出せるところに保管するが，安全性という観点から，保健室など子供たちの出入りが多い場所で管理する場合には，容易に手が届くところで管理することは避ける。

D 食物アレルギーのある子供がいる場合，園や学校においては，小麦粉粘土の使用や牛乳パックのリサイクル，豆まきなどの活動や行事に際し，該当する子供の参加を一律に制限するなどの配慮が必要である。

 1 A・B

 2 A・C

 3 A・D

 4 B・C

 5 B・D

【17】 教育基本法における教育の目標に関する条文として適切なものは，次の1～5のうちのどれか。

1 幅広い知識と教養を身に付け，真理を求める態度を養い，豊かな情操と道徳心を培うとともに，強靱な精神を養う。

2 個人の価値を尊重して，その能力を伸ばし，創造性を培い，自主及び自律の精神を養うとともに，職業及び生活との関連を重視し，休養を重んずる態度を養う。

3 正義と責任，男女の平等，自他の敬愛と協力を重んずるとともに，自由の精神に基づき，主体的に社会の形成に参画し，その発展に寄与する態度を養う。

4 生命を尊ぶとともに，四季を感じ，自然体でいることにより，環境の保全に寄与する態度を養う。

5 伝統と文化を尊重し，それらをはぐくんできた我が国と郷土を愛するとともに，他国を尊重し，国際社会の平和と発展に寄与する態度を養う。

【18】次の文章は，学校保健安全法の条文である。空所Ａ～Ｄに該当する語句の組合せとして適切なものは，下の1～5のうちのどれか。

○　学校においては，児童生徒等の安全の確保を図るため，当該学校の施設及び設備の（　Ａ　），児童生徒等に対する通学を含めた学校生活その他の日常生活における安全に関する指導，職員の研修その他学校における安全に関する事項について（　Ｂ　）を策定し，これを実施しなければならない。

○　学校においては，児童生徒等の安全の確保を図るため，児童生徒等の保護者との連携を図るとともに，当該学校が所在する（　Ｃ　）に応じて，当該地域を管轄する（　Ｄ　）その他の関係機関，地域の安全を確保するための活動を行う団体その他の関係団体，当該地域の住民その他の関係者との連携を図るよう努めるものとする。

	Ａ	Ｂ	Ｃ	Ｄ
1	安全点検	計画	地域の実情	警察署
2	修理	点検表	地域の要望	区市町村
3	安全点検	点検表	地域の要望	警察署
4	修理	計画	地域の実情	警察署
5	安全点検	計画	地域の要望	区市町村

【19】いじめ防止対策推進法の条文の内容として適切なものの組合せは，後の1～5のうちのどれか。

Ａ　学校は，当該学校におけるいじめの防止等に関する措置を実効的に行うための組織を置く。

Ｂ　学校は，当該学校におけるいじめを早期に発見するため，当該学校に在籍する児童等に対し必要と認めるときは，調査その他の必要な措置を講ずる。

Ｃ　この法律において「学校」とは，幼稚園，小学校，中学校，義務教育学校，高等学校，中等教育学校，特別支援学校，大学及び高等専門学校をいう。

Ｄ　学校は，いじめが犯罪行為として取り扱われるべきものであると認めるときは所轄警察署と連携してこれに対処する。

1　Ａ・Ｂ

2　Ａ・Ｃ

```
3  A・D
4  B・C
5  B・D
```

【20】児童福祉法の条文として適切なものは，次の1～5のうちのどれか。
1 児童の保護者は，児童を心身ともに健やかに育成することについて第一
　　義的責任を負う。
2 全て児童は，その心身の健やかな成長及び発達並びにその自信が促され
　　ること，その他の福祉を等しく保障される権利を有する。
3 全て国民は，児童の年齢及び発達の程度に応じて，その意見を優先し，
　　心身ともに健やかに育成されるよう努めなければならない。
4 全て児童は，児童の権利に関する条約の精神にのつとり，適切に養育さ
　　れること，その安全を保障されること，愛され，保護される権利を有す
　　る。
5 国及び地方公共団体は，児童の所属ずる学校，幼稚園や保育所ととも
　　に，児童を心身ともに健やかに育成する責任を負う。

【21】児童虐待の防止等に関する法律の条文の内容として適切なものの組合せ
　　は，下の1～5のうちのどれか。
A この法律において「児童虐待」とは，身体的虐待，性的虐待，心理的虐
　　待の3つの行為を指す。
B 国及び地方公共団体は，児童の福祉に職務上関係のある者が児童虐待
　　を早期に発見し，児童虐待の防止に寄与することができるよう，研修等
　　必要な措置を講ずる。
C 幼稚園教員は，児童相談所長から当該児童や保護者等について情報の
　　提供を求められた場合，必ず応じなければならない。
D 幼稚園教員は，児童虐待を受けたと思われる児童を発見した場合は，
　　速やかに福祉事務所若しくは児童相談所等に通告しなければならない。
```
1  A・B
2  A・C
3  A・D
4  B・C
5  B・D
```

【22】スキャモンの発達曲線に関する説明として適切なものの組合せは，下の
1～5のうちのどれか。

A　リンパ型は，胸腺やリンパ腺等の発達を示し，乳幼児期に急激に発達
　　し保たれる。

B　神経型は，脳や神経細胞等の発達を示し，乳幼児期に大きく発達する。

C　一般型は，筋肉や骨格等の発達を示し，乳幼児期と思春期に急激に発
　　達する。

D　生殖型は，卵巣や睾丸等の発達を示し，乳幼児期と思春期に急激に発
　　達する。

　　1　A・B
　　2　A・C
　　3　A・D
　　4　B・C
　　5　B・D

【23】教育学に関わる人物と関係の深い語句の組合せとして，適切なものは，
次の1～5のうちのどれか。

　　1　ロック　　　　　　──　　アヴェロンの野生児
　　2　イタール　　　　　──　　教育に関する若干の考察
　　3　カント　　　　　　──　　動物の知能
　　4　ブルーナー　　　　──　　教育の過程
　　5　ソーンダイク　　　──　　純粋理性批判

【24】熱中症の症状や対処法に関する説明として最も適切なものは，次の1～
5のうちのどれか。

　　1　衣服を脱がせたり，緩めたりして，氷嚢でわきの下，首のまわりなどを
　　　冷やす。

　　2　意識障害がある場合は，意識がはっきりするまで様子を見る。

　　3　熱中症は，熱けいれん，熱疲労，気管支炎の3つに分類される。

　　4　体温が一気に下がることを防ぐために，気温30度程度の場所に移す。

　　5　意識があっても，誤嚥や嘔吐を防ぐために，水分補給は行わないように
　　　する。

123

【25】絵画技法の説明として適切なものの組合せは，下の1～5のうちのどれか。

A　スパッタリングは，絵の具をつけたブラシで網をこすり，絵の具を霧状に飛ばして模様をつくる技法である。

B　デカルコマニーは，下地をいろいろな色のクレヨンで塗り，上から黒で全体を塗りつぶし，先のとがったものでひっかいて絵を描く技法である。

C　マーブリングは，二つ折りにした紙の片面に絵の具で色をつけ，紙をとじて手でこすり，再び紙を広げて模様をつくる技法である。

D　フロッタージュは，コインや木の葉など凹凸のある物の表面に紙をのせて，鉛筆やクレヨン等で上からこすり，凹凸を写し取る技法である。

　　1　A・B
　　2　A・C
　　3　A・D
　　4　B・C
　　5　B・D

【26】幼稚園において園児が関わることの多い生き物の生態や特徴に関する記述として最も適切なものは，次の1～5のうちのどれか。

1　モルモットは，前歯がすり減らないよう，かじり木や固い餌を与えるのを控える。

2　セミは，長い時間をかけて脱皮を繰り返し，土の中で成虫になる。

3　ダンゴムシは，エビなどと同じ甲殻類の仲間で，つつくと丸くなる。

4　セキセイインコは，乾燥地帯に生息する鳥なので，日光浴はさせないようにする。

5　アリは，女王アリ，働きアリともに寿命は1年くらいである。

【27】ジャガイモの栽培に関する説明として最も適切なものは，次の1～5のうちのどれか。

1　種イモは，芽のある部分が均等になるように，縦に刃を入れて切り分ける。

2　植え付けの際には，種イモの切り口を上にして並べる。

3　発芽後，小さなイモがたくさん収穫できるよう，芽かきを行う。

4　ジャガイモにテントウムシダマシが発生しても，ジャガイモの生育に影響はない。

5　花が咲いた直後が，最も良いジャガイモの収穫時期である。

【28】次の楽曲について，下の各問いに答えなさい。

[問1]　（　A　）の旋律として最も適切なものは，次の1～5のうちのどれか。

[問2]　この楽譜は何調か。適切なものは，次の1～5のうちのどれか。

1　ハ長調　　2　ト長調　　3　ヘ長調　　4　ニ長調　　5　イ長調

[問3]　この楽譜の中の「*mp*」の意味として最も適切なものは，次の1～5のうちのどれか。

1　強く

2　やや強く

3　ごく強く

4　やや弱く

5　弱く

解答・解説

【1】2

〈解説〉「知識及び技能の基礎」とは，豊かな体験を通じて，感じたり，気付いたり，分かったり，できるようになったりすること，「学びに向かう力，人間性等」とは，心情，意欲，態度が育つ中で，よりよい生活を営もうとすることである。また幼稚園教育要領解説(平成30年3月)は，実際の指導場面においては，「知識及び技能の基礎」「思考力，判断力，表現力等の基礎」「学びに向かう力，人間性等」を個別に取り出して指導するのではなく，遊びを通した総合的な指導の中で一体的に育むよう努めることが重要である。」「これらの資質・能力はこれまでも幼稚園で育んできたものではあるが，各幼稚園においては，実践における幼児の具体的な姿から改めて捉え，教育の充実を図ることが求められている。」としている。

【2】4

〈解説〉幼稚園教育要領解説(平成30年3月)は選択肢1については，「幼児期はこれまでの生活経験により，発達の過程の違いが大きい時期であることに留意しなければならない」，選択肢2については，「その状況を放置することで，幼児が自信を失ったり，自己実現を諦めたりすることがないように，その活動のどのような点で行き詰まっているのかを理解し，教師が必要な援助をすることが重要である。」，選択肢3については「いつも教師が環境をつくり出すのではなく，幼児もその中にあって必要な状況を生み出すことを踏まえることが大切である。」，選択肢5については「このような評価を自分一人だけで行うことが難しい場合も少なくない。そのような場合には，他の教師などに保育や記録を見てもらい，それに基づいて話し合うことによって，自分一人では気付かなかった幼児の姿や自分の保育の課題などを振り返り，多角的に評価していくことも必要である。」としている。

【3】3

〈解説〉学校評価は，学校教育法第42条(幼稚園については，第28条により準用)により義務化されている。そのため文部科学省は「幼稚園における学校評価ガイドライン」を作成し，各幼稚園や設置者における学校評価の取組の参考に資するよう，その目安となる事項を示している。またカリキュラム・マネジメントとは学校教育に関わる様々な取組を，教育課程を中心に据えながら組織的かつ計画的に実施し，教育活動の質の向上につなげていくことであり，アクティブ・ラーニング，主体的・対話的で深い学びとともに，

新教育要領・学習指導要領のキーワードである。

【4】2

〈解説〉平成29年3月告示の新幼稚園教育要領によると，幼稚園の教育課程
は，心身の健康に関する領域「健康」，人とのかかわりに関する領域「人間
関係」，身近な環境とのかかわりに関する領域「環境」，言葉の獲得に関す
る領域「言葉」及び感性と表現に関する領域「表現」の5領域から構成されて
いる。Bは領域「人間関係」，Dは領域「環境」の内容である。

【5】2

〈解説〉幼稚園教育要領解説(平成30年3月)は，選択肢1については，「その時々
の状況や幼児の気持ちを無視して，教師が一方的に順番を指示したり機械
的にじゃんけんなどで決めたりするような安易なやり方ではなく」，選択肢
3については，「教師はその時々の幼児の心の動きを感じ取り，幼児がその
物事をやり遂げなければならないという重圧を感じるのではなく，楽しみ
ながらやり遂げることができるようにすることが大切である。」，選択肢4
については，「幼稚園生活を通して友達と共に過ごす喜びを味わうための大
切な姿として，まず教師が受け入れることが大切である。」，選択肢5につ
いては，「地域の人々との交流を図る上で重要なことは，それが幼児の発達
にとって有意義であることはもとより，幼児と関わる地域の人たちにとっ
ても，幼児に接することによって人との関わりが豊かになり，夢と希望が
育まれるなどの点で有意義なものとなることである。」と解説している。

【6】1

〈解説〉幼稚園教育要領(平成29年3月告示)では，選択肢2と3は領域「健康」，
4は領域「表現」，5は領域「人間関係」の内容とされている。各領域について
それぞれのねらいを頭に入れておけば，内容の記述がどの領域か判断でき
るようになる。

【7】5

〈解説〉幼稚園教育要領解説(平成30年3月)は，この内容の取扱いに関わる教
師のスタンスについて，「教師は，幼児が表現する過程を楽しみ，それを重
ねていき，その幼児なりの自己表現が豊かになっていくように，幼児の心
に寄り添いながら適切な援助をすることが大切である。」と解説している。

【8】5

〈解説〉幼稚園教育要領解説(平成30年3月)はAについて，「幼児がある活動に
興味や関心を抱いたからといって，そのままでは実現に向かうとは限らな

い。」，Cについて「それぞれの環境を大人の視点から捉えるのではなく，自由な発想をする幼児の視点に立って捉え，幼児がその対象との関わりを通して，どのような潜在的な学びの価値を引き出していくのかを予想し，その可能性を幅広く捉えておくことが大切である。」と解説している。

【9】4

〈解説〉Aについて幼稚園教育要領（平成29年3月告示）は「第3章教育課程に係る教育時間の終了後等に行う教育活動などの留意事項」において，「地域の実態や保護者の要請により，教育課程に係る教育時間の終了後等に希望する者を対象に行う教育活動については，幼児の心身の負担に配慮するものとする。」としている。またDについて幼稚園教育要領解説（平成30年3月）は「教育課程に係る教育時間の終了後等に行う教育活動については，地域の実態などによって，希望日数や希望時間が異なることを考慮し，計画を作成する必要がある。」としている。

【10】3

〈解説〉文部科学省は，教育振興基本計画に基づき，全ての保護者が安心して家庭教育を行えるよう，身近な地域において保護者への支援を行う「家庭教育支援チーム」型の支援を促進してきた。その結果，全国における家庭教育支援チームの数は毎年増加し，2020年4月17日現在で298チームが設置されている。文部科学省では，さらなるチーム型支援の普及のために，出題のリーフレットを作成した。それによると，Bについて子育ての悩みを相談できる人のいる保護者の割合は，平成14年73.8％，平成26年43.8％と大きく減っている。またCについて約9割の人が，子育てについて地域の支えが重要だと思っている。

【11】4

〈解説〉「学校施設整備指針」は，学校教育を進める上で必要な施設機能を確保するために，計画及び設計における留意事項を文部科学省が示したもので，「幼稚園施設整備指針」については平成5年に作成され，その後の幼稚園施設を取り巻く状況の変化等を踏まえ，数次にわたる改訂が行われた。最新の改訂（平成30年3月）では，幼稚園教育要領の改訂や学校施設を取り巻く今日的課題に対応するため，「学校施設の在り方に関する調査研究協力者会議」における検討を経て，幼児教育の場にふさわしい豊かな環境づくり，幼児教育の担い手を支え家庭や地域と連携・協働を促す環境づくり，その他の施設的配慮の観点から記述の充実が行われている。その中では，Aにつ

いては「幼児の安全確保を図るため，幼稚園内にある全ての施設・設備について，幼児の多様な行動に対し十分な安全性を確保し，安心感のある計画とすることが重要である。」，Dについては「幼稚園や地域の特性に応じた防犯対策及び事故防止対策を実施し，その安全性を確保した上で，地域住民等が利用・協力しやすい施設づくりを推進することが重要である。」とされており，特定の地域住民のみを対象としているのではない。

【12】1

〈解説〉「障害を理由とする差別の解消の推進に関する法律」が平成28年4月1日から施行された。これを受け文部科学省は「文部科学省所管事業分野における障害を理由とする差別の解消の推進に関する対応指針」を策定した。その中では，Cについて「疲労を感じやすい障害者から別室での休憩の申出があった際，別室の確保が困難である場合に，当該障害者に事情を説明し，対応窓口の近くに長椅子を移動させて臨時の休憩スペースを設けること。」，Dについて「障害者が立って列に並んで順番を待っている場合に，周囲の理解を得た上で，当該障害者の順番が来るまで別室や席を用意すること。」とされている。

【13】3

〈解説〉危険等発生時対処要領(危機管理マニュアル)は，危険等が発生した際に教職員が円滑かつ的確な対応を図るため，学校保健安全法に基づき，全ての学校において作成が義務付けられている。そのため文部科学省は，事件や事故，自然災害への対応に加えて，近年の学校や児童生徒等を取り巻く様々な安全上の課題や「学校事故対応に関する指針」(平成28年3月)，「第2次学校安全の推進に関する計画」(平成29年3月閣議決定)等を踏まえ，従前の参考資料を基に，「学校の危機管理マニュアル」に基本的な対応方法や留意点等を大幅に追記して改訂を行った「学校の危機管理マニュアル作成の手引」を平成30年に作成した。その中では選択肢1については「不審者侵入時は，複数の教職員で対応し幼児誘導の時間を稼ぐ必要があるが，不審者を捕えることよりも，複数の教職員で幼児を素早く避難させることを最優先にする。」，選択肢2については「複数の教職員で連携して幼児の安全確保を行う。避難した部屋で幼児に指示を出す教職員と，事故等の発生元や不審者の情報収集・確認，本部との連絡を行う教職員に分かれて対応する。」，選択肢4については「他校にきょうだいがいる場合は，年長の児童・幼児から引き取る等のルールを事前に保護者と決めておき，年少の幼児は迎えが

来るまで園で預かるようにする。」，選択肢5については「ビニールプールで
あっても指導者とは別に監督者を配置し，幼児の見守りだけでなく，指導
者の指導する位置についても随時指導を行う。」とされている。

【14】2

〈解説〉「就学前教育カリキュラム　改訂版」は東京都内就学前教育施設におけ
る保育・教育の質の向上及び小学校教育との円滑な接続の推進を図るため，
幼保連携型認定こども園教育・保育要領（平成26年4月告示）の内容を，就
学前教育カリキュラムに反映させ作成したもの。その中では，就学前教育
における特別支援教育について，「就学前教育施設においては対象児の障
害等への理解に基づいた支援を行うと同時に，一緒に生活するクラスの幼
児と共に育つことに対する援助が必要です。そのためには，一人一人の良
さを生かすとともに，周囲の幼児の発達を踏まえた集団への援助など，対
象児と周囲の幼児との関わりを意識した援助を意図的に行うことが重要で
す。」「特別支援教育は，園全体で組織的に推進していく必要があります。
併せて，担任を中心とした対象児に関わる保育者は，対象児に対する障害
等への理解に基づいた計画的な支援，家庭及び専門家や関係機関との連携，
特別支援教育コーディネーターをはじめ園内の教職員との積極的な連携な
どを，年間にわたり意識的に行う必要があります。」と捉えている。

【15】5

〈解説〉「東京都ビジョン（第4次）」は，教育基本法第17条第2項に基づき，平
成31年度から令和5年度までの5年間で，東京都教育委員会として取り組
むべき基本的な方針と，その達成に向けた施策展開の方向性を示した「教
育振興基本計画」として策定されたもの。その中では，選択肢1については
「就学前教育の充実を図るとともに，就学前教育と小学校教育とのより一層
の円滑な接続を図る取組を推進し，小学校と幼稚園・保育所等の就学前施
設の双方が子供の成長を共有した指導の工夫を行うための支援を行うこと
も重要です。」，選択肢2については「児童・生徒が将来にわたり，グローバ
ル社会でたくましく生き抜いていけるようにするためには，英語力を身に
付けさせ，積極的にコミュニケーションを図ろうとする態度や，自らの考
えや意見を論理的に説明することができる能力等を育成することが重要で
す。」，選択肢3については「全ての児童・生徒が，家庭の状況等にかかわら
ず豊かな学校生活を送り，安心して教育を受けることができるよう，必要
な経済的支援を行うとともに，学校と家庭，専門機関等とが連携し，個々

の児童・生徒の状況に応じた取組がなされることが極めて重要です。」，選択肢4については「児童・生徒に社会貢献への意識などを育むためには，特別活動等において家庭や地域・社会と連携したボランティア活動を積極的に取り入れ，生命を大切にする心や他人を思いやる心などを育むことが重要です。」とされている。

【16】 2

〈解説〉「子供を預かる施設における食物アレルギー日常生活・緊急時対応ガイドブック」は食物アレルギーのある子供が全ての保育施設などにおいて，より安全に，安心して，楽しい生活を送ることができるよう東京都福祉保健局が作成したもので，保育施設等で食物アレルギーの子供を預かるにあたっての対応の流れ，日常生活における配慮と管理，緊急時の対応，疾患やアナフィラキシーの基礎知識等について解説している。その中ではBについて，「アナフィラキシーショックとなり生命の危機に陥る可能性もあるため，迅速，かつ適切に対応する必要があります。」，Dについては「食物アレルギーのある子供一人一人に対して，具体的な配慮や管理方針を明確にする必要があります。」としている。

【17】 5

〈解説〉教育基本法は，教育の根本的な理念や原則を定めた前文と18の条文から構成されるもので，昭和22年に制定されたものが，制定後60年間の教育環境の変化を鑑みて平成18年に改正されている。選択肢1は教育基本法第2条第1号で「幅広い知識と教養を身に付け，真理を求める態度を養い，豊かな情操と道徳心を培うとともに，健やかな身体を養うこと。」，選択肢2は同法第2条第2号で「個人の価値を尊重して，その能力を伸ばし，創造性を培い，自主及び自律の精神を養うとともに，職業及び生活との関連を重視し，勤労を重んずる態度を養うこと。」，選択肢3は同法第2条第3号で「正義と責任，男女の平等，自他の敬愛と協力を重んずるとともに，公共の精神に基づき，主体的に社会の形成に参画し，その発展に寄与する態度を養うこと。」，選択肢4は同法第2条第4号で「生命を尊び，自然を大切にし，環境の保全に寄与する態度を養うこと。」とされており，いずれも平成18年の改正で加筆された部分である。なお選択肢5は同法第2条第5号である。

【18】 1

〈解説〉近年の児童生徒等の健康・安全を取り巻く状況の変化を踏まえて，平成20年に「学校保健法」は改正され，また名称も「学校保健安全法」と変更さ

れ，翌年より施行されている。出題は学校安全計画の策定等を定めた学校
保健安全法第27条，地域の関係機関等との連携を定めた同法第30条で，双
方ともこの改正により新設された部分。

【19】3

〈解説〉 いじめ防止対策推進法は平成25年に制定された法律。Bについては，
同法第16条第1項において「学校の設置者及びその設置する学校は，当該学
校におけるいじめを早期に発見するため，当該学校に在籍する児童等に対
する定期的な調査その他の必要な措置を講ずるものとする。」，Cは学校教
育法第1条。なおAは学校におけるいじめの防止等の対策のための組織を
定めた同法第22条，Dはいじめに対する措置について定めた同法第23条第
6項。

【20】1

〈解説〉児童福祉法は昭和22年に制定された児童の健全な育成，児童の福祉の
保障とその積極的増進を基本精神とする総合的な法律。選択肢2と4につい
ては，同法第1条で「全て児童は，児童の権利に関する条約の精神にのつと
り，適切に養育されること，その生活を保障されること，愛され，保護さ
れること，その心身の健やかな成長及び発達並びにその自立が図られるこ
とその他の福祉を等しく保障される権利を有する。」，選択肢3については，
同法第2条第1項で「全て国民は，児童が良好な環境において生まれ，かつ，
社会のあらゆる分野において，児童の年齢及び発達の程度に応じて，その
意見が尊重され，その最善の利益が優先して考慮され，心身ともに健やか
に育成されるよう努めなければならない。」，選択肢5については，同法第3
条の2で「国及び地方公共団体は，児童が家庭において心身ともに健やかに
養育されるよう，児童の保護者を支援しなければならない。」とされている。

【21】5

〈解説〉Aについて「児童虐待の防止等に関する法律」(「児童虐待防止法」)第2条
は，身体的虐待，性的虐待，心理的虐待，ネグレクト(児童の心身の正常な
発達を妨げるような著しい減食又は長時間の放置，保護者以外の同居人に
よる前2号又は次号に掲げる行為と同様の行為の放置その他の保護者とし
ての監護を著しく怠ること。)の4つを児童虐待としている。Cについては
同法第13条の3で「地方公共団体の機関は，市町村長，都道府県の設置する
福祉事務所の長又は児童相談所長から児童虐待に係る児童又はその保護者
の心身の状況，これらの者の置かれている環境その他児童虐待の防止等に

　係る当該児童，その保護者その他の関係者に関する資料又は情報の提供を求められたときは，当該資料又は情報について，当該市町村長，都道府県の設置する福祉事務所の長又は児童相談所長が児童虐待の防止等に関する事務又は業務の遂行に必要な限度で利用し，かつ，利用することに相当の理由があるときは，これを提供することができる。」とされている。なおBは同法第4条第2項，Dは同法第6条第1項で規定されている内容。

【22】4

〈解説〉スキャモンは米国の人類学者で，人の発達において各種の臓器は発育過程を異にするとして，4つの発育パターンに大別した。その中で，リンパ型は「10～12歳ころには成人の2倍ぐらいまでに発育した後，思春期以降速やかに低下して18歳頃までに成人のレベルに落ち着く。」，生殖型は「生後10年くらいは極めて低いレベルにとどまり，思春期に入って急速に成長する。」としている。

【23】4

〈解説〉ロック(1632～1704)はイギリスの哲学者・政治思想家で，主著『教育論』において人間の心は，はじめは「白紙」(タブラ・ラサ)であって何の観念ももたず，思考の材料はすべて経験によって得られると説いた。イタール(1774～1838)はフランスの医学者で，1799年アヴェロンの森で発見された野生児を教育したことで有名。カント(1724～1804)はドイツの哲学者で，「人間は教育によってはじめて人間となることができる。」という有名な言葉を残している。ソーンダイク(1874～1949)は米国の心理学者で，問題箱を使った猫の実験を行い，学習が試行錯誤によって生じるとする試行錯誤説を唱えた。なおブルーナー(1915～2016)は米国の知覚心理学者で，『教育の過程』を著し，問題解決学習と系統学習の利点を取り入れた「発見学習」を提唱した。

【24】1

〈解説〉独立行政法人日本スポーツ振興センターは熱中症予防のための啓発資料「熱中症を予防しよう　―知って防ごう熱中症―」を作成し，HPで公開している。それによると，

　熱中症で起こる障害には熱失神，熱けいれん，熱疲労，熱射病の4つがある。また環境省は「熱中症環境保健マニュアル2018(平成30年3月改訂)」を作成している。それによると意識がない場合には即座に救急車を手配する，呼びかけに反応する場合は涼しい場所に避難する，自力で水分補給で

きる場合は補給し，できない場合は医療機関へ搬送するとされている。

【25】3

〈解説〉Bのデカルコマニーは「転写法」の意で，紙に絵の具を塗り，二つ折りにする，または別の紙を押しつけてはがすときに生じる偶然の形態の効果に注目した技法。設問の技法はスクラッチ。Cのマーブリングは水面に水よりも比重の軽い絵の具などを垂らし，紙に染め移す技法。設問の技法はデカルコマニーのこと。

【26】3

〈解説〉適切なのは3である。モルモットの歯は伸び続けるので長くなりすぎないようにかじり木やかたい餌を与えるようにするので1は誤り。セミは外で成虫になるので2は誤り。セキセイインコは適度に日光浴をすることが必要なので4は誤り。働きアリの寿命は1〜2年なのに対し女王アリの寿命は10〜20年なので5は誤り。

【27】1

〈解説〉適切なのは1である。種イモを植え付ける際は切り口を下にするので2は誤り。芽かきの目的はイモを大きく育てることなので3は誤り。テントウムシダマシが発生すると葉を食べてしまい光合成ができずジャガイモの収穫量が減ってしまうので4は誤り。葉の7〜8割枯れたころがジャガイモの最も良い収穫時期なので5は誤り。

【28】(問1) 4　　(問2) 2　　(問3) 4

〈解説〉(問1)　楽譜は，ドイツ民謡「山の音楽家」である。歌詞と旋律は覚えておきたい。「キュキュキュキュキュ」の部分が問われているが，選択肢のリズムはすべて同じなので，音程の違いで正しいものを選ぶ。　　(問2)　調号が♯1つの長調なのでト長調である。最後の音がソで終わっていることもヒントとなる。　　(問3)　「p」は「ピアノ」と読み「弱い」音で演奏することを意味する。「m」は「メゾ」と読み「やや」など意味を弱める働きをする。よって「mp」は「メゾピアノ」と読み「やや弱く」を意味する。

平成 31 年度

【1】幼稚園教育要領における「幼児期の終わりまでに育ってほしい姿」に関する記述の内容として適切なものは，次の1～5のうちのどれか。

1　友達と様々な体験を重ねる中で，きまりを守る必要性が分かり，自分だけできまりをつくり，それを友達に守らせるようになる。

2　幼稚園内外の様々な環境に関わる中で，多くの情報があることに気付き，幼児が遊びではなく生活に必要な情報を取り入れながら活動するようになる。

3　身近な動植物に心を動かされる中で，生命の不思議さや尊さに気付き，身近な動植物を命あるものとしていたわり，大切にする気持ちをもって関わるようになる。

4　友達の様々な考えに触れる中で，自分と異なる考えがあることに気付き，自分の考えよりも友達の考えを優先するようになる。

5　心を動かす出来事などに触れ感性を働かせる中で，言葉による表現の仕方に気付き，言葉のみで表現する喜びを味わい，意欲をもつようになる。

【2】次の文章は，幼稚園教育要領における幼稚園教育において育みたい資質・能力の一部である。空所A～Dに該当する語句の組合せとして適当なものは，下の1～5のうちのどれか。

> (1)　(A)を通じて，感じたり，気付いたり，分かったり，できるようになったりする「知識及び(B)の基礎」
>
> (2)　気付いたことや，できるようになったことなどを使い，考えたり，試したり，工夫したり，表現したりする「思考力，(C)，表現力等の基礎」
>
> (3)　心情，意欲，態度が育つ中で，よりよい生活を営もうとする「学びに向かう力，(D)等」

	A	B	C	D
1	豊かな体験	発達	想像力	積極性
2	豊かな体験	技能	判断力	人間性
3	様々な遊び	発達	想像力	人間性
4	豊かな体験	技能	判断力	積極性
5	様々な遊び	技能	想像力	人間性

【3】 幼稚園教育要領における教育課程の役割と編成等に関する記述の内容と
して最も適切なものは，次の1～5のうちのどれか。

1　教育課程の編成に当たっては，幼稚園教育において育みたい資質・能力
を踏まえつつ，各幼稚園の教育目標や教育課程の編成についての基本的
な方針について，あらかじめ家庭や地域の承認を得なければならない。

2　教育課程の編成に当たっては，自我が芽生え，他者の存在を意識しよう
とする気持ちが生まれる幼児期の発達の特性を踏まえ，入園当初に重点
を置いて，充実した生活が展開できるように配慮する。

3　教育課程の編成に当たっては，入園当初から，他の幼児との関わりの中で，
幼児同士や学級全体で目的をもって協同して幼稚園生活を展開し，深め
ていけるよう，指導の工夫を行う。

4　小学校教育との接続に当たっては，幼稚園教育が，小学校以降の生活や
学習の基盤の育成につながることに配慮し，幼児期にふさわしい生活を
通して，創造的な思考や主体的な生活態度などの基礎を培うようにする。

5　全体的な計画の作成に当たっては，教育課程を中心にしながらも，教育
課程に係る教育時間の終了後等に行う教育活動の計画，学校保健計画，
学校安全計画などが，それぞれ独立して展開されるように留意する。

【4】 幼稚園教育要領における教育課程に係る教育時間の終了後等に行う教育
活動などの留意事項に関する記述として最も適切なものの組合せは，後の1
～5のうちのどれか。

A　教育課程に基づく活動を優先し，幼児期にふさわしい無理のないもの
となるよう，教育課程に基づく活動を担当する教師と綿密な連携を図る
ようにする。

B　家庭や地域での幼児の生活も考慮し，教育課程に係る教育時間の終了後
等に行う教育活動の計画を作成するようにする。

C　地域の実態や保護者の事情よりも幼児の生活のリズムを優先し，実施日
数や時間などについて，幼児の心身に負担が生じないよう，適切に行う
ようにする。

D　家庭との綿密な連携を図るようにし，その際，情報交換の機会を設け
たりするなど，保護者が，幼稚園と共に幼児を育てるという意識が高ま
るようにする。

1　A・B
2　A・C
3　A・D
4　B・C
5　B・D

【5】幼稚園教育要領における人間関係の内容の取扱いに関する記述として最も適切なものは，次の1〜5のうちのどれか。

1　一人一人を生かした集団を形成しながら，人と関わる力を育てていくようにするとともに，集団の生活の中で幼児が自己を発揮し，教師や他の幼児に認められる体験をし，自分のよさや特徴に気付き，自信をもって行動できるようにする。

2　幼児が互いに関わりを深め，協同して遊ぶようになるため，教師の指示の下に行動する力を育てるようにするとともに，他の幼児と試行錯誤しながら活動を展開する楽しさや共通の目的が実現する喜びを味わうことができるようにする。

3　幼児が他の幼児との関わりの中で他人の存在に気付き，相手を尊重する気持ちをもって行動できるようにするとともに，他の幼児に自分と異なる主張があることを知らせ，人に対する信頼感や思いやりの気持ちを芽生えさせるようにする。

4　集団の生活を通して，幼児が人との関わりを深め，互いに思いを主張し，折り合いを付ける体験をする中で，幼児が自分の気持ちを抑えることの大切さに気付き，自分の気持ちを調整する力が育つようにする。

5　多様な感情を体験し，試行錯誤しながら自分の力で行うことの充実感を味わうことができるよう，幼児の行動を先回りして周囲への働きかけや先の見通しを示すなど適切な援助を行うようにする。

【6】次の文章は，幼稚園教育要領における環境の内容の取扱いの一部である。空所A〜Dに該当する語句の組合せとして適切なものは，後の1〜5のうちのどれか。

> 幼児が，遊びの中で周囲の環境と関わり，次第に（　Ａ　）に好奇心を抱き，その意味や（　Ｂ　）に関心をもち，物事の法則性に気付き，自分なりに考えることができるようになる過程を大切にすること。また，他の幼児の考えなどに触れて新しい考えを（　Ｃ　）喜びや楽しさを味わい，自分の考えを（　Ｄ　）にしようとする気持ちが育つようにすること。

	Ａ	Ｂ	Ｃ	Ｄ
1	周囲の世界	操作の仕方	伝え合う	よりよいもの
2	身近な事象	動き	伝え合う	普遍なもの
3	周囲の世界	動き	生み出す	普遍なもの
4	身近な事象	操作の仕方	伝え合う	普遍なもの
5	周囲の世界	操作の仕方	生み出す	よりよいもの

【7】幼稚園教育要領における言葉の内容に関する記述として適切なものの組合せは，下の1～5のうちのどれか。

Ａ　自分の思ったことを相手に伝え，相手の思っていることに気付く。

Ｂ　人の話を注意して聞き，相手に分かるように話す。

Ｃ　日常生活の中で簡単な標識や文字などに関心をもつ。

Ｄ　親しみをもって日常の挨拶をする。

  1　Ａ・Ｂ

  2　Ａ・Ｃ

  3　Ａ・Ｄ

  4　Ｂ・Ｃ

  5　Ｂ・Ｄ

【8】「幼稚園教育指導資料第5集　指導と評価に生かす記録」（平成25年7月文部科学省）における保育記録の意義と生かし方に関する記述の内容として適切なものの組合せは，後の1～5のうちのどれか。

Ａ　保育記録は，保護者に幼児の様子を伝え，幼児の成長を保護者と共有することによって，教師の指導が正しいことを保護者に伝えるためのものである。

Ｂ　保育記録は，読み返すことで記録に反映されている自分の見方を知ることができるだけでなく，保育の場での出来事を後から話し合うための情

報となる。

C　保育記録は，一定期間の記録をまとめることで，後になって幼児の言動の意味が理解できたり，言動の変化から成長を読み取ることができたりすることがある。

D　保育記録は，一人一人の幼児が周囲の環境と関わり，発達に必要な経験ができるよう援助したことを記録し，教師の資質向上に役立てることが目的である。

1　A・B
2　A・C
3　A・D
4　B・C
5　B・D

【9】「スタートカリキュラム　スタートブック」(平成27年1月　文部科学省国立教育政策研究所　教育課程研究センター)における幼児期の学びの芽生えの姿に関する記述の内容として適切なものの組合せは，下の1〜5のうちのどれか。

A　楽しいことや好きなことに集中することを通して，様々なことを学んでいく。

B　学ぶことについての意識があり，自分の課題の解決に向けて計画的に学んでいく。

C　日常生活の中で，言葉のみによるコミュニケーションによって他者と関わり合う。

D　頭も心も体も動かして，様々な対象と直接関わりながら，総合的に学んでいく。

1　A・B
2　A・C
3　A・D
4　B・C
5　B・D

【10】 特別支援学校幼稚部教育要領における障害をもつ幼児の指導に当たって特に留意する事項に関する記述の内容として適切なものは，次の1〜5のうちのどれか。

1 聴覚障害者の幼児に対しては，聴覚よりも視覚的な情報を十分に活用して，言葉の習得と概念の形成を図る指導を進めるようにする。

2 知的障害者の幼児に対しては，あらかじめ設定された活動内容や環境に沿って，幼児が活動に取り組めるようにする。

3 病弱者の幼児に対しては，病気の状態等を十分に考慮しつつ，他の幼児と同様に様々な活動を展開できるようにする。

4 複数の種類の障害を併せ有する幼児に対しては，専門的な知識や技能を有する教師間の協力の下に指導を行うことなどにより，全人的な発達を促すようにする。

5 障害をもつ幼児に対しては，家庭及び地域並びに関係機関との連携が図られるよう，特に家庭に重点を置いて教育的支援を行うようにする。

【11】 「学校における子供の心のケア　−サインを見逃さないために−」(平成26年3月　文部科学省)における子供にトラウマ(心理的外傷)反応が現れたときの留意点に関する記述の内容として適切なものの組合せは，下の1〜5のうちのどれか。

A 不安や恐怖を思い出して体の症状を訴える場合，体が楽になるようリラクセーションを促し，その症状が和らぐようにする。

B 体を激しく動かすような課題や興奮するようなイベントへの参加は，ストレス解消になるので必ず参加するよう促す。

C 子供の話に耳を傾けつつ，今の気持ちを詳しく聞き，質問や不安には，子供が理解できる言葉で，現在の状況をはっきりと詳細に説明する。

D 子供が不安状態で普段できていたことができなくなったり，間違えたりした時は，不安が増してしまわないよう，ねぎらいの言葉をかけて，心配していることを伝える。

1 A・B
2 A・C
3 A・D
4 B・C
5 B・D

【12】「幼児期の運動に関する指導参考資料[ガイドブック]第1集」(平成27年3月　文部科学省)に示されている幼児期の運動に関する指導の記述の内容として適切なものの組合せは，下の1〜5のうちのどれか。

A　幼児期は，体を動かすことを通して，生涯にわたって心身ともに健康的に生きるための基盤を培うことが大切である。

B　幼児期は，多様な動きを身に付けやすい時期であるため，より高度な動きを身に付けられるよう，特定の動きを繰り返し行うことが大切である。

C　幼児期は，多様な動きを獲得するために量(時間)の保障が大切であることから，保育施設内で1日60分以上は体を動かす時間を確保することが必要である。

D　幼児期は，心身の発達が著しい時期だが，その成長は個人差が大きいので，幼児に体を動かす遊びを提供する際は，一人ひとりの発達に応じた配慮が必要である。

1　A・B
2　A・C
3　A・D
4　B・C
5　B・D

【13】「学校事故対応に関する指針」(平成28年3月　文部科学省)に示されている学校の施設及び設備に係る安全点検の実施に関する記述の内容として最も適切なものは，次の1〜5のうちのどれか。

1　安全点検については，児童生徒等の安全確保や経費の観点から，年度当初に1回実施することが望ましい。

2　定期の安全点検だけでなく，学校行事の前後，災害時など必要に応じて点検項目を設定し，点検を行うことも必要である。

3　安全点検については，担当者が校舎や設置された遊具等の施設設備の不備や危険箇所を見つけ，様子を見る。

4　安全点検の結果，見つかった施設設備の不備や危険箇所については，まずは学校の設置者が，速やかに，修理，改善などの必要な措置を講じなければならない。

5　安全点検の実施に当たっては，必ず児童生徒等の意見も聞き入れ，担当者の視点により点検項目を設定し，実施しなければならない。

【14】『きまりをまもる　こころを育てる　－幼児期の「規範意識の芽生え」の醸成　指導資料－』(平成26年3月　東京都教育委員会)における規範意識の芽生えを培う視点から幼児に経験させたい内容に関する記述として適切なものは，次の1～5のうちのどれか。

1　3歳児後期には，避難訓練や安全指導を通して，安全な行動の仕方や集団での動き方が分かり，自分からやってみようとする。

2　4歳児前期には，身近な人(高齢者，年下の幼児，地域の人など)との関わりを通して，相手に合わせた言葉遣いを考えたり，意識して行動したりする。

3　4歳児後期には，友達のしていることに関心をもち，仲間に入ろうとしたり一緒に遊ぶことを楽しいと感じたりする。

4　5歳児前期には，やってよいこと，悪いことが分かり，自分なりに考え，行動しようとする。

5　5歳児後期には，友達との関わりの中で，思うようにならないことを経験し，相手にも思いや考えがあることに気付く。

【15】「東京都発達障害教育推進計画」(平成28年2月　東京都教育委員会)に示されている総合支援体制に関する記述の内容として最も適切なものは，次の1～5のうちのどれか。

1　発達障害の児童・生徒や保護者からの相談を受けるため，東京都においては，教育分野での発達障害に関する相談を受ける窓口や，就学に関する相談を受ける窓口などを設置しており，これらの関係機関の連携を充実させていく必要がある。

2　都内の公立学校及び就学前機関における発達障害に関する実態調査は，発達障害と考えられる幼児・児童・生徒の障害の種類や程度を明確にし，適切な療育，訓練を受ける必要のある人数を把握することを主な目的としている。

3　発達障害の児童・生徒への対応は，乳幼児期から学校卒業までの間，教育のみならず，保健・医療・福祉・労働など様々な関係機関が，それぞれに独自性を生かした指導・支援を推進することが重要である。

4　発達障害は，幼児期における早期発見よりも，小学校就学以降から卒業後までの各段階における指導・支援の情報の引き継ぎや，継続した指導・支援を受けられる仕組みづくりが求められている。

5 発達障害の幼児に対する幼児期から学齢期までをつなぐ早期支援のため，幼稚園・保育所等で行われてきた指導・支援内容等を小学校へ引き継ぐ際，個人情報に係る内容は口頭による情報伝達を推進している。

【16】幼保連携型認定こども園の説明として適切なものの組合せは，下の1〜5のうちのどれか。

A 幼保連携型認定こども園は，学校としての法的な位置付けをもたずに教育及び保育を行う児童福祉施設である。

B 幼保連携型認定こども園には，園長及び保育教諭を置かなければならず，副園長などその他必要な職員を置くことができる。

C 幼保連携型認定こども園は，その運営に当たり，幼稚園教育要領又は保育所保育指針のいずれかを選択する。

D 幼保連携型認定こども園は，満三歳以上の子どもに対する教育並びに保育を必要とする子どもに対する保育を一体的に行う施設である。

1 A・B
2 A・C
3 A・D
4 B・C
5 B・D

【17】次の文章は，教育基本法の条文である。空所A〜Dに該当する語句の組合せとして適切なものは，下の1〜5のうちのどれか。

○ 教育は，（ A ）を目指し，平和で民主的な国家及び社会の形成者として必要な資質を備えた（ B ）国民の育成を期して行われなければならない。

○ 父母その他の保護者は，子の教育について（ C ）を有するものであって，生活のために必要な習慣を身に付けさせるとともに，（ D ）を育成し，心身の調和のとれた発達を図るよう努めるものとする。

	A	B	C	D
1	人格の完成	心身ともに健康な	第一義的責任	自立心
2	能力の向上	社会に貢献する	選択する権利	自立心
3	能力の向上	心身ともに健康な	第一義的責任	自立心

4　人格の完成　　社会に貢献する　　　選択する権利　　道徳心
5　人格の完成　　社会に貢献する　　　第一義的責任　　道徳心

【18】教育職員免許法の条文の内容に関する記述として適切なものは，次の1
　～5のうちのどれか。
1　幼稚園教諭の免許状は，普通免許状，特別免許状及び臨時免許状の3種類
　としている。
2　幼稚園教諭の免許状を有する者は，特別支援学校の小学校に相当する学級
　の指導教諭になることができる。
3　教育職員の免許状の更新講習は，免許状の有効期間満了の日までに，その
　免許状を有する者であれば誰でも受講することができる。
4　教育職員の免許状の更新講習は，大学その他文部科学省令で定める者が，
　文部科学大臣の認定を受けて行う。
5　教育職員の免許状を有する者が免許状を破損，もしくは紛失したときは，
　その事由をしるして，文部科学大臣に再交付を願い出ることができる。

【19】学校保健安全法の条文の内容に関する記述として適切なものは，次の1
　～5のうちのどれか。
　1　校長は，感染症にかかつており，かかつている疑いがあり，又はかかる
　　おそれのある児童生徒等があるときは，出席を停止させることができる。
　2　学校の設置者は，学年毎の隔年により，学校の職員の健康診断を行わな
　　ければならない。
　3　学校の設置者は，感染症の予防上必要があるときは，臨時に，学校の一
　　部に限り休業することができる。
　4　学校においては，児童生徒等の健康診断の結果に基づき，疾病の予防措
　　置や治療を指示した後は，通常通り運動や作業を行わせなければならな
　　い。
　5　市(特別区を含む。)町村の教育委員会は，翌学年の初めから学校に就学
　　させるべき者で，その区域内に住所を有する者の就学に当たつて健康診
　　断を行うことができる。

【20】次の文章は，児童福祉法の条文である。空所A～Dに該当する語句の組
　合せとして適切なものは，後の1～5のうちのどれか。

　全て児童は，児童の権利に関する条約の精神にのつとり，適切に（　A　）されること，その（　B　）を保障されること，愛され，（　C　）されること，その心身の健やかな成長及び発達並びにその（　D　）が図られることその他の福祉を等しく保障される権利を有する。

	A	B	C	D
1	養育	生活	保護	安定
2	養育	安全	尊重	自立
3	教育	生活	保護	安定
4	教育	安全	尊重	自立
5	養育	生活	保護	自立

【21】児童虐待の防止等に関する法律の条文の内容に関する記述として最も適切なものは，次の1〜5のうちのどれか。

1　学校の教職員は，児童虐待を早期発見しやすい立場にあることから，児童虐待を早期発見できなかった場合，法律上の責任が問われることとなる。

2　学校の教職員は，児童相談所長等から児童虐待に係る児童又はその保護者に関する資料又は情報の提供を求められたときは，これを提供しなければならない。

3　都道府県知事は，児童虐待が行われていると認めるときに限り，児童委員等に，児童の住所又は居所に立ち入り，必要な調査又は質問をさせることができる。

4　児童の保護のため必要があると認めるときは，児童虐待を行った保護者に対し，当該児童虐待を受け一時保護が行われた児童との面会や通信を制限することができる。

5　親権者がしつけの際に暴行や傷害などの虐待をした場合には，暴行罪，傷害罪など犯罪としての責めは負わないが，児童虐待としての責めを負う。

【22】教育学，心理学に関する用語の説明として最も適切なものは，次の1〜5のうちのどれか。

1　外言は，音声が伴う他者に伝達するための言語をいい，内言は，音声が

伴う自分で思考するための言語をいう。

2 合理化は，自分の欠けていると思う面を補うために，他の面を強調しようとすることをいう。

3 モデリングは，他者の行動を観察することによって，その人の行動や特徴を自己に取り入れることをいう。

4 外発的動機づけは，報酬が目的ではなく，行動自体が目的となることをいい，内発的動機づけは，目的達成の手段として行動が生じることをいう。

5 逃避は，自分に都合のよい理由を見つけて自分自身を許し，劣等感や失敗感から逃れることをいう。

【23】教育学，心理学に関わる人物と，関係の深い語句の組合せとして適切なものは，次の1～5のうちのどれか。

1 ボウルビィ ―――― 自己実現の欲求

2 エリクソン ―――― アイデンティティ

3 マズロー ―――― シェマ

4 ローレンツ ―――― アタッチメント

5 ピアジェ ―――― 刻印づけ

【24】感染症の説明として適切なものは，次の1～5のうちのどれか。

1 流行性角結膜炎は，目の痛み，目やになどの症状があり，目やにをティシュペーパー等の使い捨てできるもので拭くように注意すれば，後は経過観察でよい。

2 ノロウイルスによる急性胃腸炎は，患者の吐物などが乾燥すると，細かな粒子となって空中を漂い，その中のウイルスが鼻腔や口に入って感染することがある。

3 腸管出血性大腸菌感染症は，飲食物を介して感染するので，加熱調理を徹底すれば感染を防ぐことが可能である。

4 水痘は，発疹が丘疹状にふくれた水疱となるが，かさぶたになる前に発疹が小さくなれば，感染の心配はなくなる。

5 伝染性膿痂疹は，感染を受けた皮膚に水疱ができ，水疱が破れるまでは感染の可能性があるので，注意が必要である。

【25】 次のア～エは，幼稚園で飼育する例の多い生き物である。ア～エの生き物とえさの組合せとして適切なものは，下の1～5のうちのどれか。

ア	カブトムシ(成虫)
イ	モンシロチョウ(幼虫)
ウ	スズムシ
エ	アゲハ(幼虫)

	ア	イ	ウ	エ
1	リンゴ	キャベツの葉	ナス	サンショウの葉
2	リンゴ	ミカンの葉	アブラムシ	サンショウの葉
3	腐葉土	キャベツの葉	アブラムシ	サンショウの葉
4	腐葉土	ミカンの葉	ナス	ダイコンの葉
5	リンゴ	キャベツの葉	ナス	ダイコンの葉

【26】 気象に関する語句とその説明として適切なものの組合せは，下の1～5のうちのどれか。

A 小春日和とは，春のはじめの穏やかで暖かい日をいう。

B 猛暑日とは，1日の最高気温が35℃以上の日をいう。

C 春一番とは，2月から3月中旬頃その年に初めて吹く南寄りの強い風をいう。

D フェーン現象とは，海からの湿った空気によって湿度の高い風が吹くことをいう。

    1 A・B

    2 A・C

    3 A・D

    4 B・C

    5 B・D

【27】 絵本名と作者の組合せとして適切なものは，次の1～5のうちのどれか。

  1 そらいろのたね ——— 香山美子

  2 おおきなおおきなおいも ——— 赤羽末吉

  3 14ひきのおつきみ ——— さとうわきこ

  4 どうぞのいす ——— 中川李枝子

  5 すいかのたね ——— いわむらかずお

【28】 次の楽曲について，下の各問いに答えなさい。

ただし，問いの性質上，拍子記号は記載していない。

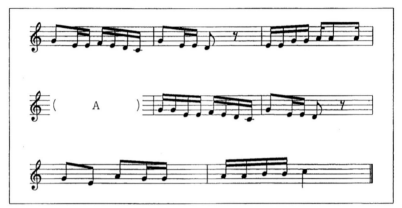

[問1] この楽曲の歌詞に出てくる生き物は，次の1〜5のうちのどれか。

1 めだか　　2 かえる　　3 どじょう　　4 かめ　　5 あめんぼ

[問2] （ A ）の小節として最も適切なものは，次の1〜5のうちのどれか。

[問3] この楽曲の拍子として適切なものは，次の1〜5のうちのどれか。

1 2分の2拍子　　2 4分の2拍子　　3 4分の4拍子　　4 8分の4拍子
5 8分の6拍子

解 答・解 説

【1】 3

〈解説〉幼稚園教育要領において選択肢1は道徳性・規範意識の芽生えに関する記述で「友達と様々な体験を重ねる中で，してよいことや悪いことが分かり，自分の行動を振り返ったり，友達の気持ちに共感したりし，相手の立場に立って行動するようになる。」，選択肢2は社会生活との関わりに関する記述で「幼稚園内外の様々な環境に関わる中で，遊びや生活に必要な情報を取り入れ，情報に基づき判断したり，情報を伝え合ったり，活用したりするなど，情報を役立てながら活動するようになるとともに，公共の

施設を大切に利用するなどして，社会とのつながりなどを意識するように
なる。」，選択肢4は思考力の芽生えに関する記述で「友達の様々な考えに触
れる中で，自分と異なる考えがあることに気付き，自ら判断したり，考え
直したりするなど，新しい考えを生み出す喜びを味わいながら，自分の考
えをよりよいものにするようになる。」，選択肢5は豊かな感性と表現に関
する記述で「心を動かす出来事などに触れ感性を働かせる中で，様々な素材
の特徴や表現の仕方などに気付き，感じたことや考えたことを自分で表現
したり，友達同士で表現する過程を楽しんだりし，表現する喜びを味わい，
意欲をもつようになる。」とされている。なお正答の3は自然との関わり・
生命尊重に関する記述。

【2】2

〈解説〉幼稚園教育において育みたい資質・能力である「知識及び技能の基礎」
「思考力，判断力，表現力等の基礎」「学びに向かう力，人間性等」について
具体的に示した部分からの出題。幼稚園教育要領解説(平成30年2月)はこ
の3つの資質・能力の実際の指導場面について「『知識及び技能の基礎』『思
考力，判断力，表現力等の基礎』『学びに向かう力，人間性等』を個別に取
り出して指導するのではなく，遊びを通した総合的な指導の中で一体的に
育むよう努めることが重要である。」，「これらの資質・能力はこれまでも
幼稚園で育んできたものではあるが，各幼稚園においては，実践における
幼児の具体的な姿から改めて捉え，教育の充実を図ることが求められてい
る。」と指摘している。

【3】4

〈解説〉幼稚園教育要領において選択肢1は「教育課程の編成に当たっては，幼
稚園教育において育みたい資質・能力を踏まえつつ，各幼稚園の教育目標
を明確にするとともに，教育課程の編成についての基本的な方針が家庭や
地域とも共有されるよう努めるものとする。」，選択肢2については「自我が
芽生え，他者の存在を意識し，自己を抑制しようとする気持ちが生まれる
幼児期の発達の特性を踏まえ，入園から修了に至るまでの長期的な視野を
もって充実した生活が展開できるように配慮するものとする。」，選択肢3
は「幼児の生活は，入園当初の一人一人の遊びや教師との触れ合いを通して
幼稚園生活に親しみ，安定していく時期から，他の幼児との関わりの中で
幼児の主体的な活動が深まり，幼児が互いに必要な存在であることを認識
するようになり，やがて幼児同士や学級全体で目的をもって協同して幼稚

園生活を展開し，深めていく時期などに至るまでの過程を様々に経ながら広げられていくものであることを考慮し，活動がそれぞれの時期にふさわしく展開されるようにすること。」，選択肢5は「各幼稚園においては，教育課程を中心に，第3章に示す教育課程に係る教育時間の終了後等に行う教育活動の計画，学校保健計画，学校安全計画などとを関連させ，一体的に教育活動が展開されるよう全体的な計画を作成するものとする。」とされている。なお正答の4は小学校教育との接続に当たっての留意事項である。

【4】5

〈解説〉幼稚園教育要領において選択肢Aについては「教育課程に基づく活動を考慮し，幼児期にふさわしい無理のないものとなるようにすること。その際，教育課程に基づく活動を担当する教師と緊密な連携を図るようにすること。」，選択肢Cについては「地域の実態や保護者の事情とともに幼児の生活のリズムを踏まえつつ，例えば実施日数や時間などについて，弾力的な運用に配慮すること。」とされている。なお正答のB・D以外にも「適切な責任体制と指導体制を整備した上で行うようにすること。」との留意事項が示されている。

【5】1

〈解説〉幼稚園教育要領において選択肢2については「幼児が互いに関わりを深め，協同して遊ぶようになるため，自ら行動する力を育てるようにするとともに，他の幼児と試行錯誤しながら活動を展開する楽しさや共通の目的が実現する喜びを味わうことができるようにすること。」，選択肢3については「幼児が他の幼児との関わりの中で他人の存在に気付き，相手を尊重する気持ちをもって行動できるようにし，また，自然や身近な動植物に親しむことなどを通して豊かな心情が育つようにすること。特に，人に対する信頼感や思いやりの気持ちは，葛藤やつまずきをも体験し，それらを乗り越えることにより次第に芽生えてくることに配慮すること。」，選択肢4については「集団の生活を通して，幼児が人との関わりを深め，規範意識の芽生えが培われることを考慮し，幼児が教師との信頼関係に支えられて自己を発揮する中で，互いに思いを主張し，折り合いを付ける体験をし，きまりの必要性などに気付き，自分の気持ちを調整する力が育つようにすること。」，選択肢5については「多様な感情を体験し，試行錯誤しながら諦めずにやり遂げることの達成感や，前向きな見通しをもって自分の力で行うことの充実感を味わうことができるよう，幼児の行動を見守りながら適切な

援助を行うようにすること。」としている。

【6】5

〈解説〉身近な環境との関わりに関する領域「環境」の内容の取扱いについての教師のスタンスについて、幼稚園教育要領解説（平成30年2月）は「教師は、環境の中にあるそれぞれのものの特性を生かし、その環境から幼児の興味や関心を引き出すことができるような状況をつくらなければならない。」、「幼児が扱いやすい遊具や用具、物を用意することだけでなく、幼児の能動性を引き出す自由な空間や物を配置し、あるいは幼児がどうしてよいか分からないときなどに教師が援助することが大切になる。」、「教師は、幼児が自分なりに環境に関わる姿を大切にするとともに、場やものの配置を工夫したり、教師も一緒にやってみたりして、幼児が互いの考えに触れることができるような環境を構成することが大切である。」こと等を指摘している。

【7】5

〈解説〉選択肢Aは人との関わりに関する領域「人間関係」、選択肢Cは身近な環境との関わりに関する領域「環境」の内容。

【8】4

〈解説〉「幼稚園教育指導資料第5集　指導と評価に生かす記録」（平成25年7月）は、幼稚園教育における幼児理解や教師の指導の改善において、指導の過程における記録の重要性に鑑み、記録を活用した教師間の共通理解と協力体制の構築、保育実践の質、幼稚園教育の質の向上に資するために文部科学省が作成したもので、教師の専門性を高めるための記録の在り方や、その記録を実際の指導や評価にどのように生かしていくのかなどについて実践事例を取り上げて解説している。その中では保育記録の意義と生かし方について「日々の保育記録は児童理解を深め、幼児に即した指導計画を作成するための根拠です。」、「記録は教師の幼児観や保育観を改めて自覚するためのものであるといえます。」、「園の生活や遊びの様子を伝えるための記録は、幼児、教師、保護者間の学びをつなぐ手段として活用できるものです。」と解説している。

【9】3

〈解説〉「スタートカリキュラム　スタートブック」（平成27年1月）は文部科学省のシンクタンクである国立教育政策研究所が作成した、小学校へ入学した子供が、幼稚園・保育所・認定こども園などの遊びや生活を通した学びと育ちを基礎として、主体的に自己を発揮し、新しい学校生活を創り出して

いくためのカリキュラムについてわかりやすく解説したもの。その中において選択肢Bは児童期の自覚的な学びの姿とされている。また選択肢Cは幼児期の学びの芽生えの姿であるが，「日常生活の中で，様々な言葉や非言語によるコミュニケーションによって他者と関わり合う。」とされている。

【10】4

〈解説〉特別支援学校幼稚部教育要領では，選択肢1については「聴覚障害者である幼児に対する教育を行う特別支援学校においては，早期からの教育相談との関連を図り，保有する聴覚や視覚的な情報などを十分に活用して言葉の習得と概念の形成を図る指導を進めること。」，選択肢2については「知的障害者である幼児に対する教育を行う特別支援学校においては，幼児の活動内容や環境の設定を創意工夫し，活動への主体的な意欲を高めて，発達を促すようにすること。」，選択肢3については「病弱者である幼児に対する教育を行う特別支援学校においては，幼児の病気の状態等を十分に考慮し，負担過重にならない範囲で，様々な活動が展開できるようにすること。」，選択肢5については「家庭及び地域並びに医療，福祉，保健等の業務を行う関係機関との連携を図り，長期的な視点で幼児への教育的支援を行うために，個別の教育支援計画を作成し，活用すること。」とされている。

【11】3

〈解説〉「学校における子供の心のケア　－サインを見逃さないために－」（平成26年3月）は文部科学省が作成したもので，教職員による健康観察の必要性，危機発生時の健康観察のポイント，学校における心のケアの基本や健康相談のポイント等を具体的に示し，日常から心のケアを進めていくための方策等について理解が深められるよう構成されている。その中において選択肢Bは「体を激しく動かすような課題や興奮するようなイベントへの参加は，たとえ楽しいことであっても，ストレスや不安を抱えている時には，自分でコントロールできず，はしゃぎすぎてしまったり，無理をして動き回ったあとに熱を出したり，注意力が散漫になってけがをしてしまったりすることもある。一人一人の子供の状態や体調に合わせた配慮を行うことが大切である。」，選択肢Cは「子供の話（怖い体験や心配や疑問も含む）に耳を傾け，質問や不安には，子供が理解できる言葉で，現在の状況を説明する。ただし，子供の気持ちを根掘り葉掘りきいたり，あまりにも詳細に説明しすぎたりするのは逆効果である。」とされている。

【12】3

〈解説〉「幼児期の運動に関する指導参考資料［ガイドブック］第1集」（平成27年3月）は，文部科学省が平成24年に取りまとめた「幼児期運動指針」の着実な定着，保育施設などの関係者の実践を促進するために保育施設における「幼児期運動指針」を踏まえたプログラムの研究開発およびその成果を指導参考資料として文部科学省がまとめたもの。その中で選択肢Bについては「幼児期は運動機能が急速に発達し，多様な動きを身に付けやすい時期です。この時期には，多様な運動刺激を与えて，体内にさまざまな神経回路を複雑に張り巡らせていくことが大切です。」，選択肢Cについては「多くの幼児が体を動かす実現可能な時間として，わかりやすい指標を立てる必要があることから『毎日，合計60分以上』体を動かすことが望ましいことを目安として示しました。ただし，時間だけが問題なのではなく，さまざまな遊びを中心として，散歩やお手伝いなど，多様な動きの経験が大切です。」とされている。

【13】2

〈解説〉「学校事故対応に関する指針」（平成28年3月）は文部科学省が学校における事故の発生を未然に防ぐとともに，学校の管理下で発生した事故に対し，学校及び学校の設置者が適切な対応を図るため，平成26年度から「学校事故対応に関する調査研究」有識者会議を設置し，検討を行って取りまとめたもの。その中では選択肢1については「学校の施設及び設備等の安全点検については，学校保健安全法第27条及び学校保健安全法施行規則第28条に定められているとおり，計画的に実施する。」とされており，学校保健安全法施行規則第28条は「法第27条の安全点検は，他の法令に基づくもののほか，毎学期一回以上，児童生徒等が通常使用する施設及び設備の異常の有無について系統的に行わなければならない。」としている。また選択肢3については「安全点検においては，校舎等からの転落事故，学校に設置された遊具による事故などが発生していることや近年の地震等から想定される被害等も踏まえ，施設設備の不備や危険箇所の点検・確認を行うとともに，必要に応じて補修，修繕等の改善措置を講ずることが求められる。」，選択肢4については「児童生徒等の安全の確保を図る上で支障となる事項があると認めた場合には，遅滞なく，その改善を図るために必要な措置を講じなければならないが，学校だけでは必要な措置を講じることができないときは，学校の設置者が直接設置している学校については，設置者に申し出て，

学校の設置者が必要な措置を講じることも必要である。」，選択肢5につい
ては「安全点検の実施に当たっては，児童生徒等の意見も聴き入れ，児童生
徒等の視点で危ないと思っている箇所についても点検を行うことも重要で
ある。」としている。

【14】4

〈解説〉『きまりをまもる　こころを育てる－幼児期の「規範意識の芽生え」の
　　　　醸成　指導資料－』(平成26年3月)は東京都教育委員会が作成した，「規範
　　　　意識の芽生え」を培う視点として「関わり・自立・規範」を設定し，この3つ
　　　　の視点に基づき，0歳児から5歳児の規範意識の芽生えに関する発達の道筋
　　　　と大人の関わり及び，3歳児から5歳児の指導計画や指導例等を掲載したも
　　　　の。その中では選択肢1は「安全指導や避難訓練を通して，生活や安全に必
　　　　要な決まりがあることを知り，保育者や友達と一緒に行動する。」とされて
　　　　いる。また選択肢2は5歳児後期(11月頃〜3月)の記述，選択肢3は3歳児
　　　　後期(11月頃〜3月)の記述，選択肢5は4歳児前期(4月〜10月頃)の記述で
　　　　ある。

【15】1

〈解説〉「東京都発達障害教育推進計画」(平成28年2月)は東京都教育委員会が
　　　　近年の法改正や都民ニーズ等，発達障害教育を取り巻く状況の変化に的確
　　　　に応えるために策定したもの。その中では選択肢2については「公立小・中
　　　　学校及び高校に対し，通常の学級における発達障害の児童・生徒等の在籍
　　　　状況や支援の実態を把握するための調査」，選択肢3については「こうした
　　　　指導・支援の情報の引継ぎを，今後更に充実していくとともに，教育のみ
　　　　ならず，保健・医療・福祉・労働などの様々な関係機関と相互に連携を図
　　　　りながら，乳幼児期から学校卒業まで一貫性のある継続した指導・支援を
　　　　推進する必要があります。」，選択肢4については「発達障害は，早期に発見
　　　　し継続的に適切な指導・支援を行うことで，円滑な就学や社会適応につな
　　　　がりやすくなることから，保護者の理解を得やすい早期発見の仕組みや，
　　　　就学前から学校卒業後までの各段階において指導・支援の情報が円滑に引
　　　　き継がれ，継続した指導・支援を受けられる仕組みづくりが求められま
　　　　す。」，選択肢5については「幼稚園・保育所等で行われてきた指導・支援内
　　　　容等を小学校へ確実に引き継ぐため，幼稚園・保育所等が作成する『就学支
　　　　援シート』等の活用を一層推進します。」とされている。

【16】5

〈解説〉選択肢Aについて，就学前の子どもに関する教育，保育等の総合的な提供の推進に関する法律(「認定こども園法」)第2条第7項は「この法律において『幼保連携型認定こども園』とは，義務教育及びその後の教育の基礎を培うものとしての満3歳以上の子どもに対する教育並びに保育を必要とする子どもに対する保育を一体的に行い，これらの子どもの健やかな成長が図られるよう適当な環境を与えて，その心身の発達を助長するとともに，保護者に対する子育ての支援を行うことを目的として，この法律の定めるところにより設置される施設をいう。」としている。また選択肢Cについては認定子ども園法第10条第2項において「主務大臣が前項の規定により幼保連携型認定こども園の教育課程その他の教育及び保育の内容に関する事項を定めるに当たっては，幼稚園教育要領及び児童福祉法第45条第2項の規定に基づき児童福祉施設に関して厚生労働省令で定める基準との整合性の確保並びに小学校及び義務教育学校における教育との円滑な接続に配慮しなければならない。」とされ，「幼保連携型認定こども園教育・保育要領」が内閣府，厚生労働省，文部科学省により共同告示されている。

【17】1

〈解説〉教育の目的を定めた教育基本法第1条，家庭教育について定めた同法第10条第2項からの出題。教育基本法が制定された昭和22年から約60年が経過し，価値観の多様化，規範意識の低下，科学技術の進歩，国際化，核家族化などの教育を取り巻く環境の大幅な変化を踏まえ，教育基本法が改正され，平成18年12月公布・施行された。この改正において出題の第10条が新設された。

【18】4

〈解説〉選択肢1について教育職員免許法第4条第3項は「特別免許状は，学校(幼稚園，義務教育学校，中等教育学校及び幼保連携型認定こども園を除く。)の種類ごとの教諭の免許状とする。」としており，幼稚園教諭の免許状に特別免許状はない。選択肢2については同法第3条第3項は「特別支援学校の教員については，第1項の規定にかかわらず，特別支援学校の教員の免許状のほか，特別支援学校の各部に相当する学校の教員の免許状を有する者でなければならない。」とされており，幼稚園教諭の免許状を有するものがなれるのは特別支援学校の幼稚部に相当する学級の指導の教諭である。選択肢3については同法第9条の3第3項は「免許状更新講習は，次に掲げる者

に限り，受けることができる。」とし，「教育職員及び文部科学省令で定める
教育の職にある者」「教育職員に任命され，又は雇用されることとなつてい
る者及びこれに準ずるものとして文部科学省令で定める者」に受講可能者
を限定している。選択肢5について同法第15条は「免許状を有する者がその
氏名又は本籍地を変更し，又は免許状を破損し，若しくは紛失したときは，
その事由をしるして，免許状の書換又は再交付をその免許状を授与した授
与権者に願い出ることができる。」としている。

【19】1

〈解説〉選択肢2について学校保健安全法第15条第1項は「学校の設置者は，毎
学年定期に，学校の職員の健康診断を行わなければならない。」，選択肢3に
ついて同法第20条は「学校の設置者は，感染症の予防上必要があるときは，
臨時に，学校の全部又は一部の休業を行うことができる。」，選択肢4につ
いて同法第14条は「学校においては，前条の健康診断の結果に基づき，疾
病の予防処置を行い，又は治療を指示し，並びに運動及び作業を軽減する
等適切な措置をとらなければならない。」，選択肢5について同法第11条は
「市町村の教育委員会は，学校教育法第17条第1項の規定により翌学年の初
めから同項に規定する学校に就学させるべき者で，当該市町村の区域内に
住所を有するものの就学に当たつて，その健康診断を行わなければならな
い。」としている。なお選択肢1は同法第19条。

【20】5

〈解説〉大きな社会問題となっている児童虐待に対応する児童相談所の設置等
を定めた児童福祉法は，日本国憲法の理念に基づく児童の福祉に関する総
合的基本法で，昭和22年制定された。なお虐待を受けている児童等の保護
を図るため，児童等の保護についての司法関与を強化するなどの措置を講
じることを内容とする児童福祉法・児童虐待の防止等に関する法律（児童虐
待防止法改正法）が平成29年6月に成立し，翌30年4月から施行されている。

【21】4

〈解説〉選択肢1について児童虐待の防止等に関する法律第5条第1項は，「学
校，児童福祉施設，病院その他児童の福祉に業務上関係のある団体及び学
校の教職員，児童福祉施設の職員，医師，歯科医師，保健師，助産師，看
護師，弁護士その他児童の福祉に職務上関係のある者は，児童虐待を発見
しやすい立場にあることを自覚し，児童虐待の早期発見に努めなければな
らない。」，選択肢2について同法第13条の4は「学校の教職員その他児童

の医療，福祉又は教育に関連する職務に従事する者は，市町村長，都道府県の設置する福祉事務所の長又は児童相談所長から児童虐待に係る児童又はその保護者の心身の状況，これらの者の置かれている環境その他児童虐待の防止等に係る当該児童，その保護者その他の関係者に関する資料又は情報の提供を求められたときは，当該資料又は情報について，当該市町村長，都道府県の設置する福祉事務所の長又は児童相談所長が児童虐待の防止等に関する事務又は業務の遂行に必要な限度で利用し，かつ，利用することに相当の理由があるときは，これを提供することができる。」，選択肢3について同法第9条第1項は「都道府県知事は，児童虐待が行われているおそれがあると認めるときは，児童委員又は児童の福祉に関する事務に従事する職員をして，児童の住所又は居所に立ち入り，必要な調査又は質問をさせることができる。」，選択肢5について同法第14条第2項は「児童の親権を行う者は，児童虐待に係る暴行罪，傷害罪その他の犯罪について，当該児童の親権を行う者であることを理由として，その責めを免れることはない。」としている。なお選択肢4は同法第12条。

【22】3

〈解説〉内言は思考のための言語で，発声を伴わずに自分自身の心の中で用いる言葉。合理化は不安・葛藤・フラストレーションなどから自己を守ろうとして働くさまざまな心の仕組みである適応機制の1つで，例えば言い訳のように，理由づけをして行為を正当化すること。また外発的動機づけは行動の要因が評価・賞罰・強制などの人為的な刺激によるものであり，内発的動機づけは行動要因が内面に湧き起こった興味・関心・意欲によるもの。逃避も適応機制の1つで，困難などに直面したとき逃げたり，意識しないようにしたりして，それを避けること。

【23】2

〈解説〉ボウルビィ(1907－1990)はイギリスの精神科医で，子どもは一定の養育者と親密な関係を維持しなければ，後々社会的・心理的な部分で問題が起こりうるという愛着形成(アタッチメント)の必要性について理論を構築した。マズロー(1908－1970)はアメリカの心理学者で，動機の研究において欲求階層説を唱え，後に健康な人間の生き方に着目し，自己実現の過程や至高経験などを研究して，アメリカにおける人間性心理学の主張の中心となった。ローレンツ(1903－1989)はオーストリアの動物学者で，主に鳥類・魚類の観察を通じて動物行動の機構を明らかにし，動物行動学(エソロ

ジー)を開拓，その後「刷り込み」(刻印づけ)の研究は有名。ピアジェ(1896
－1980)はスイスの心理学者で，人間の思考について，シェマ(人間が環境
と相互作用する時に使用される杞憂の行動や知識)の同化と調節，そして均
衡化によって認識が大きく質的に発達していくとした。

【24】2

〈解説〉選択肢1の流行性角結膜炎はウイルス性の角膜炎と結膜炎が合併する
眼の感染症。学校ではプール施設内で感染することが多く，人から人への
感染も多く見られる。ウイルス排出は初期の数日が最も多いがその後，便
からは数週間，長い場合は数か月にわたってウイルスの排出が続くことも
ある。選択肢3の腸管出血性大腸菌感染症の病原体は熱に弱いが，低温条
件には強く水の中では長期間生存し，少量の菌の感染でも腸管内で増殖し
その毒素によって発病する。感染経路としては接触感染，経口(糞口)感染，
生肉などの飲食物からの感染があり，少ない菌量(100個程度)でも感染し，
便中に菌が排出されている間は感染力がある。選択肢4の水痘の感染経路
は空気感染や飛沫感染で，その膿疱や水疱中にはウイルスがいるので接触
感染もする。感染期間は発疹出現1～2日前から，全ての発疹がかさぶたに
なるまでである。選択肢5の伝染性膿痂疹はブドウ球菌などの皮膚感染に
よって，紅斑，水疱，びらん及び厚い痂皮ができる疾患。紅斑をともなう
水疱や膿疱が破れてびらん，痂皮をつくるが，痂皮にも感染性が残ってい
る。なお学校における感染症対策を解説した文部科学省編集の『学校におい
て予防すべき感染症の解説―平成30(2018)年』が参考になる。

【25】1

〈解説〉出題されている虫は，頻出問題であるため特徴をおさえておきたい。
カブトムシは，幼虫の時には腐葉土などの腐食の進んだものを食べるが，
成虫になると樹液や果汁などを食べる。モンシロチョウの幼虫(アオムシ)は，
キャベツを好み，キャベツ畑などによくみられる。スズムシは，キュウリ
やナスなどを主な餌とするが，共食いをすることもある。アゲハの幼虫(い
もむし)は，ミカン系の柑橘の葉しか食べないため，キャベツやダイコンの
葉は好まない。

【26】4

〈解説〉適切なのは，BとCである。小春日和は，冬である10月から12月の間
における暖かく穏やかな天気の日を指すためAは誤り。フェーン現象とは，
冷たく湿った空気が山を越えることで，暖かく乾いた空気になり，その付

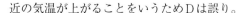

近の気温が上がることをいうためDは誤り。

【27】2

〈解説〉「そらいろのたね」は中川李枝子,「14ひきのおつきみ」はいわむらかず
お,「どうぞのいす」は香山美子,「すいかのたね」はさとうわきこの作品で
ある。

【28】問1 3　　問2 5　　問3 2

〈解説〉問1　提示されている楽譜は「どんぐりころころ」である。この曲は4番
まであるが,すべてに「どじょう」が登場する。　問2　該当部分の歌詞は"さ
あたいへん"である。歌詞がわかればリズムは見当がつくので,後は前後の
音を見て正しい選択肢を選ぶ。　問3　4分の2拍子とは1小節に4分音符が
2つまで入る拍子である。7小節目などを見ると,判断がしやすいだろう。

平成 30 年度

【1】 幼稚園教育要領解説(平成20年10月 文部科学省)における環境の構成に関する記述の内容として最も適切なものは，次の1～5のうちのどれか。

1 幼児は一人一人興味や関心を向けるものが異なり，必ずしも幼稚園教育のねらいに沿って環境にかかわるとは限らないが，どのような環境にいかにかかわるかは，主体性を育てるために全面的に幼児自身にゆだねる必要がある。

2 教師は，幼児の発達の道筋を見通して，教育的に価値のある環境を計画的に構成しなければならず，また，幼児の活動が見通しと異なる展開を見せたときは，計画と環境に沿うように自然な形で誘導していくことが大切である。

3 幼児が主体的に活動を展開することが幼児期の教育の前提であるため，幼児が思わずかかわりたくなるようなものや人，事柄等が適切に構成された環境の下で，意味のある体験を積み重ねられるようにしていくことが必要である。

4 環境構成は，ねらいをもって計画的に行う必要があるが，生き物や自然現象などの予測が難しい環境は，あらかじめ教育的環境に位置付けるのでなく，偶然の出会いや機会を大切にすることに留意する必要がある。

5 環境にかかわった幼児の活動を望ましい発達に結び付けるためには，活動の結果どれだけのことができるようになったかをとらえることが重要であり，幼児自身が成長を実感し，充実感を得られるように計画することが大切である。

【2】 次の文章は，幼稚園教育要領における指導計画の作成に当たっての留意事項の一部である。空所A～Cに該当する語句の組合せとして適切なものは，後の1～5のうちのどれか。

　　指導計画の作成に当たっては，次に示すところにより，具体的なねらい及び内容を明確に設定し，適切な環境を構成することなどにより活動が選択・展開されるようにすること。
　ア　具体的なねらい及び内容は，幼稚園生活における幼児の（　A　）を見通し，幼児の生活の連続性，（　B　）などを考慮して，幼児の興味や関心，（　C　）などに応じて設定すること。
　イ　略
　ウ　略

	A	B	C
1	発達の過程	人間関係	生活リズム
2	発達の過程	季節の変化	発達の実情
3	発達の過程	季節の変化	生活リズム
4	反応や態度	人間関係	発達の実情
5	反応や態度	季節の変化	生活リズム

【3】幼稚園教育要領解説（平成20年10月　文部科学省）における言葉に関する記述の内容として最も適切なものは，次の1〜5のうちのどれか。

1　幼児は感じたことなどを自分なりに表現しようとするが，教師は，その表現を単に受け止めるのではなく的確な言葉への言い換えなどを行い，自分なりの表現のままではいけないことを少しずつ幼児に分からせていくことが大切である。

2　特に3歳児は，人の話に注意を向けなかったり，騒いで聞かなかったりすることも多いが，教師は，幼児の注意を無理に引くのではなく，話の意味が分からず関心がなくても，人が話しているときは静かにする態度を養うことが大切である。

3　集団生活や遊びを進めていく上で，「当番」や「順番」など必要な言葉は多くあるが，特に3歳児では，言葉の意味や使い方が分からないこともよくあり，教師は，意味や使い方をその都度具体的に分かるように伝えていくことが大切である。

4　幼児は，例えば「まぶしいこと」を「目がチクチクする」と感覚的なイメージをそのまま表現し，相手に伝わらないことも多いため，教師は，多くの人が共有できるイメージと表現を，きめ細かに教えることが大切であ

る。

5　絵本や物語は，幼児が様々なことを想像する楽しみと出会うものであるが，自然な形で文字を覚えることがより重要なねらいとなるため，教師は，読み聞かせるだけでなく，できる限り幼児自身が読む機会を増やすことが大切である。

【4】幼稚園教育要領における人間関係の内容の記述として適切なものの組合わせは，下の1〜5のうちのどれか。

A　先生や友達と触れ合い，安定感をもって行動する。

B　自分でできることは自分でする。

C　先生や友達の言葉や話に興味や関心をもち，親しみをもって聞いたり，話したりする。

D　よいことや悪いことがあることに気付き，考えながら行動する。

　　1　A・B
　　2　A・C
　　3　A・D
　　4　B・C
　　5　B・D

【5】幼稚園教育要領解説(平成20年10月　文部科学省)における物の性質や数量，文字などへのかかわりに関する記述の内容として最も適切なものは，次の1〜5のうちのどれか。

1　物の性質や数量，文字などへのかかわりを幼児期に広げる経験が大切であるが，特に「文字」に触れ，理解する手掛かりを得る機会は重要なものとなるため，環境構成において優先的に配慮していく必要がある。

2　物の性質や数量，文字などに対してのかかわりを広げ，それについて単に正確な知識を獲得することのみを目的とするのではなく，環境の中でそれぞれがある働きをしていることについて実感できるようにすることが大切である。

3　数量や図形などの知識を幼児期に広げることは大切であり，例えば，積み木遊びやボール遊びの際など，幼児が様々な立体に触れる中で，立体の数や名称を伝えることなどを通じて，知識を蓄積していくことが大切である。

4 日常生活の中で数えたり，量ったりすることの便利さと必要感，さらには，これらの体験の積み重ねが小学校以降の学習の基礎にもなっていくことを，幼児自身が次第に気付き，理解していけるように援助することが大切である。

5 数量や文字に関する指導は，幼児の興味や関心から出発することが基本となるが，これらにかかわる力は自然に伸びるものではないため，一人一人の発達状況を踏まえ，計画的かつ段階的な習熟の指導に努めることが大切である。

【6】次の文章は，幼稚園教育要領における表現の内容の一部である。空所A〜Cに該当する語句の組合せとして適切なものは，下の1〜5のうちのどれか。

> ○ 感じたこと，考えたことなどを（ A ）などで表現したり，（ B ）にかいたり，つくったりなどする。
>
> ○ かいたり，つくったりすることを楽しみ，（ C ）に使ったり，飾ったりなどする。

	A	B	C
1	体や表情	絵	遊び
2	音や動き	自由	遊び
3	音や動き	絵	相互
4	体や表情	自由	相互
5	体や表情	絵	相互

【7】幼稚園教育要領解説（平成20年10月　文部科学省）における指導計画の作成に当たっての留意事項に関する記述の内容として最も適切なものは，次の1〜5のうちのどれか。

1 指導計画は，幼稚園における教育期間を見通し，幼稚園の教育目標に向かってどのような筋道をたどっていくかを明らかにした全体的な計画であり，教師は，その計画の範囲でねらいと内容の具体化に努めていく必要がある。

2 指導計画の作成に当たっては，一人一人の発達の実情をとらえる必要があるが，それは年齢ごとの平均的な発達像と比較してその差異をとらえ

るということであるため，発達に関する基礎データを十分に収集してお
かなければならない。

3　指導計画を実践する過程で，幼児の実態や幼児を取り巻く状況などに予
測と異なる変化があった場合，途中で計画そのものを安易に変更するの
は適切でないが，毎年度末に必ず反省や評価を行い，次年度の指導計画
に生かしていくことが大切である。

4　幼児期の体験は全て貴重なものとなるため，指導計画の作成に当たって
は，体験の質を重視して活動を精選するよりも，体験の量と多様性に重
点を置いて様々な活動を幼児に提供していくことが大切である。

5　指導計画のうち週あるいは一日を単位とした短期の指導計画は，原則と
して学級担任が自分の学級について作成するものであるが，多くの他の
教師による幼児の見方を参考にするために，教師同士で情報や意見を交
換することが大切である。

【8】　幼稚園教育要領解説(平成20年10月　文部科学省)における家庭や地域
社会との連携に関する記述の内容として最も適切なものは，次の1～5のう
ちのどれか。

1　幼児が安心して幼稚園で過ごせるかどうかは，保護者の感情や生活態度
に影響されるため，保護者に対して，幼児へのかかわり方や家族の生活
面の指導を必要に応じて適切に行うことも，家庭との連携の上で大切で
ある。

2　情報化社会の中で，幼児は様々な媒体を通じて日常的に自然と触れ合っ
たり，異年齢の人達と交流したりすることができるため，幼稚園で活用
する地域の資源は，媒体を通じた体験・知識を補完するものとして精選
することが大切である。

3　地域の自然公園などで，幼児が教師や友達と豊かな生活体験をすること
は，自立心を育て，人とかかわる力を養い，記憶の中に楽しい思い出と
して残るものであるから，保護者が付き添わない園外活動の機会を積極
的に設けることが大切である。

4　幼児が，地域の祭りや行事に参加し，長い歴史の中ではぐくんできた文
化や伝統に触れて，その豊かさに気付いたり，自分たちの住む地域に一
層親しみを感じたりするなど，豊かな体験をすることも大切である。

5　幼稚園は学校教育の場であるため，保護者の保育参加は基本的に少なく

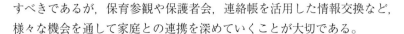

すべきであるが，保育参観や保護者会，連絡帳を活用した情報交換など，様々な機会を通して家庭との連携を深めていくことが大切である。

【9】幼稚園教育要領解説（平成20年10月　文部科学省）における教育課程に係る教育時間の終了後等に行う教育活動に関する記述の内容として最も適切なものは，次の1～5のうちのどれか。

1　この活動に当たっては，家庭での過ごし方などにより幼児一人一人の生活リズムや生活の仕方が異なることを踏まえつつ，学級の幼児全体を規則正しい生活リズムに合わせるよう促していくことが大切である。

2　この活動に当たっては，幼稚園生活に不安感や緊張感が大きい幼児もいるので，幼児の心や体の健康状態，季節などに配慮して，必要に応じて午睡の時間を設けたり，いつでも幼児が休めるようにくつろげる場を設けたりすることが大切である。

3　この活動に当たっては，教育活動の一貫した流れや連続性を確保する必要があるため，指導計画は教育課程に基づく活動を担任教師が一日を通して作成し，この活動の担当者は，その計画に従って活動を進めなければならない。

4　この活動に当たっては，活動の本来的趣旨が保護者への子育て支援であることを踏まえ，幼児の家庭での状況などの情報を十分収集した上で，家庭に負担をかけないよう第一義的に教育を担うという立場で活動を行う必要がある。

5　この活動に当たっては，幼児に不安感を与えないよう可能な範囲で教育課程に基づく活動の担任教師もかかわるようにするとともに，この活動の担当者は，交代制ではなく，年間を通じて基本的に同じ者がつとめるようにすべきである。

【10】「特別支援学校学習指導要領解説　総則等編（幼稚部・小学部・中学部）」（平成21年6月　文部科学省）の「第2編　幼稚部教育要領解説」における視覚障害の幼児への指導に関する記述として適切なものは，次の1～5のうちのどれか。

1　自分がよく知る安全な場で積極的に体を動かし，運動の楽しさを知るとともに，活動範囲を広げることが危険であることを理解できるようにする。

2　教師や友達とのかかわり方を知り，状況に応じて人々に働き掛けることができるようにするとともに，人々への依存心が高まらないようにする。

3　具体物や図形の特徴を確かめながら，全体をイメージしたり，逆に全体のイメージを基に，部分の状態を確かめたりする観察の方法を身に付けるようにする。

4　建物などの形やつくりを理解したり，身近な場所における位置関係を把握したりして，教師等に付き添われながら安全に歩くことができるようにする。

5　弱視幼児に対しては，手先の操作を伴う遊具や用具の使用などを通して，触覚と動作能力を高めるとともに，保有する視覚に頼らない体験を多く積むようにする。

【11】「就学前教育カリキュラム」(平成28年3月改訂　東京都教育委員会)に示されている「乳幼児期の子供の発達に応じて確実に経験させたい内容の視点の趣旨」として適切なものの組合せは，下の1～5のうちのどれか。

A　姿勢や口形，声の大きさや速さなどに注意してはっきりとした発音で話すこと

B　いろいろな素材や表現の手段の特性を知り，表現する楽しさを味わうこと

C　自分の気持ちを調整すること

D　すすんで運動し，競い合いながら上達する楽しさや充実感を味わうこと

　　1　A・B
　　2　A・C
　　3　A・D
　　4　B・C
　　5　B・D

【12】『きまりをまもるこころを育てる　－幼児期の「規範意識の芽生え」の醸成　指導資料－』(平成26年3月　東京都教育委員会)に示されている5歳児後期に幼児に経験させたい内容として適切なものの組合せは，後の1～5のうちのどれか。

A　遊びのルールをきちんと守り，自分たちの判断で都合良くルールを変

えたり，つくったりしないようにする。

B　公共の場での過ごし方や交通安全のルールが分かり，守ろうとする。

C　保育者に声を掛けられて，保育者と一緒に遊具を片付けたり，大切にすることを知ったりする。

D　生活の流れや活動に自分なりに見通しをもち，時間を意識して行動する。

　　1　A・B
　　2　A・C
　　3　A・D
　　4　B・C
　　5　B・D

【13】「平成27年度　文部科学白書」(文部科学省)における幼児教育に関する記述の内容として最も適切なものは，次の1〜5のうちのどれか。

1　平成26年から，幼稚園教育要領の改訂に向け，幼児教育と小学校教育の円滑な接続の観点から幼児期の終わりまでに育ってほしい姿の明確化をはじめ，様々な観点から，具体的な方向性について審議が進められた。

2　平成27年度から，全国の公私立幼稚園保育料の一律減額を，公平性の観点から保護者の所得状況を問わず全ての世帯に対するものとして，各施設への補助金を通じて実施している。

3　平成27年度に施行された子ども・子育て支援新制度は，幼児期の学校教育・保育の充実，義務教育における学校制度の改善，及び地域の子育て支援を総合的に推進するものである。

4　平成27年度の子ども・子育て支援新制度により，幼稚園，保育所，認定こども園に対する国の補助金の拡充が進められたが，それぞれを所管する官庁が異なり，補助金額にも差があることが課題となっている。

5　平成18年度に制度を開始した認定こども園は，平成27年度に全国で1,000園を超え幼保連携型，幼稚園型，保育所型の3類型があるうち，近年は特に保育所型の増加が目立ち，全体の約半数を占めている。

【14】「幼稚園施設整備指針」(平成28年3月　文部科学省大臣官房文教施設企画部)における「地震，津波等の災害に対する安全性の確保」に関する記述の内容として適切なものは，次の1〜5のうちのどれか。

1　地震発生時において，幼児等の人命を守るとともに，被災後の教育活動等の早期再開を可能とするため，施設や設備の損傷を最小限にとどめることなど，非構造部材も含め，十分な耐震性能を持たせて施設を計画することが重要である。

2　幼稚園施設が，津波等による被害が予想される特定の地域に立地している場合においては，被災時に幼児等が緊急に避難することは困難なため，政令で定める幼稚園設置基準に基づいて高台へ移転しなければならない。

3　津波等に対し，幼児等が園舎等建物の屋上や上層階へ避難することを計画する場合においては，当該避難場所が，少なくとも津波等で想定される水位から幼児の身長を差し引いた高さ以上となるよう計画されなければならない。

4　防災対策は，施設整備等のハード面より消火や避難訓練等のソフト面がより重要となるが，ソフト面の取組を行うに当たっては，被災時に消防組織等が機能しないことも想定し，幼稚園単独による対策を中心に計画する必要がある。

5　施設自体が防災教育の教材として活用されるよう，火災報知器を幼児にもわかりやすく届く位置に設置する等，日頃から災害対策の意識づけを考慮して施設を計画することが重要である。

【15】「できることからはじめてみよう　早ね早おき朝ごはん」（文部科学省「早寝早起き朝ごはん」全国協議会）において示されている考え方や現状等に関する記述の内容として適切なものの組合せは，下の1～5のうちのどれか。

A　人間には生体リズムがあり，約一週間周期でリズムをきざむ体内時計がある。

B　朝ごはんをよく噛んで食べることは，脳や消化器官を目覚めさせ，早寝早起きのリズムをつけることにつながる。

C　平成28年度の運動能力調査では，スポーツをする子供が増えて運動能力が向上しており，比例して早寝早起きの子供も増えるという好循環がもたらされている。

D　毎日朝食を摂る子供ほど，学力調査の得点が高い傾向にある。

　　1　A・B
　　2　A・C
　　3　A・D

 4 B・C

 5 B・D

【16】『「東京都オリンピック・パラリンピック教育」実施方針』(平成28年1月 東京都教育委員会)に示されている「重点的に育成すべき5つの資質」に関する記述の内容として適切なものは，次の1～5のうちのどれか。

 1 復興オリンピック・パラリンピックの観点から，子供たちに対する防災教育を推進するとともに，子供たちが自尊感情をもって世界に復興を発信できる「復興マインド」を醸成する。

 2 障害者理解の学習，障害者スポーツの体験や障害者との交流など，障害者理解を進める教育を一層充実させ，多様性を尊重し，障害を理解する心のバリアフリーを子供たちに浸透させる。

 3 オリンピック・パラリンピックを子供たちの健康づくりの契機とし，学校教育において体育の授業時間の拡大を図るとともに，早寝早起き運動やグローバルな視点に立った食育などを総合的に推進する。

 4 我が国には，古来より礼節を重んじ，他者を思いやり，来客をもてなす国民性があり，柔道や相撲などの伝統的スポーツに子供たちが触れる機会を積極的に設けることなどを通じ，フェアな精神や「おもてなし」の精神を醸成する。

 5 オリンピック・パラリンピックに向け，東京に世界中から多様な人々が集まることを踏まえ，世界で通用する英語教育を推進することはもとより，世界に恥じない国語力を身に付ける教育を進めていく。

【17】次の文章は，教育基本法の条文である。空所A～Dに該当する語句の組合わせとして適切なものは，後の1～5のうちのどれか。

> 第4条 すべて国民は，ひとしく，その(A)に応じた教育を受ける機会を与えられなければならず，人種，信条，(B)，社会的身分，経済的地位又は門地によって，教育上差別されない。
> (後略)
> 第11条 幼児期の教育は，生涯にわたる(C)の基礎を培う重要なものであることにかんがみ，国及び地方公共団体は，幼児の健やかな成長に資する良好な(D)その他適当な方法によって，その振興に努めなければならない。

	A	B	C	D
1	年齢	障害の有無	生きる力	環境の整備
2	能力	性別	人格形成	保育と指導
3	年齢	性別	生きる力	保育と指導
4	能力	性別	人格形成	環境の整備
5	年齢	障害の有無	人格形成	環境の整備

【18】 児童福祉法で規定する，乳児，幼児，児童，及び少年の定義に関する記述として適切なものは，次の1～5のうちのどれか。

1 乳児は，幼稚園就園の始期に達するまでの者をいう。

2 幼児は，満六歳に満たない者をいう。

3 幼児は，満三歳から，小学校就学の始期に達するまでの者をいう。

4 児童は，満十八歳に満たない者をいう。

5 少年は，小学校就学の始期から，満二十歳に達するまでの者をいう。

【19】 児童虐待の防止等に関する法律の内容を説明した記述として最も適切なものは，次の1～5のうちのどれか。

1 この法律は，あらゆる者による児童虐待を，正当な理由がない限り行ってはならないと明確に禁止している。

2 この法律は，児童と一定の人間関係にある者による虐待行為の防止を目的としており，学校の教師など，児童の保護者以外の者による行為も対象としている。

3 この法律は，児童虐待の早期発見と児童を保護するための対応を定めることを目的としており，虐待を行った家庭に対する配慮や支援については定めていない。

4 この法律は，児童虐待の疑いがあるだけでは第三者に通告を義務づけていないが，虐待の事実が明らかなときは，速やかに警察に通告すべきことを第三者に義務づけている。

5 この法律は，児童虐待を行った者による当該児童へのつきまとい等を禁止する場合について定め，あわせて，禁止に違反した場合の罰則を定めている。

【20】 障害を理由とする差別の解消の推進に関する法律の内容を説明した記述
として最も適切なものは，次の1〜5のうちのどれか。

 1　この法律は，障害を理由とする差別の解消のための国，地方公共団体の
　　責務や施策を定めることを目的としており，国民の責務については定め
　　ていない。

 2　この法律は，障害者にとって社会的障壁がある場合に，障害者から申し
　　出があったときは，行政機関等は必ず社会的障壁を除去しなければなら
　　ないとしている。

 3　この法律は，行政機関等に障害者の社会的障壁の除去に関する合理的配
　　慮を義務づけているが，商業その他の事業を行う者による合理的配慮ま
　　では定めていない。

 4　この法律は，障害者の社会的障壁の除去に関し，行政機関等及び商業そ
　　の他の事業を行う者に，施設の構造の改善等，環境整備の努力義務を定
　　めている。

 5　この法律は，行政機関等及び商業その他の事業を行う者に，障害者に対
　　し，職員や事業に従事する者が適切に対応するための要領作成を義務づ
　　けている。

【21】 幼稚園，保育所，幼保連携型認定こども園の入園又は入所の資格に関す
る記述の内容として，法に照らして適切なものは，次の1〜5のうちのどれ
か。

 1　保育を必要としない満三歳から小学校就学の始期に達するまでの者は，
　　幼稚園及び幼保連携型認定こども園に入園できるが，保育所に入所でき
　　ない。

 2　保育を必要とする満三歳から小学校就学の始期に達するまでの者は，保
　　育所及び幼保連携型認定こども園に入所又は入園できるが，幼稚園に入
　　園できない。

 3　0歳から小学校就学の始期に達するまでの者は，保育所及び幼保連携型
　　認定こども園に，保育を必要とする場合は入所又は入園できるが，保育
　　を必要としない場合は入所及び入園できない。

 4　幼稚園の入園は満三歳以上，幼保連携型認定こども園の入園は0歳以上
　　で，両者は年齢要件が異なるが，保育の必要性の有無を問わない点は同
　　じである。

5 幼稚園及び幼保連携型認定こども園の入園には年齢要件が定められているが，保育所は，年齢にかかわらず保育の必要性の有無のみが入所の要件である。

【22】 教育学，心理学に関わる人物の説明として最も適切なものは，次の1〜5のうちのどれか。

1 エリクソンは，人生の周期を8つの段階に分け，各段階で心理的・社会的課題と危機を解決しながら自我を発達させていくというライフ・サイクル論を展開した。

2 フロイトは，発達を遺伝的な要因より生後の経験による学習を重視してとらえ，人間の複雑な行動はすべて後天的に環境によって形成されると主張した。

3 ヴィゴツキーは，発達を環境への適応過程であるとし，感覚運動期，前操作期，具体的操作期，形式的操作期という発達段階を設定し，各段階固有の思考構造を分析した。

4 ピアジェは，子どもの知的発達には2つの水準があり，水準のずれを「発達の最近接領域」と呼び，これをつくり出すのが教育の役割であると主張した。

5 ワトソンは，性的エネルギーであるリビドーを行動の原動力ととらえ，口唇期，肛門期，エディプス期，潜伏期，性器期というリビドーの発達段階を考えた。

【23】 教育，保育，心理などに関わる用語の説明として最も適切なものは，次の1〜5のうちのどれか。

1 基本的生活習慣は，社会生活を送る上で基本となる習慣のことで，食事と排せつの生理的習慣と，挨拶や身の回りの整理などの社会的習慣がある。

2 刻印づけは，ふ化したばかりの雛が親鳥でなくても最初に見た対象を追うような現象をいい，こうした現象は，発達過程の特定の時期に成立するとされる。

3 条件づけと条件反射の理論は，犬が餌を見て唾液を分泌する実験を通し，学習を伴わなくても生来的に反応を引き起こす条件づけの効果を分析したものである。

  4　モラトリアムは，社会道徳や正義に対する定義づけが自己の中で曖昧
　　で，他人の意見に左右されてしまう内面的状態あるいは未成熟な人間性
　　をいう。
  5　ロールシャッハテストは，投影法テストの一つで，曖昧な画像等をどの
　　ように知覚するかにより，推理力・判断力や創造性等に係る能力を測定
　　するものである。

【24】幼稚園における幼児の病気や怪我等への応急処置に関する記述として最
　　も適切なものは，次の1〜5のうちのどれか。
  1　鼻血が出たときは，出血がひどくならないように顔を天井に向かせて座
　　らせるか，仰向けに寝かせて，鼻に脱脂綿等を詰め，10分程度指で鼻を
　　押さえる。
  2　突き指をして痛みを訴えているときは，患部を湿布薬等で冷やすととも
　　に，指が変形しないように真っ直ぐに引っ張って固定する。
  3　けいれんを起こしたときは，仰向けに寝かせ，舌をかまないように口の
　　中にやわらかい布等を詰めて，抱きかかえるように身体を押さえる。
  4　じんましんを発症したときは，温かいタオル等で患部を拭いて様子を観
　　察し，強いかゆみを訴えていても，原因が特定されるまで塗り薬の使用
　　は絶対に控える。
  5　頭部の打撲でこぶができたときは，患部を冷たいタオル等で冷やし，安
　　静にして様子を観察し，けいれんや意識障害が見られるような場合はた
　　だちに救急搬送する。

【25】幼稚園で飼育する例の多い生物の生態や特徴に関する記述として最も適
　　切なものは，次の1〜5のうちのどれか。
  1　ウサギは，草食性で，主に草や木の葉，野菜などを食べ，これらの栄養
　　分をよく吸収するために，体外に出した自分のやわらかいふんをもう一
　　度食べる。
  2　カエルの幼生であるオタマジャクシは，水中でふ化するのでエラがある
　　が，エラ呼吸は行わず，水面に顔を出して肺呼吸する。
  3　カタツムリは，成長するたびにより大きな貝殻に移る習性があるため，
　　飼育する場合は，土や川砂の上に大きさの違う巻き貝などを置くと良い。
  4　ザリガニは，エビやカニと異なり脱皮は行わず，また，肉食のため，小

173

魚やミミズ，昆虫などを食物とし，水草などの植物は食べない。

5　カメは，エラ呼吸と肺呼吸を行う両生類で，卵からふ化したときは甲羅
をもたないが，成長して脱皮するたびに大きな甲羅を背負うようになる。

【26】 栽培した野菜を収穫する時期として明らかに適切でないものは，次の1
〜5のうちのどれか。ただし，関東地方平野部における一般的な栽培方法
とする。

1　トウモロコシ　　　　　　　——　　8月上旬

2　サトイモ　　　　　　　　　——　　11月中旬

3　サヤエンドウ　　　　　　　——　　9月中旬

4　フキノトウ　　　　　　　　——　　3月上旬

5　ツルレイシ(ニガウリ)　　　——　　8月中旬

【27】 季節に関わる語句の説明として最も適切なものは，次の1〜5のうちの
どれか。

1　節句は，1年を季節ごとに区切る言葉で，全部で24の節句があり，端午
の節句や梅の節句，重陽の節句など，行事が行われるものもある。

2　春の七草は，すずしろ，なでしこ，ききょう等の七種の草花をいい，立
春を過ぎた頃に，春の訪れを祝い無病息災を願って粥に入れて食べる風
習が残っている。

3　入梅は，梅の実が熟する頃にあたる6月から7月中旬にかけての雨期に
入ることをいい，この時期に降る長雨をさみだれと呼ぶ。

4　土用は，暑くなって地面の土や田畑が活気づく時期という意味があり，
この時期に秋の収穫を願ってうなぎを食べる風習が，江戸時代の頃から
広まった。

5　八十八夜は，立夏から数えて88日目の夜のことをいい，晴れた日には
特に美しい満月が見られることから特別な日とされた。

【28】 次の楽曲について下の各問に答えなさい。

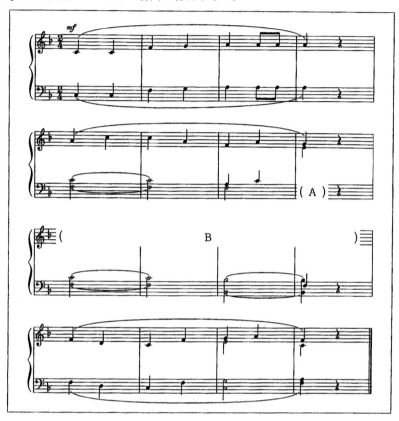

[問1] （ Ａ ）の小節として最も適切なものは，次の1〜5のうちのどれか。

[問2] (B)の旋律として最も適切なものは，次の1～5のうちのどれか。

[問3] この楽曲の歌詞に出てくる語句は，次の1～5のうちのどれか。
　　　1　天の川　　　2　列車　　　3　はた織り　　　4　たんざく　　　5　お月様

解答・解説

【1】3

〈解説〉幼稚園教育要領解説では，「環境の構成」について「教育的に価値のある
　環境を計画的に構成していかなければならない」，「望ましい方向へ向かう
　ために必要な経験ができるよう環境を構成していく必要がある」，「常に活
　動に沿って環境を構成し直し，…再構成し続けていくことが必要」，「活動
　の過程が意欲や態度をはぐくみ，生きる力の基礎を培っていく」などと述べ
　ていることから，選択肢1，2，4，5は適切ではない。

【2】2

〈解説〉「幼稚園教育要領」（平成20年3月）の「第3章　第1　指導計画の作成
　に当たっての留意事項　1　一般的な留意事項　(2)」からの出題である。具
　体的なねらいや内容を設定する際には，その幼稚園の幼児たちの発達の過
　程を参考にして，その時期の幼児の発達する姿に見通しをもつことや，そ
　の前の時期の指導計画のねらいや内容がどのように達成されつつあるかそ
　の実態をとらえること，さらに，その次の時期の幼稚園生活の流れや遊び
　の展開を見通すことなどが大切であることが示されている。

【3】3

〈解説〉選択肢1は「自分なりの表現ではいけないことを幼児に分からせていく」の部分，選択肢2は「話の意味が分からず関心がなくても…静かにする態度を養う」の部分，選択肢4は「教師は，多くの人が共有できるイメージと表現を，きめ細かに教える」の部分，選択肢5は「できる限り幼児自身が読む機会を増やす」の部分などが，「言葉」に関する記述として適切ではない。

【4】5

〈解説〉Aは「幼稚園教育要領　第2章　ねらい及び内容」における「健康」の分野の記述であり，Cは「言葉」の分野の記述である。

【5】2

〈解説〉幼稚園教育要領解説では，数量や文字などに関して，「幼児期に大切にしたいことは，習熟の指導に努めるのではなく，幼児が興味や関心を十分に広げ，数量や文字にかかわる感覚を豊かにできるようにすることである」と述べている。

【6】2

〈解説〉「幼稚園教育要領　第2章　ねらい及び内容」における「表現」の分野の「2　内容(4)及び(7)」の記述からの出題である。

【7】5

〈解説〉幼稚園教育要領解説では，指導計画の考え方について「…調和のとれた組織的，発展的な指導計画を作成し，幼児の活動に沿った柔軟な指導を行わなければならない」としている。

【8】4

〈解説〉幼稚園教育要領解説では，「家庭や地域社会との連携」について，「…幼稚園における生活が家庭や地域社会と連続性を保ちつつ展開されるようにすること。…地域の資源を積極的に活用し，幼児が豊かな生活体験を得られるように工夫すること。…保護者の幼児期の教育に関する理解が深まるよう配慮すること」と述べている。

【9】2

〈解説〉幼稚園教育要領解説では，「教育課程に係る教育時間の終了後等に行う教育活動」に関して，「(1)…無理のないものとなるようにすること。…担当する教師と緊密な連携を図るようにすること」「(2)家庭や地域での幼児の生活も考慮し，…計画を作成すること」「(3)家庭との緊密な連携を図るようにすること」「(4)…幼児の生活のリズムを踏まえつつ，…弾力的な運用に配慮

すること」「(5)…幼稚園の教師の責任と指導の下に行うようにすること」と
述べている。

【10】3

〈解説〉「特別支援学校学習指導要領解説　総則等編(幼稚部・小学部・中学部)」
(平成21年6月)は，選択肢1については「安全な場で自分から積極的に体を
動かし，いろいろな運動の楽しさを知り，活発に活動できるようにするこ
と」，選択肢2については「教師や友達とのかかわり方を知り，状況に応じ
て人々に働き掛けることができるようにすること」，選択肢4については「建
物などの形やつくりを理解したり，身近な場所における位置関係を把握し
たりして，目的の場所まで一人で安全に歩いて行くことができるようにす
ること」，選択肢5については「視覚が活用できる幼児に対しては，保有す
る視覚を活用して，ものの形態や細部の様子，あるいはその違いを見る楽
しさなどを味わい，積極的に見ようとする態度を育てること」としている。
なお平成30年からの新学習指導要領の実施に合わせ，同解説も「特別支援
学校教育要領・学習指導要領解説　総則編(幼稚部・小学部・中学部)」(平
成30年3月)として改訂されている。

【11】4

〈解説〉この「就学前教育カリキュラム」は，発達や学びの連続性を考慮しなが
ら，0歳児から5歳児の発達に応じて確実に経験させたい内容を明らかにす
るとともに，具体的な指導方法を例示したもの。その中でAは小学校入門
期の子どもの発達に応じて確実に経験させたい内容の視点の趣旨。Dにつ
いては「競い合う楽しさやみんなで遊ぶ充実感を味わうこと」とされている。

【12】5

〈解説〉『きまりをまもるこころを育てる－幼児期の「規範意識の芽生え」の醸
成　指導資料－』は，「規範意識の芽生え」を培う視点として「関わり・自
立・規範」を設定し，この3つの視点に基づき，0歳児から5歳児の規範意
識の芽生えに関する発達の道筋と大人の関わり及び，3歳児から5歳児の指
導計画や指導例等を掲載したものである。その中で，Aについては「友達と
一緒に遊びをつくり出す中で，必要に応じて新たなルールをつくったり，
自分たちで考えたルールを守って遊んだりする」とされている。またCは3
歳児前期に経験させたい内容である。

【13】1

〈解説〉選択肢2については一律減額ではなく，平成26年7月の「幼児教育無償

化に関する関係閣僚・与党実務者連絡会議」の取りまとめを踏まえ，保護者の所得状況に応じた負担軽減である。選択肢3については子ども・子育て支援新制度は，「子どもの最善の利益」が実現される社会を目指すという考え方の下，全ての子ども・子育て家庭を対象に，幼児期の学校教育・保育，地域の子ども・子育て支援の「量的拡充」と「質の向上」を進めていくために創設された制度であり，義務教育における学校制度の改善は関係がない。選択肢4についてはこれまで幼稚園及び保育所として，別個に認可・指導監督を行っていた「幼保連携型認定こども園」について，学校及び児童福祉施設としての法的位置付けを持つ単一施設として，認可・指導監督を一本化する等の改善が行われている。選択肢5については幼保連携型が全体の半数以上を占めている。

【14】 1

〈解説〉「幼稚園施設整備指針」は，学校教育を進める上で必要な施設機能を確保するために計画及び設計における留意事項を示した「学校施設整備指針」のうちの一つである。選択肢2については「幼稚園施設が，津波等による被害が予想される地域に立地している場合においては，幼児等が津波等から緊急避難場所へ安全に避難できるよう，周辺の高台や津波避難ビルへの避難経路の確保又は園舎等建物の屋上や上層階への避難経路の確保を検討し，実施することが重要である」，選択肢3については「園地に津波等による被害が予想され，津波等に対する安全対策として，幼児等が園舎等建物の屋上や上層階への避難を行う場合においては，当該場所が想定される津波等の水位以上の高さとすること」，選択肢4については「幼稚園施設の防犯対策及び事故防止対策は，安全管理に関する運営体制等のソフト面での取組と一体的に実施することが重要である。その際，家庭や地域の関係機関・団体等と連携しながら取組を進めることが重要である」，選択肢5については「施設自体が防災教育の教材として活用されるよう，各所に標高表示を設置する等，日頃から幼児等に津波等災害の危険性の意識付けを考慮して計画することが重要である」とされている。

【15】 5

〈解説〉子どもたちが健やかに成長していくためには，適切な運動，調和の取れた食事，十分な休養・睡眠が大切であり，「よく身体を動かし，よく食べ，よく眠る」という成長期の子どもにとって当たり前で必要不可欠な基本的生活習慣が大きく乱れているという現状があり，この乱れが学習意欲や

体力，気力の低下の要因の一つとして指摘されている。このような状況に鑑み，「早寝早起き朝ごはん」の励行など幼児期からの基本的生活習慣の確立を目指して，平成18年に「早寝早起き朝ごはん」国民運動がスタートした。この「できることからはじめてみよう　早ね早おき朝ごはん」はその運動の中で作成された子ども向け啓発冊子である。Aについては，人間の生体リズムをコントロールする体内時計は，「1日25時間のサイクル」と示されている。またCについては「子どもの運動能力の低下やスポーツをしない子どもの割合が増加している傾向にある」と指摘されている。

【16】 2

〈解説〉東京都教育委員会は「東京のオリンピック・パラリンピック教育を考える有識者会議」の最終提言（平成27年12月）を受け，平成28年1月に，東京都におけるオリンピック・パラリンピック教育を都内全ての学校で展開していくための実施方針を策定した。その中で重点的に育成すべき5つの資質として，ボランティアマインド，障害者理解，スポーツ志向，日本人としての自覚と誇り，豊かな国際感覚が提示されている。

【17】 4

〈解説〉教育の機会均等を定めた教育基本法第4条第1項及び幼児期の教育について定めた同法第11条からの出題である。関連する条文については全文暗記しておくことが望ましい。

【18】 4

〈解説〉児童福祉法では，満18歳に満たない者を「児童」と定義する。うち，乳児は満1歳に満たない者，幼児は満1歳から小学校就学の始期に達するまでの者，少年は小学校就学の始期から満18歳に達するまでの者である。

【19】 5

〈解説〉選択肢1，2について児童虐待の防止等に関する法律第3条は「何人も，児童に対し，虐待をしてはならない」としている。選択肢3について同法第4条は「国及び地方公共団体は，児童虐待の予防及び早期発見，迅速かつ適切な児童虐待を受けた児童の保護及び自立の支援並びに児童虐待を行った保護者に対する親子の再統合の促進への配慮その他の児童虐待を受けた児童が家庭で生活するために必要な配慮をした適切な指導及び支援を行うため，関係省庁相互間その他関係機関及び民間団体の間の連携の強化，民間団体の支援，医療の提供体制の整備その他児童虐待の防止等のために必要な体制の整備に努めなければならない」としている。選択肢4について同法

第6条は「児童虐待を受けたと思われる児童を発見した者は，速やかに，これを市町村，都道府県の設置する福祉事務所若しくは児童相談所又は児童委員を介して市町村，都道府県の設置する福祉事務所若しくは児童相談所に通告しなければならない」としている。

【20】4

〈解説〉選択肢1について障害を理由とする差別の解消に関する法律第3条は国及び地方公共団体の責務を定めており，第4条で国民の責務を定めている。選択肢2，3について同法第5条は「行政機関等及び事業者は，社会的障壁の除去の実施についての必要かつ合理的な配慮を的確に行うため，自ら設置する施設の構造の改善及び設備の整備，関係職員に対する研修その他の必要な環境の整備に努めなければならない」としている。選択肢5について同法第9条及び第10条で要領作成が義務付けられているのは国及び地方公共団体とそれに関する独立行政法人であり，事業者は義務付けられていない。

【21】1

〈解説〉子ども・子育て支援法第19条は「子どものための教育・保育給付は，次に掲げる小学校就学前子どもの保護者に対し，その小学校就学前子どもの第27条第1項に規定する特定教育・保育，第28条第1項第2号に規定する特別利用保育，同項第3号に規定する特別利用教育，第29条第1項に規定する特定地域型保育又は第30条第1項第4号に規定する特例保育の利用について行う」として，第1号：満3歳以上の小学校就学前子ども(次号に掲げる小学校就学前子どもに該当するものを除く)，第2号：満3歳以上の小学校就学前子どもであって，保護者の労働又は疾病その他の内閣府令で定める事由により家庭において必要な保育を受けることが困難であるもの，第3号：満3歳未満の小学校就学前子どもであって，前号の内閣府令で定める事由により家庭において必要な保育を受けることが困難であるもの，としている。なお，それぞれの認定区分と施設利用の関係は表のとおりである。

認定区分	年齢	利用できる施設
1号認定 (教育標準時間認定)	3〜5歳	幼稚園，認定こども園(教育利用)
2号認定(保育認定)	3〜5歳	認可保育所，認定こども園(保育利用)
3号認定(保育認定)	0〜2歳	認可保育所，認定こども園(保育利用)

【22】 1

〈解説〉2 フロイト(1856-1939)はオーストリアの精神医学者で，精神分析の創始者。自由連想法を主にした独自の神経症治療を創始し，無意識の過程と性的衝動を重視した精神分析学を確立した。 3 ヴィゴツキー(1896-1934)はロシアの心理学者。教育はすでに達成された発達水準ばかりでなく，大人の指導・援助の下に達成可能な問題解決の水準との間に横たわる「発達の最近接領域」を考慮に入れなければならないと主張した。 4 ピアジェ(1896-1980)はスイスの心理学者。初期には子ども自身の言語反応を通じて(臨床法)，その言語，思考，判断，因果関係，世界観などについて詳細な研究を行い，1930年代後半から子どもの遊び，夢，模倣，実在性の構成などの研究を通じて知能の発達の基本的概念を明らかにし，さらに発生的立場からの認識論，構造論などの体系化を試みた。 5 ワトソン(1878-1958)はアメリカの心理学者で，行動主義心理学の主唱者。行動の生得性を否定し，学習・情緒・人格などすべては条件付けにより成立するとした。

【23】 2

〈解説〉1 基本的生活習慣とは「よく体を動かし，よく食べ，よく眠る」という成長期の子どもにとって当たり前で必要不可欠な習慣のこと。 3 条件づけは行動を起こしたことにより起こった結果(刺激)に応じて，その自発的行動の頻度が変化する学習の仕組みのことであり，生来的に反応を引き起こすものではない。 4 モラトリアムは知的・肉体的には一人前に達していながら，なお社会人としての義務と責任の遂行を猶予されている期間やそうした心理状態にとどまっている期間のこと。 5 ロールシャッハテストは投影法による人格検査の一つで，インクのしみを落として作った左右対称のあいまいな図形を示し，何に見えるかを言わせて人格の特徴を診断するもの。

【24】 5

〈解説〉1の「鼻血」はからだを横たえると，鼻部の血圧が上昇するため止まりにくくなるので寝かせてはいけない。2の「突き指」については安易な判断で引っ張ったりして整復(元の位置に戻すこと)を試みず，医療機関を受診することが大切である。3の「けいれん」については，気道確保が重要であり，呼吸がしやすいように首周りに注意して衣服を緩め，吐物で誤嚥しないように体全体を横に向けて顔が横を向くようにする。4の「じんましん」については，かゆみを止めるためには冷やすのがよい。

【25】1

〈解説〉2の「オタマジャクシ」はエラ呼吸をする。3の「カタツムリ」は生まれた時から貝殻をもっており，成長とともに貝殻も大きくなるので，他の貝殻に移ることはない。成長するたびに他の大きな貝殻に移るのはヤドカリである。4の「ザリガニ」は脱皮を行う。また，雑食で小魚なども植物も食べる。5の「カメ」は，は虫類であり，生まれた時から甲羅をもつ。

【26】3

〈解説〉サヤエンドウを含むエンドウは，一般に10月下旬〜11月上旬に種をまき，5〜6月が収穫時期となる。

【27】3

〈解説〉1の「節句」は，「七草(1月7日)，桃の節句(3月3日)，端午の節句(5月5日)，七夕(7月7日)，重陽の節句(9月9日)」の5つである。2の「春の七草」は，「せり・なずな・ごぎょう・はこべら・ほとけのざ・すずな(かぶ)・すずしろ(だいこん)」であり，立春でなく1月7日頃に粥に入れて食べる。4の「土用」は，本来1年に4回(立春，立夏，立秋，立冬)ある。夏の土用には，夏バテなどをしないようにうなぎを食べる風習がある。5の「八十八夜」は，立春から数えて88日目のことで，この日に摘んだ茶は上等とされている。

【28】問1 4　問2 3　問3 4

〈解説〉問1 調号が♭1つの長調なのでヘ長調である。8小節目(A部分)はヘ長調のVの和音が適切である。基本的な伴奏の仕方も理解しておきたい。問2 Bの旋律は「たなばたさま」の「おほしさまきらきら」(1番の歌詞)の部分に当たる。左手の和音と旋律でヘ長調のIの和音になる点も意識すると3が正しいことが分かるだろう。　問3 1〜4小節部分の2番の歌詞は「五色(ごしき)のたんざく」である。

■■■■■■■■■ 平成 29 年度 ■■■■■■■■■

【1】 次の文章は，幼稚園教育要領解説(平成20年10月　文部科学省)における幼稚園の役割に関する記述の一部である。空所A～Dに該当する語句の組合せとして適切なものは，下の1～5のうちのどれか。

> 　　幼児期の教育は，大きくは家庭と幼稚園で行われ，両者は連携し，連動して一人一人の育ちを促すことが大切である。幼稚園と家庭とでは，(　A　)や人間関係の有り様に応じてそれぞれの果たすべき役割は異なる。家庭は，愛情と(　B　)を通して幼児の成長の最も基礎となる(　C　)の基盤を形成する場である。幼稚園は，これらを基盤にしながら家庭では体験できない社会・文化・(　D　)などに触れ，教師に支えられながら，幼児期なりの世界の豊かさに出会う場である。

	A	B	C	D
1	生活習慣	しつけ	生きる力	生活
2	集団の性格	保護	心	生活
3	環境	しつけ	心	自然
4	環境	保護	健康	生活
5	生活習慣	教育	健康	自然

【2】 幼稚園教育要領解説(平成20年10月　文部科学省)における人間関係に関する記述の内容として最も適切なものは，次の1～5のうちのどれか。

1　教師は，幼児を肯定的に見守るだけでは足りず，大人としての適切な判断基準をもって，一つ一つの行動を褒めたり，励ましたり，時には叱ったり，正したりして，教育を実践していかなければならない。

2　教師は，幼児同士の心のつながりのある温かい集団を育てることが大切であり，そのためには，定期的に集団行動の訓練を行うなど，チームの一員となる体験を通して集団のかかわりを深めていくことが効果的である。

3　幼児にとって，友達との葛藤体験は大切な学びの機会であり，いざこざや言葉のやり取りが激しかったり，長い間続いたりしても，教師がむやみに仲立ちをせず，幼児同士の自主性を尊重していく姿勢が重要である。

4　教師は，幼児が友達とのかかわりを深め，互いに思いを主張し，相手と折り合いを付ける体験を重ねる中で，きまりの必要性などに気付き，自

分の気持ちを調整する力が育つよう，適切に援助することが大切である。

5　幼稚園は，同年代の幼児との集団生活や，地域の様々な人との交流を通して，幼児の世界を広げ，自立心をはぐくむ場なので，教師は，幼児の中で家庭への恋しさや家族を頼る気持ちが大きくならないよう配慮することが大切である。

【3】幼稚園教育要領における表現の内容の記述として適切なものの組合せは，下の1〜5のうちのどれか。

A　生活の中で様々な音，色，形，手触り，動きなどに気付いたり，感じたりするなどして楽しむ。

B　絵本や歌に親しみ，言葉や音の楽しさ，美しさに気付く。

C　いろいろな素材に親しみ，工夫して遊ぶ。

D　したいこと，してほしいことを言葉で表現する。

　　1　A・B
　　2　A・C
　　3　A・D
　　4　B・C
　　5　B・D

【4】幼稚園教育要領解説（平成20年10月　文部科学省）における指導計画の作成に当たって特に留意する事項に関する記述の内容として最も適切なものは，次の1〜5のうちのどれか。

1　3歳児は危険に気付かずに行動したり，予想もしない場で思わぬ動き方や遊び方をしたりすることから，3歳児のいる幼稚園では，3歳児の動き方や遊び方に沿った園庭や園舎全体の環境を工夫する必要がある。

2　障害のある幼児の指導は，一人一人の障害の状態などに応じた個別の指導計画を作成してきめ細かに対応することが考えられるが，学級全体の指導計画と矛盾が生じるときは，学級全体の指導計画を優先させなければならない。

3　幼稚園と特別支援学校の連携について，それぞれの幼児同士が活動を共にする機会を設けることは困難さがあるため，代わりに教師同士が積極的に情報・意見を交換し，それぞれの指導に活かしていくことが求められる。

4　幼稚園で行う行事は，幼児の生活に変化と潤いを与え，特に，保護者が
　参観する行事は，幼児と保護者が共に満足感，達成感を味わう機会とな
　るため，完成度を高める準備や練習の積み重ねが大切である。

5　子どもの発達と学びの連続性を確保するためには，幼稚園生活の中で文
　字や計算などに触れる機会をもち，時間割のある生活を送るなどして，
　小学校教育との円滑な接続を図ることが大切である。

【5】次の文章は，幼稚園教育要領における言葉の内容の一部である。空所
　A〜Cに該当する語句の組合せとして適切なものは，下の1〜5のうちのど
　れか。

> ○ したり，見たり，聞いたり，感じたり，考えたりなどしたことを
> 　（　A　）言葉で表現する。
> ○ 人の話を（　B　）聞き，（　C　）話す。

	A	B	C
1	自分なりに	理解して	相手に分かるように
2	楽しみながら	理解して	親しみをもって
3	正しく	楽しんで	親しみをもって
4	自分なりに	注意して	相手に分かるように
5	正しく	注意して	相手に分かるように

【6】幼稚園教育要領解説(平成20年10月　文部科学省)における健康に関す
　る記述の内容として最も適切なものは，次の1〜5のうちのどれか。

1　幼児は，その時期に発達する身体機能を使って活動する傾向があるた
　め，発達が遅れている機能を自然に訓練できるような運動を与えること
　が大切である。

2　戸外の遊びには抵抗感を持つ幼児もいるため，戸外に出なくても運動が
　できる室内環境や，花の室内栽培など自然と触れ合える環境を整備する
　ことが大切である。

3　幼稚園での昼食は，就学後の給食の態度につながるため，「食事時間を
　守る」「好き嫌いをしない」などの基本ルールが身に付くよう指導するこ
　とが大切である。

4　幼児の活動意欲が十分に満たされるよう配慮しつつ，幼児のもつ生活リ

ズムに沿って，活動と休息，緊張感と解放感，動と静などの調和を図ることが大切である。

5 手洗い，歯みがき，うがいなどの習慣づけは重要であるが，病気を恐れるあまり，過度な予防や過保護な介入にならないよう留意することが大切である。

【7】幼稚園教育要領解説(平成20年10月　文部科学省)における教育課程に係る教育時間の終了後等に行う教育活動に関する記述の内容として最も適切なものは，次の1～5のうちのどれか。

1 この教育活動を行うに当たっては，教育課程に係る教育時間中の活動を考慮し，遊びの内容や指導内容が決して重複しないよう配慮することが大切である。

2 この教育活動にも計画の作成が必要だが，安全に「預かる」ことが主目的となるため，教育課程に基づく教育時間の指導計画とは自ずと性格が異なるものとなる。

3 この教育活動は，幼児にとってみると長時間に渡る活動となるため，幼児の負担や健康面等に配慮し，園内のみで保育を行うのが基本である。

4 この教育活動の対象となる幼児は，幼稚園で過ごす時間が長時間となるため，家庭ではなるべく休息が得られるよう家庭への働き掛けを行うことが大切である。

5 この教育活動の日数や時間については，保護者の事情によって様々な希望があることが考えられるが，要請にこたえるよう弾力的に運用することが必要である。

【8】次の文章は，幼稚園教育要領解説(平成20年10月　文部科学省)における教育課程の編成に関する記述の一部である。空所A～Dに該当する語句の組合せとして適切なものは，後の1～5のうちのどれか。

教育課程の編成に当たっては，幼稚園教育の内容と方法及び幼児の発達と生活についての十分な理解をもつことが大切である。特に，幼児期においては，（ A ）が芽生え，（ B ）することが中心の生活から，次第に他者の存在を意識し，他者を思いやったり，（ C ）したりする気持ちが生まれ，同年代での（ D ）を円滑に営むことができるようになる時期へ移行していく。教育課程の編成に当たっては，このような幼児期の発達の特性を十分に踏まえて，入園から修了までの発達の見通しをもち，きめ細かな対応が図れるようにすることが重要である。

	A	B	C	D
1	自我	自己を表出	自己を抑制	集団生活
2	自我	要求	尊重	友達関係
3	興味や関心	一人遊び	尊重	共同作業
4	興味や関心	一人遊び	自己を抑制	集団生活
5	自我	自己を表出	尊重	共同作業

【9】 幼稚園教育要領解説(平成20年10月　文部科学省)における子育ての支援に関する記述の内容として最も適切なものは，次の1〜5のうちのどれか。

1　幼稚園は，地域の子育て支援として，園舎開放などの直接的支援には制約もあるが，子育て便りなど，子育てに関する情報提供などの間接的支援を中心に，積極的に役割を担っていく必要がある。

2　幼稚園による子育て支援活動の例としては，子育て相談や子育てに関する情報提供のほか，親子登園などの未就園児の保育活動，子育て井戸端会議などの保護者同士の交流の機会の企画などがある。

3　子育て支援としての未就園児の親子登園は，未就園児と保護者との温かなつながりをより深めるとともに，早い段階から集団生活に触れることにより，小学校教育への円滑な接続にも資するものである。

4　幼稚園には，地域の幼児教育のセンターとしての役割が期待されており，小学校や保育所，地域のボランティア団体等，関連団体との連携・協力に頼ることなく，幼児教育に独自に対応していく機能を持つことが求められる。

5　未就園児など園児以外で，保護者の養育が不適切な場合や家庭での育ち

の状況が気になる子どもがいた場合，幼稚園でその家庭を支援することは適切でないため，市町村の所管部署や児童相談所，警察に対応を委ねる必要がある。

【10】「安全教育プログラム　第7集」(平成27年3月　東京都教育委員会)に示されている幼稚園における一声(ひとこえ)指導の例として，明らかに適切でないものの組合せは，下の1～5のうちのどれか。

A　地震のときは，落ちてこない，倒れてこない，移動してこない場所を見付けて，ダンゴムシのポーズをとりましょう。

B　火事や地震で避難するときは，「おさない」「騒がない」「急いでかけ足」の3つの約束を守りましょう。

C　火事を見付けたら，「火事だ！」と大きな声で周りの大人に知らせましょう。

D　台風のときは，川の水が急に増えるから，雨がやむまで川に近付かないようにしましょう。

　　1　A・B
　　2　A・C
　　3　A・D
　　4　B・C
　　5　B・D

【11】「学校防災マニュアル(地震・津波災害の手引き)」(平成24年3月　文部科学省)に示されている幼稚園における災害時の幼児の引き渡しに関する留意点の内容として適切なものの組合せは，後の1～5のうちのどれか。

A　保護者への引き渡しは，保護者の顔を知っている担任が必ず行うようにする。

B　保護者が引き取りに来られない場合の代理者を予め登録し，それ以外には引き渡さないことを保護者と確認しておく。

C　早朝の預かり保育などを実施している幼稚園では，引き渡しについてその時間帯の状況に応じた対応が取れるよう予め教職員間で共通理解を図る。

D　配慮を要する幼児は，災害時にはなるべく早期に引き渡しを行うことなどを，個別に保護者と予め確認しておく。

1　A・B
2　A・C
3　A・D
4　B・C
5　B・D

【12】「幼稚園教育指導資料第1集　指導計画の作成と保育の展開」(平成25年7月改訂　文部科学省)における幼稚園教育と小学校教育の円滑な接続に関する記述の内容として最も適切なものは，次の1～5のうちのどれか。

1　幼小連携・接続は，教育の連続性・一貫性の観点に立ち，5歳児と1年生の交流，及びそれぞれの担任教師同士の交流を深めることが，最も効果的かつ必要十分な取組みと言える。

2　幼稚園では，幼児と小学校児童との交流活動を明確に教育課程に位置付け，意図的，計画的，組織的に行うことが大切であるが，活動回数の確保，活動内容の多様性の工夫も重要である。

3　幼児と児童の交流は，発達の視点から見た場合に，児童の側に目立つような効果はあらわれにくいが，幼児の側には，就学後の生活態度や学びに，はっきりとした効果があらわれる。

4　幼稚園教育と小学校教育は，発達段階の差に起因する違いがあるので，教育内容や教材を連携・接続させることは難しいが，両者の差異を，幼児と児童の交流，教職員同士の交流により縮小していくことが肝要である。

5　小学校教育における幼稚園教材の使用は，実践例が少なく効果も大きいとは言えないが，幼稚園において，小学校1年生の教材を活用することは，小学校への円滑な接続に役立ち，実践事例も多くある。

【13】「幼児期運動指針　ガイドブック　毎日，楽しく体を動かすために」(平成24年3月　文部科学省)に示されている幼児期における運動の配慮事項として適切なものの組合せは，後の1～5のうちのどれか。

A　安全に対する配慮をすること
B　一人一人の発達差が影響しない遊びや運動を提供すること
C　運動で成果を出す嬉しさ，楽しさを体験させること
D　幼児が思わず体を動かしたくなる環境の構成を工夫すること

　1　A・B
　2　A・C
　3　A・D
　4　B・C
　5　B・D

【14】「特別支援学校学習指導要領解説　総則等編(幼稚部・小学部・中学部)」(平成21年6月　文部科学省)の「第2編　幼稚部教育要領解説」における肢体不自由の幼児の指導に関する記述として適切なものは，次の1〜5のうちのどれか。

　1　幼児が主体的な活動を展開できるよう柔軟に教室内の環境設定を工夫するとともに，その際，学級の枠を超えて集団の構成を変えないよう留意すること。

　2　幼児の上肢や下肢等の障害の状態に即して，遊具や用具などを創意工夫するとともに，なるべく補助用具等の使用に頼らないようにすること。

　3　言葉によって意思を伝え合うことに困難が見られる幼児の指導に当たっては，意思表示を求めるのでなく，表情などから気持ちを読み取って適切に対応すること。

　4　生活のリズムが乱れがちな幼児の指導に当たっては，家庭や児童福祉施設などとの連携を深めながら，規則正しい日課の編成とその励行に努めること。

　5　健康を損ないやすい幼児の指導に当たっては，緊急時の医療体制を整備しつつ，通常時は，他の幼児と対応を区別しないよう留意すること。

【15】インクルーシブ教育システムに関する内容として，障害者の権利に関する条約に照らして適切なものの組合せは，後の1〜5のうちのどれか。

　A　中等・高等教育を除く初等教育までにおける，障害のある者とない者が共に学ぶ仕組みの構築

　B　点字の活用等，教材や手法等における障害のある者への合理的配慮

　C　特別支援学校の拡充と，障害のある児童等が原則的に特別支援学校に就学する仕組みの確立

　D　特別支援教育に関して専門的能力を有する教員の雇用と，研修による教員の専門性の向上

　　1　A・B
　　2　A・C
　　3　A・D
　　4　B・C
　　5　B・D

【16】平成27年4月1日に施行された子ども・子育て支援新制度の内容として
適切なものの組合せは，下の1〜5のうちのどれか。
A　認定こども園，幼稚園，保育所を通じた共通の給付の創設
B　幼児教育無償化の推進
C　一時預かりや放課後児童クラブなどの事業に対する財政支援等の充実
D　幼保小の連携及び小中一貫校の促進

　　1　A・B
　　2　A・C
　　3　A・D
　　4　B・C
　　5　B・D

【17】学校教育法が定める幼稚園の目的の条文として適切なものは，次の1〜
5のうちのどれか。
　1　幼稚園は，幼児期の教育が生涯にわたる人格形成の基礎を培う重要なも
　　のであることにかんがみ，幼児の健やかな成長に資する良好な環境の整
　　備その他適当な方法によって教育を行うことを目的とする。
　2　幼稚園は，子どもが生涯にわたる人間形成にとって極めて重要な時期に，
　　その生活時間の大半を過ごす場であり，子どもが現在を最もよく生き，
　　望ましい未来をつくり出す力の基礎を培うことを目的とする。
　3　幼稚園は，義務教育及びその後の教育の基礎を培うものとして，幼児を
　　保育し，幼児の健やかな成長のために適当な環境を与えて，その心身の
　　発達を助長することを目的とする。
　4　幼稚園は，児童がひとしくその生活を保障され，愛護されなければなら
　　ないことを考慮して，児童の保護者とともに，児童を心身ともに健やか
　　に育成することを目的とする。
　5　幼稚園は，幼児が安定した情緒の下で自己を十分に発揮することにより

発達に必要な体験を得ていくものであることを考慮して，幼児の主体的な活動を促し，幼児期にふさわしい生活が展開されるようにすることを目的とする。

【18】日本国憲法が定める国民の三大義務として適切なものは，次の1～5のうちのどれか。

1 勤労の義務・納税の義務・保護する子女に普通教育を受けさせる義務

2 勤労の義務・納税の義務・選挙の義務

3 納税の義務・選挙の義務・教育を受ける義務

4 納税の義務・教育を受ける義務・公共優先原則の義務

5 納税の義務・公共優先原則の義務・保護する子女に普通教育を受けさせる義務

【19】いじめ防止対策推進法が対象とするいじめの定義に関する記述として最も適切なものは，次の1～5のうちのどれか。

1 この法律が対象とするのは，故意によるいじめで，行為者が「悪ふざけ」や「単なる喧嘩」と思っている行為は含まれない。

2 この法律が対象とするのは，幼稚園，小学校，中学校におけるいじめで，高等学校，大学における行為は含まれない。

3 この法律が対象とするのは，学校内のいじめで，教育時間終了後の学校外における行為は含まれない。

4 この法律が対象とするのは，同じ学校に在籍する者同士によるいじめで，いじめの対象となった児童等と一定の人間関係があったとしても，他の学校の児童等による行為は含まれない。

5 この法律が対象とするのは，児童等によるいじめで，教師や学校の生徒でない大人による行為は含まれない。

【20】食育基本法における食育の基本理念などを説明した記述として最も適切なものは，次のうちのどれか。

1 国民の食生活の実情を踏まえ，伝統的食文化からグローバルで多様な食文化への転換を視野に，食育を推進すべきであるとしている。

2 子どもの食育が，心身の成長及び人格の形成に大きな影響を及ぼすことにかんがみ，栄養の偏りや嗜好の個人差を縮小していくべきであるとし

ている。

3 食育の推進は，自然の恩恵や食に関わる人々の様々な活動に対する感謝の念や理解が深まるよう配慮されなければならないとしている。

4 食育の推進は，食品の安全性の確保が必須であり，食に関する規制・統制を適切に強めていくことを基本的方向性の一つとしている。

5 子どもの食育は，国及び地方公共団体に基本的責務があり，食育の義務を負う者としては，公的な教育関係者その他の保育者のみを定めている。

【21】 教育学，心理学に関わる人物と，関係の深い語句の組合せとして適切なものは，次の1〜5のうちのどれか。

1 倉橋惣三 ——— 生活を生活で生活へ
2 フレーベル ——— 子どもの家
3 モンテッソーリ ——— 恩物
4 ペスタロッチ ——— 進歩主義教育
5 デューイ ——— メトーデ

【22】 教育学，心理学に関する用語の説明として最も適切なものは，次の1〜5のうちのどれか。

1 反抗期は，成育過程で親や教師等に反抗する時期を言い，一般に成人までに3回訪れ，最初は自己主張が強まる就学時期に理由なき反抗として現れる。

2 アニミズムは，自他の区別が未分化で，自己を他者に同一化することを言い，動物と共に育った乳幼児は，自分を同種の動物ととらえるようになるとされる。

3 アタッチメントは，特定の人物に対して形成する情愛的結びつきのことで，例えば母親が離れると泣き，抱くと泣き止む乳児の行動を，アタッチメント行動と呼ぶ。

4 アイデンティティは，自我の認知のうち，特に性別の違いや性役割の獲得をさし，獲得の過程は，親の影響を受けて誕生とともに始まるとされる。

5 レディネスは，効果的に学習する条件が準備されていない状態を言い，心身の成熟，知識，態度の一つでも欠けている場合は，予定した効果が現れないとされる。

【23】「食物アレルギー緊急時対応マニュアル」(平成25年7月　東京都)における緊急性の判断と対応に関する記述の内容として最も適切なものは，次の1〜5のうちのどれか。

1　アレルギー症状があった場合は，ただちにエピペンを使用し，その後の様子を観察して15分以内に緊急性の判断を行う。

2　緊急性が高いと判断される場合は，立ち上がった状態で平衡感覚を確認後，深呼吸をさせてから安静にする。

3　緊急性が高いと判断される場合は，15分以内にエピペンを腕の血管に直接注射する。

4　緊急性が高いと判断される場合は，まずエピペンを使用し，10分たっても改善が見られないときは，その時点で救急車を要請する。

5　アレルギー症状により，反応がなく，呼吸がないときは，普段通りの呼吸や目的のある仕草が認められるまで心肺蘇生を行う。

【24】幼稚園における幼児の病気や怪我の対応に関する記述の内容として適切なものの組合せは，下の1〜5のうちのどれか。

A　幼児がインフルエンザにかかった場合，感染予防のために，熱が37.5℃を下回るまでは幼稚園への登園を休ませる。

B　幼児が熱中症になった場合，軽症のときは涼しい場所で水分と塩分を補給して対応するが，意識障害が見られるようなときは，ただちに救急要請する。

C　ノロウイルスの発生が疑われる場合，幼児のおう吐物は，感染を防ぐために塩素系の消毒液を使用して処理する。

D　幼児が園庭で転んですり傷を負った場合，動き回って病原菌が入ったりしないように，その場でまず消毒液を傷口にすり込む。

1　A・B

2　A・C

3　A・D

4　B・C

5　B・D

【25】子どもの絵の表現に関する語句の説明として最も適切なものは，次の1〜5のうちのどれか。

1 「頭足人」は，顔の特徴が詳細かつ意図的に強調された人間の絵を言い，対象物の特徴を捉えるという点で，子どもの描画表現の発達を示すものとされる。

2 「なぐりがき期」とは，ある時期における幼児の絵の描き方の特徴を表すもので，幼児自身は何を描いているか常に分かっており，大人が見て分かる場合もある。

3 「基底線」は，地面等を表す線のことで，子どもの描画表現の発達を示す象徴的な線とされ，成長の過程で線が入れられ，線上に人物等が描かれるようになる。

4 「展開描法」は，家や乗り物の中など外側からは見えないものが，見えているかのように展開される絵のことで，幼児の絵によく見られる特徴の一つとされる。

5 「カタログ期」とは，絵の中で，複数のものが関連付けられ，かつ，立体的に表現されるようになる時期を言い，描画表現の発達過程の終盤とされる。

【26】空に見られる現象や気象等に関する語句の説明として最も適切なものは，次の1〜5のうちのどれか。

1 「入道雲」は，台風襲来時等に発生する積乱雲と異なり，夏の晴れた日の代表的な雲で，球状のかたまりがたくさん集まって，蜂の巣や波の形のように見える。

2 「ひこうき雲」は，高い空を飛行機が通った後にできるすじ状の雲のことで，エンジンから排出したガスの水蒸気とちりが冷やされることによって発生する。

3 「夕焼け」は，日光の色が，大気中の物質や夜の闇の色と混ざり合って空が赤く見える現象で，西側の大気中に水分が多く含まれているときによく見られる。

4 「夕立」は，夏の午後に断続的に降る長雨のことで，広範囲に渡って降り，局所的短時間の集中豪雨である「ゲリラ豪雨」とは区別される。

5 「あられ」は，雪が地表近くで溶け始めて，溶けずに残った氷の粒を言い，粒の大きさが直径1センチメートル以上のものを「ひょう」と呼んで区別する。

【27】昆虫の生態や特徴に関する説明として最も適切なものは，次の1〜5のうちどれか。

1 カマキリの目は，昼は体と同じ色だが，夜になるとだんだん黒くなり，少ない光でもよく見えて獲物を狩ることができるようになる。

2 ヨコバイは，他の昆虫の幼虫などを食物とし，静かに横に動きながら獲物に近づく習性があることから，「横這い」の名前が付いた。

3 アゲハチョウの幼虫は，アブラナ科の植物の葉を好んで食べるため，成虫のメスは，キャベツ畑などに卵を産む。

4 カブトムシの幼虫は，成虫が狩ってきた昆虫などを与えられて育つが，成虫になると肉食はせず，樹液や果実の汁を好んで吸うようになる。

5 セミは，幼虫までは雌雄同体で，成虫になる時に雌雄が決まり，メスは，オスを誘うために大きな声で鳴くようになる。

【28】次は，「とんぼのめがね」の楽譜である。この楽譜について，後の各問いに答えなさい。

　　ただし，問いの性質上，拍子記号は記載していない。

197

[問1] この楽譜の拍子として適切なものは，次の1〜5のうちのどれか。

1 2分の2拍子　　2 4分の2拍子　　3 4分の4拍子

4 8分の4拍子　　5 8分の6拍子

[問2] （ A ）の小節として最も適切なものは，次の1〜5のうちのどれか。

[問3] Allegrettoの意味として最も適切なものは，次の1〜5のうちのどれか。

1 やや速く　　　2 ゆるやかに　　3 歩くような速さで

4 活発に速く　　5 やや強く

解答・解説

【1】3

〈解説〉本資料の序章第2節「幼児期の特性と幼稚園教育の役割」3「幼稚園の役割」部分を参照しよう。この問題文の後で，幼稚園教育はその後の学校教育全体の生活や学習の基盤を培う役割も担っており，幼稚園は幼児期の教育のセンターとしての役割を家庭や地域との関係において果たすことが期待されると述べている。

【2】4

〈解説〉1 本資料の[内容](9)で，幼児でも，自分の行動の結果を他者の反応を得て自分がやったことの善悪を考えることはでき，それが，善悪の判断基準を作っていく。教師は，善悪を教え込むのではなく，幼児が自分なりに考えるよう援助することが重要だと述べている。 2 [内容の取扱い](2)で，

教師は，自分と幼児，さらに幼児同士が心のつながりをもった温かい集団を育てることが重要と述べている。互いの信頼感で結ばれた集団は，集団行動の訓練のような画一的な指導からは生まれないのである。　3　[内容の取扱い](4)で，幼児間のいざこざなどが長く続いている場合には，教師が仲立ちをすることも大切だと述べている。　5　[内容の取扱い](6)で，教師は，機会をとらえて家族などのことを話題にし，その気持ちを考える機会を設け，幼児が家族の愛情に気付き，家族を大切にしようとする気持ちをもつように働き掛けることも必要と述べている。

【3】2

〈解説〉Aは，「表現」の[内容](1)，Cも，同(5)である。B，Dは，「言葉」の内容。経験や考えたことを自分の言葉で表現し，相手の話す言葉を聞こうとする意欲や態度を育て，言葉に対する感覚や言葉で表現する力を養うことが示されている。ねらい(3)に「日常生活に必要な言葉が分かるようになるとともに，絵本や物語などに親しみ，先生や友達と心を通わせる」とある。

【4】1

〈解説〉2　本資料第2章第3節2で，障害のある幼児の指導には，家庭や医療機関など関係機関と連携し，様々な側面からの取組を示した計画(個別の教育支援計画)を作成するなど，それぞれの幼稚園や幼児の実態に応じた指導方法を工夫することが大切だと述べている。　3　障害のある幼児とない幼児が活動を共にすることは意義のある活動であり，一層の充実を図ることが大切だと，同資料3で述べている。　4　同資料4で，幼児が行事に期待感をもち主体的に取り組み，喜びや感動，達成感を味わうことができるよう配慮する必要があると述べている。　5　同資料5で，子どもの発達と学びは連続しており，幼稚園と小学校教育の円滑な接続のため連携を図ることが大切である。具体的な活動，例えば，幼児と児童の交流，小学校の教師との意見交換や合同の研究などが挙げられると述べている。

【5】4

〈解説〉本資料では，「言葉」の[内容]として，「先生や友達の言葉や話に興味や関心をもち，親しみをもって聞いたり，話したりする」，「親しみをもって日常のあいさつをする」など10の内容があげられている。こういった問題は頻出である。解説の内容を理解しながら，何度も精読し，細かい部分を問うたものにも対応できるようにしておこう。

【6】4

〈解説〉4は，「健康」の[内容](6)「健康な生活のリズムを身に付ける」についての解説をもとにした記述である。原文を確認しておこう。

【7】5

〈解説〉1　本資料では，教育時間中における幼児の生活や遊びなど幼児の過ごし方に配慮して，時間外の教育活動を考え，幼児にとって充実し無理のない1日の流れをつくり出すことが重要と述べている。　2　時間外の教育活動は，幼稚園の行う教育活動であり，その計画を作成する必要がある。
3　家庭や地域における幼児の生活を考慮し，時間外の教育活動を行うためには，地域の育児経験者の協力を得たり，公園や図書館などの施設を活用するなど，様々な資源を活用することも考えられる。　4　時間外の教育活動の対象となる幼児は，幼稚園で過ごす時間が比較的長時間となるので，家庭における教育が充実するよう家庭への働き掛けを十分に行うことも大切である。なお，正答の5で，時間外の教育活動について，地域の実態や保護者の事情を考慮することが大切で，時間外の教育活動を毎日希望，週の何日か希望，幼稚園の設定した終了時間より早く帰ることを希望，など様々な要請にこたえるよう弾力的な運用を図ることが必要とされている。

【8】1

〈解説〉本資料第1章第2節2(3)，「教育課程の編成」に当たって述べられた部分の「幼児期の発達の特性を踏まえること」である。この前後に，(2)「ねらいと内容を組織すること」，(4)「入園から修了に至るまでの長期的な視野をもつこと」が示されている。

【9】2

〈解説〉1　本資料で述べられている，全国の幼稚園の子育て支援活動の具体例として，子育て相談の実施，子育てに関する情報の提供などがある。その他にも，園庭・園舎の開放，子育て公開講座の開催などが例示されており，また3については，「子育て相談や未就園児の親子登園などを通じて，未就園児と保護者との温かなつながりがより深まることは，幼稚園入園後の生活をより豊かなものとしていく」としている。　4　幼稚園の子育て支援活動の実施に当たって，園内研修，教師間の協力体制の整備を整えるとともに，NPO法人の連携や協力も大切であると述べている。　5　「保護者の養育が不適切，家庭での育ちの状況が気になる子どもがいた場合の保護者支援については，子どもの最善の利益を重視しつつ，幼稚園のみで抱え込む

ことなく，市町村などの関係機関と連携して，適切な支援を行っていくことも大切」としている。

【10】5

〈解説〉東京都教育委員会は，全ての子供たちに，危険を予測し回避する能力や他者や社会の安全に貢献できる資質・能力を身に付けさせる安全教育を推進するため，平成21(2009)年度から総合的な指導資料である「安全教育プログラム」を作成し，地域や社会生活の安全の原則は「いかのおすし」としている。Bについて，同プログラムでは避難の約束は「おかしも」とされ，お＝おさない，か＝かけない，し＝しゃべらない，も＝もどらないである。Dについては「雨がやんでも川に近付かないようにしましょう」とされている。

【11】4

〈解説〉文部科学省は，東日本大震災の教訓を踏まえ，地震・津波が発生した場合の具体的な対応について参考となる共通留意事項をとりまとめた「学校防災マニュアル(地震・津波災害)作成の手引き」を作成した。その中でAについては「担任が引き渡せない場合を想定し，引き渡し者を確認できる名簿等の保管場所・方法を共通理解しておく」，Dについては「配慮を要する幼児の特徴や個別の配慮事項について，全教職員で共通理解を図る」としている。

【12】2

〈解説〉本資料で，1は，幼稚園側で3，4歳，小学校側で2年生以上も十分に対象になり，それぞれならではの意義や価値，成果が見込めると述べている。3は，幼児が抱く憧れは，小学生に自信と誇りを与え，憧れられる存在でありたいという意識を高め，いっそうしっかりしなくてはと思う契機となる。これが小学生の成長を促すと述べている。4は，幼小の円滑な接続において，双方で指導し子どもが学び取る教育内容やそれを実現するための教材が連携・接続していれば，幼児は無理なく小学校生活に溶け込み，楽しく着実に学びを深めていけると述べている。5は，幼児が園で慣れ親しんだ紙芝居を，国語科の『読むこと』の領域を指導するものとして用いることで，子どもたちは幼稚園での豊富な経験などを基礎に，親しみを抱きながら楽しく国語科の学びを深めることができると述べている。

【13】3

〈解説〉文部科学省は，平成19年度〜21年度に「体力向上の基礎を培うための

201

幼児期における実践活動の在り方に関する調査研究」を実施し，幼児期に獲得しておくことが望ましい基本的な動き，生活習慣及び運動習慣を身に付けるための効果的な取り組みなどについての実践研究を行い，その成果を踏まえ本資料を取りまとめた。その中で幼児期における運動の配慮事項として4点が示され，Ａ・Ｄの他に「一人一人の発達に応じた援助をすること」「家庭や地域にも情報を発信し，ともに育てる姿勢をもてるようにすること」があげられている。

【14】4

〈解説〉本資料第3章第3節7(4)では，1については，幼児が主体的な活動を展開できるよう工夫する際に「必要に応じて学級の枠を超えた集団の構成にも配慮する」，2については，遊具や用具などを工夫し「必要に応じて補助用具等の活用を図る」，3については，話し言葉で意思を伝え合う困難が見られる幼児には，「意思表示しようとする意欲を喚起するとともに，より豊かな表現ができるような方法を工夫する」，5については，健康を損ないやすい幼児には，「その発達の段階や健康状態などに応じて，医療機関等との連携を図りながら，健康の維持・改善に必要な活動を系統的・継続的に行うよう努める」と留意事項を述べている。

【15】5

〈解説〉障害者の権利に関する条約は，日本で2014(平成26)年2月に効力を発生した。それに先立ち2012(平成24)年7月中央教育審議会初等中等教育分科会が「共生社会の形成に向けたインクルーシブ教育システム構築のための特別支援教育の推進(報告)」を取りまとめている。その1(1)中で，同条約第24条を引用し，インクルーシブ教育システムについて，「障害者が，〜，自由な社会に効果的に参加することを可能とするとの目的の下，〜，障害のある者が教育制度一般から排除されないこと，自己の生活する地域において初等中等教育の機会が与えられること，個人に必要な『合理的配慮』が提供される等が必要」だと述べている。また(3)で，教職員の研修などの充実，専門性の向上のための方策を検討することにも触れている。

【16】2

〈解説〉平成24(2012)年8月成立の「子ども・子育て支援法」，「認定こども園法の一部改正」，「子ども・子育て支援法及び認定こども園法の一部改正法の施行に伴う関係法律の整備等に関する法律」の子ども・子育て関連3法に基づいて，「子ども・子育て支援新制度」が平成27(2015)年4月に施行され

た。その制度は幼児期の学校教育や保育，地域の子育て支援の量の拡充や質の向上を進めるものであり，この新制度の実施のために，消費税率引き上げによる増収分が活用されている。本制度のポイントは認定こども園，幼稚園，保育所を通じた共通の給付及び小規模保育等への給付の創設，認定こども園制度の改善，地域の実情に応じた子ども・子育て支援の充実である。

【17】3

〈解説〉本法第22条で幼稚園教育の目的が定められており，3の文がそれに該当する。同法第23条は，その目的を実現するための達成目標5点が示されている。「健康，安全で幸福な生活のために必要な基本的な習慣を養い，身体諸機能の調和的発達を図ること」，「集団生活を通じて，喜んでこれに参加する態度を養うとともに家族や身近な人への信頼感を深め，自主，自律及び協同の精神並びに規範意識の芽生えを養うこと」などで，これらについてもよく出題される。しっかりと押えておくこと。

【18】1

〈解説〉勤労の義務は日本国憲法第27条第1項「すべて国民は，勤労の権利を有し，義務を負ふ」，納税の義務は同法第30条「国民は，法律の定めるところにより，納税の義務を負ふ」，保護する子女に普通教育を受けさせる義務は同法第26条第2項「すべて国民は，法律の定めるところにより，その保護する子女に普通教育を受けさせる義務を負ふ。義務教育は，これを無償とする」でそれぞれ国民の義務として定められている。

【19】5

〈解説〉いじめ防止対策推進法が平成25(2013)年6月に公布され，同年9月に施行された。その第2条第1項で「『いじめ』とは，児童等に対して，当該児童等が在籍する学校に在籍している等当該児童等と一定の人的関係にある他の児童等が行う心理的又は物理的な影響を与える行為(インターネットを通じて行われるものを含む。)であって，当該行為の対象となった児童等が心身の苦痛を感じているものをいう」とあり，第2項で「『学校』とは，学校教育法第1条 に規定する小学校，中学校，義務教育学校，高等学校，中等教育学校及び特別支援学校(幼稚部を除く。)をいう」，第3項で「『児童等』とは，学校に在籍する児童又は生徒をいう」とされている。

【20】3

〈解説〉食育基本法の7つの基本理念は，第2条～第8条に示されており，第3条に「食育の推進に当たっては，国民の食生活が，自然の恩恵の上に成り立

っており，また，食に関わる人々の様々な活動に支えられていることについて，感謝の念や理解が深まるよう配慮されなければならない」とある。

【21】1

〈解説〉フレーベル(1782〜1852)はドイツの教育家で，世界最初の幼稚園を創設。モンテッソーリ(1870〜1952)はイタリアの教育家・女性医師で，子どもの自発性と自由の尊重，教育環境整備と感覚練習教具利用を重視した「モンテッソーリ法」教育を指導し，幼児教育の改革や体系づくりに貢献した。ペスタロッチ(1746〜1827)はスイスの教育家でルソーの影響を受け，孤児の教育・民衆教育の改善に尽した。デューイ(1859〜1952)はアメリカの哲学者・教育学者で，プラグマティズムを大成させ，実験主義(道具主義)の立場を確立した。倉橋惣三(1882〜1955)は静岡県生まれの教育者・教育学者で，幼稚園教育の改善に努め，自然主義保育論を指導した。倉橋惣三が力説した保育の基本は「生活を，生活で，生活へ！」である。それは，子どもの「さながらの生活」(生活の実態)をとらえ，それを出発点により豊かな生活を高め，それがまた子どもの現実の生活の中にかえっていくというその循環が大切だという意味。

【22】3

〈解説〉1　反抗期は自我の発達過程で，周りのものに対して否定的・反抗的な態度が強く表れる時期のこと。自我が発達してくる3，4歳の幼児期を第一反抗期，自我の独立を求める青年期の初めのそれを第二反抗期と呼ぶ。

2　アニミズムは，動植物だけでなく無生物にもそれ自身の霊魂(アニマ)が宿っていて，諸現象はその働きによるとする世界観のこと。　4　アイデンティティは人間学・心理学で，人が時や場面を越えて一個の人格として存在し，自己を自己として確信する自我の統一をもっていること。　5　レディネスはある学習に対する特定の準備が整っている状態のこと。

【23】5

〈解説〉食物アレルギーで，重症度により異なるが，意識障害がみられたり緊急性が高いと判断されたりする場合は，適切な場所に足を頭より高く上げた体位で寝かせ，嘔吐に備え顔を横向きにし，意識状態や呼吸，心拍，皮膚色の状態を確認しながら，必要に応じ救急車の要請や一次救命措置を行う。血圧低下や意識障害などがみられるショック状態にある者の救命率は，アドレナリンを30分以内に投与できるか否かで大きく異なるといわれている。そのため，アナフィラキシーショック症状が進行する前の初期症状の

うちに注射することが効果的であるとされている。

【24】　4

〈解説〉学校保健安全法施行規則第19条の出席停止の期間の基準において，インフルエンザは，「発症した後5日を経過し，かつ，解熱した後2日(幼児にあつては，3日)を経過するまで。」と定められている。また，すり傷の応急処置の基本は，砂やゴミなどの異物を除去するため，傷口を水道水で洗い流すことである。浅い傷は，その後，創傷被覆材で保護する。また，出血が止まらないような深い傷は，清潔なガーゼ等で直接圧迫を行いながら，できるだけ早く医療機関を受診する。

【25】　3

〈解説〉1の「頭足人(頭足人間)」は頭(顔)に直接手足をつけた絵のことで，幼児の初期の描画に見られる特徴。2の「なぐりがき期」は無意識的な表現で，目的や表現の意図がまったくない，偶然の線や点などを描く段階のこと。錯画期，掻画期などともいう。4の「展開描法」は道をはさんだ両側の家が倒れたように描くなど，展開図のように描かれるもの。5の「カタログ期」は商品見本のカタログのように，描きたいことやものを互いに関連なしに羅列的に描く段階のこと。

【26】　2

〈解説〉ひこうき雲は，飛行機が出すエンジンの排気により空気中の水分量が増え，飽和水蒸気量に達した時，水蒸気が水滴になり，雲となることによって発生する。なお，5について，ひょうは5ミリ以上のもの，あられは5ミリ未満を指す。

【27】　1

〈解説〉カマキリの目の色は，夜になると黒くなる。これは，猫の黒目が暗闇で大きくなって光を集めようとするのとよく似た仕組みで，夜に狩りをするためである。なお，2について，ヨコバイが横にずれながら歩くのは，人影などを感じて警戒している時だとされる。

【28】　問1　2　　問2　4　　問3　1

〈解説〉問1　1小節に4分音符が2つ入る拍子を4分の2拍子という。基本的な問題なので，8分の6拍子など他の選択肢についても理解しておくこと。問2　調号のない長調であることからハ長調の楽曲であることが分かる。Aの最後の和音には主和音が入る。　問3　Allegro は，「速く」を意味する。Allegretto は，Allegro の意味を弱めた音楽記号である。

【1】 幼稚園教育要領解説(平成20年10月　文部科学省)における健康に関する記述の内容として最も適切なものは，次の1〜5のうちのどれか。

1　幼児は興味や関心を持った遊び方や運動しか行わないため，体の部位の中で運動が不足する部分が生じることから，小学校の体育授業に準じて，不足部分を補う運動や訓練の時間をもうけることが重要である。

2　幼児自身に危険を避ける能力を身に付けさせることは重要であるが，幼児の健康維持，安全確保は最優先となるため，幼児の活動に対して過保護や過介入になっても差し支えない。

3　幼児が危険な行動をとるときは，なぜ危険なのか理解できないことも多いため，厳しい指示や注意は避けるとともに，いけない理由を説明するのではなく，良いこと，悪いことの区別だけをわかりやすく覚えさせることが大切である。

4　幼児が活動欲求を満たす体験を重ねる中で，適当な休息をとるなど，自分の体を大切にしようとする気持ちが育つような働きかけが重要であり，それがやがて友達の体を気遣ったりする気持ちにもつながることに配慮する必要がある。

5　幼児は，特定の運動を繰り返すことによって飛躍的に運動能力が伸びる特性があるため，基本的身体機能の強化につながる鉄棒，跳び箱，マットなどの運動遊びを，繰り返し取り入れて指導することが有効である。

【2】 幼稚園教育要領解説(平成20年10月　文部科学省)における指導の計画性に関する記述の内容として最も適切なものは，次の1〜5のうちのどれか。

1　幼稚園が法に基づいて教育の目標の達成を図る場である以上，幼児の幼稚園生活においても規律が必要であり，指導は組織的かつ統一的な計画性を備える必要がある。

2　教師は計画性をもって指導を行う必要があるが，幼児には自由な活動や遊びが重要となるため，幼児の幼稚園生活自体に計画性をもたせる必要はない。

3　幼児の発達を長期的に見通すのは難しく，また，発達には個人差もあるため，学級全体への指導に長期的な計画性をもたせるのは現実的でなく，指導計画は常に短期的かつ個別に作成しなければならない。

4　指導計画は，幼稚園教育における重要な方針であり，幼稚園の実情を踏

まえて作成されるものであるから，具体的な指導においても，幼児の活動の展開などに応じて安易に計画を変更することは許されない。

5 計画性のある指導を行うためには，発達の見通しや活動の予想に基づいて環境を構成すること，及び，幼児一人一人の発達を見通して援助することの二点が重要である。

【3】 次のア～エは，幼稚園教育要領における各領域の内容の一部である。ア～エと領域の組合せとして適切なものは，下の1～5のうちのどれか。

【領域の内容】

> ア 日常生活の中で，文字などで伝える楽しさを味わう。
> イ いろいろな遊びを楽しみながら物事をやり遂げようとする気持ちをもつ。
> ウ 生活の中で美しいものや心を動かす出来事に触れ，イメージを豊かにする。
> エ 様々な活動に親しみ，楽しんで取り組む。

	ア	イ	ウ	エ
1	人間関係	環境	表現	健康
2	表現	人間関係	環境	健康
3	人間関係	健康	表現	環境
4	言葉	人間関係	表現	健康
5	言葉	健康	環境	表現

【4】 次の文章は，幼稚園教育要領における指導計画の作成に当たっての留意事項の一部である。空所A～Dに該当する語句の組合せとして適切なものは，後の1～5のうちのどれか。

> 安全に関する指導に当たっては，（ A ）を図り，（ B ）を通して状況に応じて機敏に自分の体を動かすことができるようにするとともに，危険な場所や事物などが分かり，安全についての理解を深めるようにすること。また，（ C ）の習慣を身に付けるようにするとともに，災害などの緊急時に適切な行動がとれるようにするための（ D ）なども行うようにすること。

	A	B	C	D
1	情緒の安定	日常生活	交通安全	援助
2	体力の向上	日々の運動	病気予防	援助
3	危険の認知	日常生活	生活リズム	訓練
4	情緒の安定	遊び	交通安全	訓練
5	体力の向上	遊び	病気予防	訓練

【5】 幼稚園教育要領解説(平成20年10月 文部科学省)における行事の指導に関する記述の内容として最も適切なものは，次の1〜5のうちのどれか。

1 取り入れる行事の選択に当たっては，幼児の生活に即して必要な体験が得られるように，また遊びや生活がさらに意欲的に行えるように，行事が終わった後の幼稚園生活をも考慮することが大切である。

2 伝統行事の指導に当たっては，行事の意味やしきたり，作法を丁寧に教え，幼児が実践することによって，ルールを守る意識や規範意識の芽生えにもつながっていくように配慮することが大切である。

3 行事は，幼児の自然な生活の流れに変化や潤いを与え，様々な体験を得ることができるものであるから，可能な限り多く幼稚園生活に取り入れ，毎週かかさず何らかの行事を行うのが良い。

4 参加型行事の場合は，幼児のできばえや結果にできるだけ高い期待をかけ，事前の準備や訓練に努めることにより，幼児が喜びや感動，達成感を味わえるようにしていくことが大切である。

5 行事は家庭でも行うものがあることから，方法ややり方の違いで幼児が混乱を起こさないように，幼稚園で取り入れる行事は，なるべく家庭との重複を避けて精選することが望ましい。

【6】 幼稚園教育要領における言葉のねらいの記述として適切なものの組合せは，下の1〜5のうちのどれか。

A 自分の気持ちを言葉で表現する楽しさを味わう。

B 感じたことや考えたことを自分なりに表現して楽しむ。

C 日常生活の中で簡単な文字に関心をもつ。

D 日常生活に必要な言葉が分かるようになるとともに，絵本や物語などに親しみ，先生や友達と心を通わせる。

1 A・B

　2　A・C

　3　A・D

　4　B・C

　5　B・D

【7】次の文章は，幼稚園教育要領における人間関係に関する記述の一部である。空所A～Dに該当する語句の組合せとして適切なものは，下の1～5のうちのどれか。

○　教師との信頼関係に支えられて自分自身の生活を確立していくことが人とかかわる基盤となることを考慮し，幼児が自ら周囲に働き掛けることにより多様な感情を体験し，（　A　）しながら（　B　）で行うことの充実感を味わうことができるよう，幼児の行動を見守りながら適切な援助を行うようにすること。

○　幼児の主体的な活動は，他の幼児とのかかわりの中で深まり，豊かになるものであり，幼児はその中で互いに必要な存在であることを認識するようになることを踏まえ，一人一人を生かした集団を形成しながら人とかかわる力を育てていくようにすること。特に，集団の生活の中で，幼児が（　C　）を発揮し，教師や他の幼児に（　D　）体験をし，自信をもって行動できるようにすること。

	A	B	C	D
1	活動を展開	自分の力	創造力	大切にされる
2	試行錯誤	協同	協調性	好かれる
3	遊びを展開	協同	協調性	認められる
4	活動を展開	協同	自己	大切にされる
5	試行錯誤	自分の力	自己	認められる

【8】幼稚園教育要領解説（平成20年10月　文部科学省）における教育課程に関する記述の内容として最も適切なものは，次の1～5のうちのどれか。

　1　幼稚園は意図的な教育を目的としている学校であり，教育課程は，幼稚園で最低限行うべき教育内容として文部科学大臣が全国一律に編成するものである。

　2　教育課程は，それぞれの幼稚園がその実情に応じて編成するものであ

り，必ずしも教育基本法や学校教育法などの法令に従って編成するものではない。

3　教育課程は，幼児が充実した生活を展開できるような全体計画を示すものであり，具体的な指導の順序や方法を定める指導計画を立案する際の骨格となるものである。

4　教育課程は，幼児一人一人の実際の生活する姿を考慮して，具体的なねらいや内容，環境の構成，援助の方法などを明らかにした計画である。

5　教育課程は，幼児一人一人の発達に応じて編成するものであるから，長期的な視野に立った全体計画ではなく，個別的に実施する教育内容を明らかにしたものである。

【9】幼稚園教育要領解説(平成20年10月　文部科学省)における子育ての支援に関する記述の内容として最も適切なものは，次の1〜5のうちのどれか。

1　幼稚園には，地域における幼児期の教育のセンターとしての役割が期待されるが，不審者の侵入防止など，安全性の確保が優先されるため，園庭や園舎の開放は慎重かつ限定的に行う必要がある。

2　幼稚園において，地域の様々な人が気軽に利用できる雰囲気をつくるとともに，例えば，地域の参加者同士が親しくなったときには子育てサークルづくりに協力するなど，保護者や地域の実態に合わせた子育て支援が大切である。

3　家庭の教育力向上に向けた子育て支援は，幼稚園の園児の家庭を対象に行うものであるが，時間や教員の人数にゆとりがあるときは，他の家庭に対しても，子育てに関する情報提供など，最小限の支援を行うことが望ましい。

4　地域における幼児期の教育の支援は，学校教育法に定める幼稚園の重要な役割であるから，地域から要望があった場合は，教育課程に基づく活動に優先して対応しなければならない。

5　子育て支援は，市町村や児童相談所などと連携して行う必要があるが，幼稚園が児童虐待を発見した場合においては，守秘義務が優先するため，児童虐待の防止等に関する法律に基づく通告義務からは除外される。

【10】「幼稚園教育指導資料第5集　指導と評価に生かす記録」(平成25年7月　文部科学省)における保育記録の意義と生かし方に関する記述の内容として

適切なものは，次の1～5のうちのどれか。

1　幼児の言動の意味は，その場で直ちに理解し，心の動きや発達をとらえて評価する必要があるため，その都度ABC等のランク付けにより記録することが望ましい。

2　幼児の課題達成度を日々記録することが重要であり，記録に基づいて，幼児に与える課題や保育の計画を順次レベルアップすることにより，望ましい幼稚園生活に導くことが可能になる。

3　保育記録は，記録すること自体が目的になるのではなく，後から読み返し，教師自身の幼児理解や保育について評価し，次に生かすものにしていくことが大切である。

4　保育記録を複数の教師が見て情報を共有化することは大切であるが，一人の幼児の記録を複数の教師がつけると視点にブレが生じるため，記録は担任教師が一人でつけなければならない。

5　保育記録は，幼児の実情に合った園内保育に生かすために，幼児一人一人の生活や遊びの様子を記録した個人情報なので，園外の関係者等には保護者を含めて開示しないのが原則である。

【11】「特別支援学校学習指導要領解説　総則等編(幼稚部・小学部・中学部)」(平成21年6月　文部科学省)の「第2編　幼稚部教育要領解説」における自立活動の指導に関する記述の内容として，最も適切なものは，次の1～5のうちのどれか。

1　自立活動の指導に当たっては，学級運営上の全体的な指導計画を作成する必要があり，個々の幼児の実態に基づく具体的な指導を行う際は，全体の計画に支障が生じないよう配慮することが大切である。

2　自立活動の指導は，一人一人の幼児の障害の状態等に応じた機械的な反復練習が有効となるが，その際，声掛けなどをして，幼児があきたり意欲を失ったりしないように工夫することが大切である。

3　自立活動の指導は，幼児が結果を予測したり，確かめたりすることのできる指導内容を設定するなど，幼児が成就感や満足感を味わい，次の活動への意欲につながるものにしていくことが大切である。

4　自立活動の指導のねらいを設定するに当たっては，一人一人の幼児の障害の状態等を十分に把握し，発達の進んでいる側面や既にできている部分を除き，発達が遅れていて改善が必要となる側面を精選することが大

切である。

5 幼児の自立活動の状況は厳正な評価が求められるが，指導の計画や内容が一人一人の幼児にとって適切であったかどうかについては，特別支援教育の特殊性に鑑み，あまり厳密に評価をしなくても良い。

【12】「幼稚園施設整備指針」(平成26年7月　文部科学省大臣官房文教施設企画部)における園庭計画に関する記述の内容として適切なものは，次の1〜5のうちのどれか。

1 運動スペースは，平坦かつ衛生的であることに重点を置く必要があり，土の地面や自然の傾斜は，舗装することが望ましい。

2 固定遊具は，運動スペースを阻害し，また，事故事例などもあることから最小限のものとし，幼児だけでは利用させないようにするのが望ましい。

3 水遊び場は，日当たりが良く，安全かつ衛生的に管理できる位置に計画することが重要であり，また，必要に応じて日除けのための設備を設置することが望ましい。

4 緑化スペースは，教材としても活用できるよう配慮することが重要であり，樹木は，高木よりも幼児が親しみをもちやすい低木を配植することが望ましい。

5 門は，外部に対する目隠しや遮へい，幼児の抜け出し防止など，主に安全面の配慮から，なるべく目立たない位置に設置することが望ましい。

【13】「平成25年度　文部科学白書」(文部科学省)における幼児教育に関する記述の内容として適切なものは，次の1〜5のうちのどれか。

1 幼小接続の重要性から全国の5歳児の幼稚園就園率は増加傾向にある一方，3歳児の就園率は，少子化の影響もあって減少傾向にある。

2 地域の実態や保護者の要請に応じて行う預かり保育や，子育て相談，未就園児の親子登園などの子育ての支援は，全国の約8割の幼稚園で実施されている。

3 文部科学省は，幼稚園教育の質の向上を図るため「幼児評価ガイドライン」を示し，これに基づき全国の約5割の幼稚園で幼児に対する評価が進められている。

4 子どもの学力向上を主眼に，平成18年から教育・保育を一体として提

供する認定こども園制度が開始され，小学校教育に円滑に結びつく効果
が期待されている。

5　幼児教育と保育の重要性に鑑み，平成27年度から，国が自ら教育・保
育の直接的な担い手となる「子ども・子育て支援新制度」がスタートする。

【14】「平成26年度　子ども・若者白書」(内閣府)における発育，疾病，食物
に関する記述の内容として適切なものは，次の1〜5のうちのどれか。

1　乳幼児の身長及び体重の平均値は50年前より減少しており，20歳の身
長及び体重の平均値が50年前より大幅に小さくなっていることの要因と
なっている。

2　乳幼児の運動・言語機能の獲得は年々早まっており，就学以降の体力・
運動能力が30年前との比較で大きく向上していることに結びついている。

3　0〜14歳の受療率(人口10万人当たりの推計患者数)は，この10年間で
上昇傾向にあり，また，低年齢層ほど受療率が高く，0歳が最も高い。

4　0〜14歳で，むし歯のある者の割合は30年前との比較で大幅に上昇して
いる一方，アレルギー性鼻炎や喘息の者の割合は減少傾向にある。

5　30歳未満の朝食の欠食率は増加傾向にあり，特に低年齢層ほど増加率が
高く，0〜14歳では2〜3割程度が朝食を欠食している。

【15】認定こども園の説明として適切なものは，次の1〜5のうちのどれか。

1　幼保連携型・幼稚園型・保育所型・地方裁量型の4種類の類型がある。

2　認定こども園の類型を問わず，入園できるのは，満3歳から小学校就学
の始期に達するまでの幼児である。

3　認定こども園の類型や子どもの年齢を問わず，入園できるのは，保護者
の就労等で保育を必要とする子どもである。

4　幼稚園と異なり，入園児以外の地域における子どもの家庭に対し，子育
て支援を行う機能は有さない。

5　認定こども園の類型を問わず，職員はすべて幼稚園教育職員免許と保育
士資格を併有する者でなければならない。

【16】「そうだ，やっぱり早起き・早寝！　改善しよう！　子供たちの生活リズ
ム」(東京都教育委員会)における「入学までに身につけたい8つの生活習慣」
に示されている内容として，最も適切なものは，次の1〜5のうちのどれか。

1　夜更かししても毎日必ず早起きし，昼寝で睡眠時間を確保する

2　テレビやゲームの時間を，家族といっしょに決める

3　平日と休日は生活リズムを変えてメリハリをつける

4　朝食は，伝統的な和文化様式のごはんと味噌汁で摂る

5　3時間に1回は，手洗いとうがいをする

【17】「きまりをまもるこころを育てる　―幼児期の「規範意識の芽生え」の醸成　指導資料―」(平成26年3月　東京都教育委員会)における3歳児～5歳児に対する「大人の関わりで大切なこと」として，適切なものの組合せは，下の1～5のうちのどれか。

A　子供が自分で身支度など身の回りのことをしようとしているときは，早めに大人が指示したり手伝ったりして，正しくできるようにする。

B　子供の話を丁寧に聞き，一緒に考えたり，大人もその日の出来事を話したりして，会話の楽しさを共有する。

C　他の子供と比べ，できているところとできていないところを，大人がその都度教え，子供自身に向上心が育まれるようにする。

D　交通ルールや電車でのマナーなど，安全で気持ちよく暮らしていくために必要なことを日常的に大切にし，大人がきちんと守る姿を見せる。

　　1　A・B

　　2　A・C

　　3　A・D

　　4　B・C

　　5　B・D

【18】日本国憲法が国民の権利及び義務に関して定める内容として適切なものの組合せは，下の1～5のうちのどれか。

A　すべて国民は，全体の奉仕者として，その範囲で個人として権利が尊重される。

B　すべて国民は，健康で文化的な最低限度の生活を営む権利を有する。

C　すべて国民は，その保護する子女に，有償で普通教育を受けさせる権利を有する。

D　すべて国民は，勤労の権利を有し，義務を負ふ。

　　1　A・B

　　2　A・C
　　3　A・D
　　4　B・C
　　5　B・D

【19】学校教育法における幼稚園教育の目標に関する条文として適切なもの
　　は，次の1～5のうちのどれか。
　1　健康，安全で幸福な生活のために必要な基本的な知力と体力を養うとと
　　もに，心の健全な発達を図ること。
　2　集団生活を通じて，集団に合わせていく態度を養うとともに，身近な人
　　とのかかわりを深め，平等の精神及び助け合いの精神の芽生えを養うこ
　　と。
　3　身近な自然や動植物に対する興味を養い，それらに親しむことを通じ
　　て，健全な心身と人格を形成する基礎を培うこと。
　4　絵本，童話等に親しむことを通じて，物事の道理やことわりへの気づき
　　に導くとともに，規範意識の芽生えを養うこと。
　5　音楽，身体による表現，造形等に親しむことを通じて，豊かな感性と表
　　現力の芽生えを養うこと。

【20】幼稚園教育職員の免許及び保育士の資格，登録に関する記述として，教
　　育職員免許法及び児童福祉法に照らして適切なものは，次の1～5のうちの
　　どれか。
　1　幼稚園教育職員は20歳以上，保育士は18歳以上でなければ，免許又は
　　資格を取得することができない。
　2　高等学校を卒業していない者は，例外なく，幼稚園教育職員の免許も保
　　育士の資格も取得することができない。
　3　幼稚園教育職員免許及び保育士資格の取得は，いずれも国が指定する学
　　校を卒業することが唯一の方法で，その他に取得試験等はない。
　4　幼稚園教育職員の免許には有効期間が定められているが，保育士の資格
　　や登録に有効期限はない。
　5　幼稚園教育職員の免許状は都道府県知事が授与し，保育士となる者に
　　は，都道府県教育委員会から登録証が交付される。

【21】 いじめ防止対策推進法の内容を説明した記述として最も適切なものは，次の1～5のうちのどれか。

1　児童等のいじめ行為を，正当な理由がある場合を除いて禁止している。

2　この法律が対象とするいじめは，児童等に対して物理的に苦痛を与える行為を言い，心理的に苦痛を与えるだけの行為は対象外としている。

3　この法律が対象とするのは，幼稚園から大学までの学校内のいじめで，学校外におけるいじめは対象外としている。

4　いじめの防止対策は，いじめの問題に関する児童等の理解を深めることを趣旨として行わなければならないとしている。

5　いじめの防止対策に係る国，地方公共団体及び学校の責務を定めているが，児童等の保護者の責務は特に定めていない。

【22】 教育学，心理学に関わる人物の説明として最も適切なものは，次の1～5のうちのどれか。

1　スキャモンは，身体組織の発育パターンを，一般型，神経系型，リンパ系型，生殖系型の4種に分類し，それぞれの成長曲線を示した。

2　マズローは，子ザルを用いた実験で，母子関係の成立には，授乳による生理的欲求の充足よりも，身体接触による快感，安心感が重要であることを示した。

3　ピアジェは，独自の人智学に基づき，8年間一貫担任制，周期集中のエポック授業，言語・身体芸術としてのオイリュトミーなどの教育を展開した。

4　ハーローは，生理的欲求，安全の欲求，愛情の欲求，自尊の欲求，自己実現の欲求という5つの階層的欲求理論を提唱した。

5　シュタイナーは，子どもの世界観の発達を4段階に区分し，幼児は自他の区別が未分化で，すべてのものに生命があるというアニミズム的な思考を行うとした。

【23】 教育学，心理学に関する用語の説明として最も適切なものは次の1～5のうちのどれか。

1　ビネー法は，投影法による性格検査の一つで，あいまいな図形が何に見えるかにより，性格の特徴を診断するものである。

2　ピグマリオン効果は，人物の特徴の一つに良い(ないしは悪い)印象を受

けると，影響されて他の特徴も良い(ないしは悪い)評価をする現象を言う。

3　PTSDは，心理的ストレスを原因とした機能障害で，幼児・児童に多く見られ，不注意や多動性，衝動性を特徴とする。

4　ラポールは，深い親和的関係が成立している状態を言い，心理療法における面接者と被面接者や，教師と子どもの関係などで重要とされる。

5　ハロー効果は，挨拶や無意識な仕草が，相手に対して内心で予想した以上の好印象や効果を及ぼす現象を言う。

【24】感染症の説明として適切なものの組合せは，下の1～5のうちのどれか。

A　おたふくかぜは，耳の下で顎の後ろの部分(耳下腺)が片側または両側で腫れ，痛みや発熱を伴う感染症で，幼児から学童期に感染が多い。

B　プール熱は，水中のウイルスにより体表面が熱をもって赤くなる皮膚の疾患で，プールでの感染が多いため夏に流行しやすいが，一度感染すると免疫ができる。

C　はしかは，発熱，咳，目やにやコプリック斑と呼ばれる口内の斑点，および全身の発疹を主症状とし，感染力が非常に強いが，一度感染すると免疫ができる。

D　りんご病は，果実や野菜類に含まれる細菌によって起こる感染症で，発熱のほか，舌の表面にブツブツの赤みができるのが特徴で，学童期に感染が多い。

　　1　A・B
　　2　A・C
　　3　A・D
　　4　B・C
　　5　B・D

【25】季節の行事の説明として最も適切なものは，次の1～5のうちのどれか。

1　鏡びらきは，力自慢が酒の入った樽のふたを木槌などで割る正月の行事で，もともとは力比べの行事として広まった。

2　節分は，もともとは冬至を過ぎて間もない時期に行う行事で，冬の寒さを鬼に見立てて追い払い，春を呼ぶお祭りとして行われた。

3　端午の節句は，もともとは性別を問わずに子宝を願う行事として行わ

れ，現在では，子どものいる家の幸せを祝って，家族に見立てた鯉のぼりを立てる。

4　七夕は，7月にひこ星が天の川を渡っておりひめ星に近づくことから生まれたお祭りで，もともとは縁結びの行事として行われた。

5　お月見の行事で各地にあるお供えの風習は，もともとは秋の収穫祭の意味がこめられており，現在では，9月から10月初めごろに行われる。

【26】植物の一般的な開花や収穫の時期として最も適切なものは，次の1～5のうちのどれか。

1　ソラマメの収穫　　　――　　2月上旬～3月中旬

2　オニユリの開花　　　――　　2月下旬～3月下旬

3　アジサイの開花　　　――　　9月上旬～11月下旬

4　スダジイの実の収穫　――　　10月上旬～11月下旬

5　タケノコの収穫　　　――　　10月中旬～12月中旬

【27】童話と作者の組合せとして適切なものは，次の1～5のうちのどれか。

1　ヘンゼルとグレーテル　――　　グリム

2　しあわせの王子　　　　――　　ウィーダ

3　雪の女王　　　　　　　――　　メーテルリンク

4　フランダースの犬　　　――　　ワイルド

5　青い鳥　　　　　　　　――　　アンデルセン

【28】次は，ある楽曲の一部である。この楽曲について，後の各問いに答えなさい。

[問1]　（　A　）の小節として最も適切なものは，次の1〜5のうちのどれか。

[問2]　（　B　）の小節として最も適切なものは，次の1〜5のうちのどれか。

[問3]　この楽曲の歌詞と最も関連の深いものは，次の1〜5のうちのどれか。

1　空を飛ぶ　　　　2　どんどん歩く　　　3　怪獣がやって来る

4　魔法を使って　　5　家族大好き

解 答・解 説

【1】4

〈解説〉『幼稚園教育要領解説』は選択肢1に関して「心と体の発達を調和的に促すためには，特定の活動に偏ることなく，様々な活動に親しみ，それらを楽しむことで心や体を十分に動かすことが必要である。そのためには，幼児の発想や興味を大切にして自分から様々な活動に楽しんで取り組むようにすることが大切である」，選択肢2に関して「安全を気にするあまり過保護や過介入になってしまえば，かえって幼児に危険を避ける能力が育たず，けがが多くなるということにも留意することが必要である」，選択肢3に関して「教師は，ただ善悪を教え込むのではなく，幼児が自分なりに考えるように援助することが重要である」，選択肢5に関して「幼児は気に入った活動に出会うと生き生きと繰り返し取り組もうとする。しかし，次第に興味や関心が薄れてきても他にやることが見つからずにその活動を繰り返している場合もある。幼児の活動への取組の様子を見極めつつ，必要に応じて，幼児が取り組んでみたいと思えるような意欲を喚起する環境を構成したり，取り組んで楽しかったという充実感や満足感が味わえるようにすることが大切である」と指摘している。

【2】5

〈解説〉全国学力・学習状況調査の分析結果を踏まえた主な事項として文部科学省は「学力向上に有効な指導方法等として授業規律の徹底」を示しているが，『幼稚園教育要領解説』には「規律」という言葉ではなく，「きまり」という言葉が使用されている。また選択肢2に関して「幼児が主体的に環境と関わることを通して自らの発達に必要な経験を積み重ねるためには，幼稚園生活が計画性をもったものでなければならない」，選択肢3に関しては「教師は，幼児が何に関心を抱いているのか，何に意欲的に取り組んでいるのか，あるいは取り組もうとしているのか，何に行き詰まっているのかなどを捉える必要があり，その捉えた姿から，幼児の生活や発達を見通して指導の計画を立てることになる」，選択肢4に関しては「具体的な指導においては，あらかじめ立てた計画を念頭に置きながらそれぞれの実情に応じた柔軟な指導をすることが求められる」と示している。

【3】4

〈解説〉『幼稚園教育要領』は幼児の発達の側面から，心身の健康に関する領域「健康」，人との関わりに関する領域「人間関係」，身近な環境との関わりに関する領域「環境」，言葉の獲得に関する領域「言葉」及び感性と表現に関する領域「表現」の5領域を示している。なお「周囲の様々な環境に好奇心や探究心をもって関わり，それらを生活に取り入れていこうとする力を養う」のが領域「環境」である。

【4】4

〈解説〉『幼稚園教育要領解説』はA情緒の安定について「幼児の事故はその時の心理的な状態と関係が深いといわれており，日々の生活の中で，教師は個々の幼児が安定した情緒の下で行動できるようにすることが大切である」，B遊びについて「日常の生活の中で十分に体を動かして遊ぶことを通して，その中で危険な場所，事物，状況などが分かったり，そのときにどうしたらよいかを体験を通して学びとっていくことが大切である」，C交通安全について「交通安全の習慣を身に付けさせるために，教師は日常の生活を通して，交通上のきまりに関心をもたせるとともに，家庭と連携を図りながら適切な指導を具体的な体験を通して繰り返し行うことが必要である」，D訓練について「火事や地震を想定した避難訓練は，年間を見通した計画の中に位置付け，災害時には教師の下でその指示に従い，一人一人が落ち着いた行動がとれるようにすることが重要である」と解説している。

【5】1

〈解説〉『幼稚園教育要領解説』は行事の指導に関して「幼稚園生活に行事を過度に取り入れたり，結果やできばえに過重な期待をしたりすることは，幼児の負担になるばかりでなく，ときには幼稚園生活の楽しさが失われることにも配慮し，幼児の発達の過程や生活の流れから見て適切なものに精選することが大切である。また，家庭や地域社会で行われる行事があることにも留意し，地域社会や家庭との連携の下で，幼児の生活を変化と潤いのあるものとすることが大切である」と指摘している。

【6】3

〈解説〉Bは領域「表現」のねらい，Cは領域「環境」の内容である。領域「言葉」のねらいには正答のAとDのほか，「人の言葉や話などをよく聞き，自分の経験したことや考えたことを話し，伝え合う喜びを味わう」がある。なお平成20年3月の『幼稚園教育要領』の改訂において言語活動の充実の観点から，領域「言葉」について「幼児が自分の思いを言葉で伝えるとともに，教師や他の幼児などの話を興味をもって注意して聞くことを通して次第に話を理解するようになっていき，言葉による伝え合いができるようにすること」が新たに「内容の取扱い」に加筆された。

【7】5

〈解説〉『幼稚園教育要領解説』は「幼児の行動を見守りながら適切な援助」について，「幼児の行動に温かい関心を寄せること」，「心の動きに応答すること」，「共に考えること」の3点の配慮事項を示している。また「一人一人のよさが生かされた集団を形成するため」には，「まず教師が，幼児の心に寄り添い，その幼児のよさを認めることが大切である」としている。

【8】3

〈解説〉『幼稚園教育要領』は選択肢1と2について「各幼稚園においては，教育基本法及び学校教育法その他の法令並びにこの幼稚園教育要領の示すところに従い，創意工夫を生かし，幼児の心身の発達と幼稚園及び地域の実態に即応した適切な教育課程を編成するものとする」としている。また選択肢4と5は指導計画についての記述であり，この点については「教育課程の実施に当たっては，幼稚園教育の基本である環境を通して行う教育の趣旨に基づいて，幼児の発達や生活の実情などに応じた具体的な指導の順序や方法をあらかじめ定めた指導計画を作成して教育を行う必要があり，教育課程は指導計画を立案する際の骨格となるものである」としている。

【9】2

〈解説〉『幼稚園教育要領解説』は，選択肢1について「安全対策については万全を期する必要があるが，幼児の家庭や地域での生活を含め，生活全体を豊かにし，健やかな成長を確保していくためには，幼稚園が家庭や地域社会との連携を深め，地域の実態や保護者及び地域の人々の要請などを踏まえ，地域における幼児期の教育のセンターとしてその施設や機能を開放し，積極的に子育てを支援していく必要がある」としている。選択肢3については「幼稚園は，幼児の家庭や地域での生活を含めた生活全体を豊かにし，健やかな成長を確保していくため，地域の実態や保護者及び地域の人々の要請などを踏まえ，地域における幼児期の教育のセンターとしてその施設や機能を開放し，子育ての支援に努めていく必要がある」と指摘し，幼稚園には地域の教育センターとしての役割が積極的に求められている。選択肢4について学校教育法第22条は「幼稚園は，義務教育及びその後の教育の基礎を培うものとして，幼児を保育し，幼児の健やかな成長のために適当な環境を与えて，その心身の発達を助長することを目的とする」，また同法第24条は「幼稚園においては，第22条に規定する目的を実現するための教育を行うほか，幼児期の教育に関する各般の問題につき，保護者及び地域住民その他の関係者からの相談に応じ，必要な情報の提供及び助言を行うなど，家庭及び地域における幼児期の教育の支援に努めるものとする」としており，幼稚園の第一義的な役割は幼児の保育である。選択肢5について児童虐待防止法第5条は，「学校，学校の教職員等は，児童虐待を発見しやすい立場にあることを自覚し，児童虐待の早期発見に努めなければならない」と規定されており，また同法第6条第1項では，「児童虐待を受けたと思われる児童を発見した者は，速やかに，福祉事務所等に通告しなければならない」と定め，また第3項で「刑法（明治40年法律第45号）の秘密漏示罪の規定その他の守秘義務に関する法律の規定は，第1項の規定による通告をする義務の遵守を妨げるものと解釈してはならない」と明記している。

【10】3

〈解説〉文部科学省は幼稚園教育における記録の重要性に鑑み，教師の専門性を高めるための記録の在り方や，その記録を実際の指導や評価にどのように生かしていくのかなどについて実践事例を取り上げて解説する『幼稚園教育指導資料第5集　指導と評価に生かす記録』を平成25年発刊した。その中で選択肢1に関しては「保育の中で幼児の姿がどのように変容しているか

を捉えながら，そのような姿を生み出してきた様々な状況について適切かどうかを検討して，保育をよりよいものに改善するための手掛かりを求めることが評価なのです」，選択肢2に関しては「指導の過程における記録については，教師が自らの指導を振り返り，指導の改善に生かしてゆくために，全ての学校教育段階で重視されていますし，特に幼稚園教育においては，幼児の発達の理解と教師の指導の改善の面から重要な役割を担っています」，選択肢4に関しては「複数の教師が一人の幼児，あるいは一つの場面の記録を検討することによって，担任教師一人では分からなかった幼児の気持ちや行動の意味を理解することができます」，選択肢5に関しては「保育や幼児の様子を伝え，幼児の成長を保護者と教師で共有することによって幼児理解が広がり，不安が軽減されることもあります」としている。

【11】3

〈解説〉『幼稚部教育要領解説』は，選択肢1に関して「幼稚部においては，自立活動に重点を置いて指導を行う場合はもとより，総合的に指導する場合においても，個別の指導計画に基づいて指導する必要がある」，選択肢2に関して「自立活動の内容に重点を置いた指導を行う場合においても，機械的な反復練習とならないようにし，幼児の自発的な活動としての遊びを通して展開されるよう留意する必要がある」，選択肢4に関して「一人一人の幼児の発達の遅れや不均衡を改善したり，発達の進んでいる側面を更に伸ばすことによって遅れている側面の発達を促すようにしたりする指導を行うなどして『調和的発達の基盤を培うようにすること』が大切である」，選択肢5に関して「保育における反省や評価は，このような指導の過程の全体に対して行われるものである。この場合の反省や評価は，幼児の発達の理解と教師の指導の改善という両面から行うことが大切である」と解説している。

【12】3

〈解説〉『幼稚園施設整備指針』は，運動スペースについては「敷地の形状を有効に活用し，変化に富み，遊びながら様々な活動を体験したり挑戦したりできる空間として計画・設計することが望ましい」，固定遊具については「自然の樹木や地形の起伏等を遊具として活用することも考慮しつつ，幼児数や幼児期の発達段階，必要性，安全性，耐久性，利用頻度，衛生面等を十分勘案して，その数，種類，規模，設置位置等を計画することが重要である」，緑化スペースについては「樹高の高い樹木を園舎の周囲，園地周辺部等にまとまりを持たせて配植したり，1本又は数本の樹木をポイント的に

配植することも有効である」，門については「囲障を計画する際，特に防犯の面からは，周囲からの見通しを妨げるものは避け，視線が通り死角を作らないものとすることが重要である」としている。

【13】 2

〈解説〉『平成25年度　文部科学白書』は選択肢1について，「平成25年5月1日現在，全国で1万3,043園の幼稚園があり，約160万人の幼児が在園しています。全国の5歳児のうち，約55%が幼稚園に就園しており，また，3歳児の就園率については増加傾向にあります」としている。選択肢3について，文部科学省は「幼稚園における学校評価ガイドライン〔平成23年11月改訂〕」を示し，幼稚園の特性に応じた学校評価を推進することで，幼稚園教育の質の向上を図っている。選択肢4について「近年の急速な社会の変化に伴い多様化するニーズに柔軟かつ適切に対応するため，平成18年10月から，幼稚園，保育所等のうち，教育・保育を一体として提供し，地域における子育ての支援を実施する施設を，都道府県知事(教育委員会の場合あり)が認定する認定こども園制度が開始されました」，選択肢5について「平成24年8月，幼児期の学校教育・保育，地域の子育て支援を総合的に推進するため，子ども・子育て関連3法(「子ども・子育て支援法」，「就学前の子どもに関する教育，保育等の総合的な提供の推進に関する法律の一部を改正する法律」，「子ども・子育て支援法及び就学前の子どもに関する教育，保育等の総合的な提供の推進に関する法律の一部を改正する法律の施行に伴う関係法律の整備等に関する法律」)が成立し，これに基づき「子ども・子育て支援新制度」を構築することとなりました。この新制度では，住民に身近な市町村が実施主体となり，幼児期の学校教育・保育，子育て支援に関する住民のニーズを把握し，ニーズを満たすための方策を定めた計画(「市町村子ども・子育て支援事業計画」)を策定して，地域の子ども・子育て支援の体制を計画的に整備します」としている。

【14】 3

〈解説〉『平成26年度　子ども・若者白書』は選択肢1について「出生時体重はおおむね横ばい。身長はおおむね横ばいである一方，小学生・中学生の体重が減少傾向」としている。選択肢2については「乳幼児の運動機能の通過は10年前と比べやや遅くなっている」としている。選択肢4については「むし歯のある者の割合は低下しているが，鼻・副鼻腔疾患(アレルギー性鼻炎など)や喘息の者の割合が上昇」としている。選択肢5について「30歳未満の

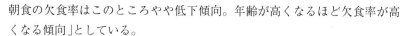

朝食の欠食率はこのところやや低下傾向。年齢が高くなるほど欠食率が高くなる傾向」としている。

【15】1

〈解説〉選択肢2について，認定こども園は「教育・保育を一体的に行う施設で，いわば幼稚園と保育所の両方の良さを併せ持っている施設」であり，満3歳未満も当然対象となる。選択肢3について認定こども園は「就学前の子どもに幼児教育・保育を提供する機能」を持っており，保護者が働いている，いないにかかわらず受け入れて，教育・保育を一体的に行う。選択肢4について，認定こども園は「地域における子育て支援を行う機能」を持っており，子育て家庭を対象に，子育て不安に対応した相談活動や，親子の集いの場の提供などを行う。選択肢5について，幼保連携型は保育教諭を配置し，保育教諭は幼稚園教諭の免許状と保育士資格を併有が条件(ただし，施行から5年間は，一定の経過措置あり)。その他の認定こども園については，満3歳未満は保育士資格が必要であるが，満3歳以上は幼稚園教諭と保育士資格の両免許・資格の併有が望ましいとされている。

【16】2

〈解説〉東京都教育委員会は，平成18年度から就学前の子供の保護者への新たなアプローチとして，「子供の生活習慣確立プロジェクト」の取り組みを始めた。このプロジェクトは子供の生活習慣の乱れを改善し望ましい生活習慣を確立することを目的としたものであり，民間・行政が協働するしくみとしての「子供の生活習慣確立東京都協議会」設立や，啓発資料作成・配付区市との連携事業，ウェブサイトによる広報PR，フォーラムの開催などを行っている。この「そうだ，やっぱり早起き・早寝！　改善しよう！　子供たちの生活リズム」は小学校入学に向けて早起き早寝など生活習慣の確立が大切であるとする科学的根拠についての説明，家庭で取り組む生活リズム改善のアドバイス，さらに親子で楽しみながら生活リズムを身に付けるためのカレンダーとシールがついている。その中で「入学までに身につけたい8つの生活習慣」として，①早起き・早寝をする，②あいさつをする，③朝ごはんを食べる，④トイレの習慣を身につける，⑤元気に外遊びをする，⑥手洗いをする，⑦テレビやゲームの時間を決める，⑧自分で着替えをする，の8つを示している。

【17】5

〈解説〉学校教育法は，幼稚園教育の目標の一つとして，「集団生活を通じて，

喜んでこれに参加する態度を養うとともに家族や身近な人への信頼感を深め，自主，自律及び協同の精神並びに規範意識の芽生えを養うこと」と明記し，「この目標の実現に向けては，就学前教育施設における家庭への働き掛けを含めた指導の一層の充実が望まれる」との認識のもと，東京都教育委員会は，「幼児期の『規範意識の芽生え』の醸成」を平成25年度の重要な施策とし，保育・教育関係者，保護者，地域関係者，行政関係者など様々な立場から幼児の規範意識に関して検討を行う「検討委員会」の設置や，家庭における幼児の規範意識の芽生えの醸成に関する「家庭用リーフレット」及び，就学前教育施設における保育・教育の充実に資する「指導資料」の作成・配布などの事業を展開してきた。その中で3歳児から5歳児に対する「大人の関わりで大切なこと」として出題のほかに，「地域の行事や図書館，児童館など地域の施設に積極的に出掛け，様々な人との触れ合い，新たな体験や出会いを楽しめるようにする」，「大人が物に愛着をもち，丁寧に扱う姿を通して，物を大切に扱う心や扱い方を教えていく」ことをあげている。

【18】5

〈解説〉『日本国憲法　第3章　国民の権利及び義務』のなかで，選択肢Bは第25条，Dは第27条の内容なので，適切である。第13条「すべて国民は，個人として尊重される。」と第15条第2項「すべて公務員は全体の奉仕者であつて…」から，また，第26条第2項「すべて国民は，その保護する子女に，普通教育を受けさせる義務を負ふ。義務教育は，これを無償とする。」から，AとCは適切でない。

【19】5

〈解説〉学校教育法第23条は出題のほかに，「健康，安全で幸福な生活のために必要な基本的な習慣を養い，身体諸機能の調和的発達を図ること」，「集団生活を通じて，喜んでこれに参加する態度を養うとともに家族や身近な人への信頼感を深め，自主，自律及び協同の精神並びに規範意識の芽生えを養うこと」，「身近な社会生活，生命及び自然に対する興味を養い，それらに対する正しい理解と態度及び思考力の芽生えを養うこと」，「日常の会話や，絵本，童話等に親しむことを通じて，言葉の使い方を正しく導くとともに，相手の話を理解しようとする態度を養うこと」の計5つの目標を示している。

【20】4

〈解説〉選択肢1と2について教育職員免許法第5条は「普通免許状は，別表第

一，別表第二若しくは別表第二の二に定める基礎資格を有し，かつ，大学若しくは文部科学大臣の指定する養護教諭養成機関において別表第一，別表第二若しくは別表第二の二に定める単位を修得した者又はその免許状を授与するため行う教育職員検定に合格した者に授与する。ただし，次の各号のいずれかに該当する者には，授与しない。一 十八歳未満の者 二 高等学校を卒業しない者」とあり教員免許には年齢条件，高校卒業条件があるが，児童福祉法第18条は「次の各号のいずれかに該当する者は，保育士となる資格を有する。一 厚生労働大臣の指定する保育士を養成する学校その他の施設(以下「指定保育士養成施設」という。)を卒業した者 二 保育士試験に合格した者」としており，保育士資格に年齢制限，高校卒業条件はない。選択肢3について教育職員免許は大学等による単位取得に加え教育職員検定，また前記の児童福祉法第18条には保育士試験による資格取得を認めており，国指定の学校卒業という要件はない。選択肢5について教育職員免許状は都道府県教育委員会から授与され，保育士登録証は都道府県知事から交付される。なお正答の選択肢4について，平成19年6月の改正教育職員免許法の成立により，平成21年4月1日から教員免許更新制が導入され，平成21年4月1日以降に授与された免許状(新免許状)に10年間の有効期間が付され，有効期間更新のため，2年間で30時間以上の更新講習を受講・修了することが必要となり，平成21年3月31日以前の免許状(旧免許状)取得者にも更新制の基本的な枠組みが適用され，修了確認期限が付された。

【21】4

〈解説〉いじめ防止対策推進法が平成25年6月28日に公布された。この法律第2条は「この法律において『いじめ』とは，児童等に対して，当該児童等が在籍する学校に在籍している等当該児童等と一定の人的関係にある他の児童等が行う心理的又は物理的な影響を与える行為(インターネットを通じて行われるものを含む。)であって，当該行為の対象となった児童等が心身の苦痛を感じているものをいう」といじめを定義し，第3条第1項は「いじめの防止等のための対策は，いじめが全ての児童等に関係する問題であることに鑑み，児童等が安心して学習その他の活動に取り組むことができるよう，学校の内外を問わずいじめが行われなくなるようにすることを旨として行われなければならない」とし，第4条は「児童等は，いじめを行ってはならない」といじめを全て禁止し，第9条は「保護者は，子の教育について第一

義的責任を有するものであって，その保護する児童等がいじめを行うことのないよう，当該児童等に対し，規範意識を養うための指導その他の必要な指導を行うよう努めるものとする」と保護者の責務を定めている。また第3条第2項は「いじめの防止等のための対策は，全ての児童等がいじめを行わず，及び他の児童等に対して行われるいじめを認識しながらこれを放置することがないようにするため，いじめが児童等の心身に及ぼす影響その他のいじめの問題に関する児童等の理解を深めることを旨として行われなければならない」としている。

【22】1

〈解説〉1　正しい説明である。2　マズローではなく，ハーローの説明である。3　ピアジェではなく，シュタイナーの説明である。4　ハーローではなく，マズローの説明である。5　シュタイナーではなく，ピアジェの説明である。

【23】4

〈解説〉1　あいまいな図形を用いた性格検査としては，ロールシャッハテストが有名である。2　ピグマリオン効果ではなく，ハロー効果の説明である。3　不注意や多動性，衝動性を特徴とする機能障害は，ADHDである。4　正しい説明である。5　ハロー効果は2の説明が正しい。

【24】2

〈解説〉A　通称おたふくかぜの正式な疾患名は流行性耳下腺炎である。原因となるムンプスウイルスに感染後，2～3週間の潜伏期を経て，唾液腺(多くは耳下腺)の腫脹・圧痛，嚥下痛，発熱を主症状として発症するが，軽症で経過することが多く，通常1～2週間で軽快する。　B　通称プール熱の正式な疾患名は咽頭結膜熱である。原因となるアデノウイルスは，特に季節特異性がないものの，通常夏期に流行し，プールでの感染も多く見られることから，プール熱とも呼ばれている。アデノウイルスは種類が多いだけでなく，免疫がつきにくいとされており，1つの型のアデノウイルスに感染しても，他のアデノウイルスに何度もかかることがある。主症状は発熱，咽頭炎，結膜炎の3つだが，症状の出方は様々で，全身倦怠感，頭痛，食欲不振や，時に肺炎を起こすこともある。　C　通称はしかの正式な疾患名は麻疹である。麻疹ウイルスの感染力は非常に強く，免疫抗体を持たない人がウイルスの暴露を受けると90％以上が感染するが，一度感染し発症すると終生免疫が得られるとされている。患者報告数は1歳が最も多く，全体の約半数が2歳以下である。症状が重くなりやすく，合併症の心配も

あることから，注意が必要である。　D　通称りんご病の正式な疾患名は
伝染性紅斑である。発症すると，蝶翼状の紅斑が頬に出現して両頬がリン
ゴのように赤くなることから，りんご病とも呼ばれている。ヒトパルボウ
イルスB19が原因となる感染症で，乳幼児及び学童期を中心に流行する。
感染経路は感染者の咳やくしゃみなどからうつる飛沫感染と，ウイルスに
触ってしまうことでうつる接触感染が主である。比較的感染力は弱く，感
染しても重症化することはほとんどないが，妊婦が感染した場合に，胎児
の発育や生死に影響を及ぼす可能性がある。

【25】5

〈解説〉鏡びらきは，正月に神や仏に供えた鏡餅をおろし，雑煮や汁粉に入れ
　　て食べることで，正月11日に行うところが多い。節分は特に立春の前日の
　　称でこの日，鰯の頭を柊の小枝に刺して戸口に刺し，炒り豆をまいて悪疫
　　退散，招福の行事を行う風習がある。端午の節句は5月5日の節句で，古く
　　はショウブ・ヨモギを軒に挿して邪気を払う風があったが，江戸時代以後，
　　男子の節句とされ，武家で甲冑・幟を飾ったのにならい町人も武者人形な
　　どを飾り，鯉幟を立てるようになった。七夕は7月7日に行う牽牛星と織
　　女星を祭る行事で庭に竹を立て，五色の短冊に歌や字を書いて枝葉に飾り，
　　裁縫や字の上達などを祈るものである。

【26】4

〈解説〉地域によるが，一般的に「ソラマメの収穫」は5〜6月(初夏)，「オニユ
　　リの開花」は7〜8月(夏)，「アジサイの開花」は5〜7月(梅雨)，「タケノコ
　　の収穫」は3〜5月(春)である。「スダジイの実」とはシイの実のことで，収
　　穫は10〜12月なので，選択肢4が適切である。

【27】1

〈解説〉『ヘンゼルとグレーテル』はグリム童話(ドイツ)であるので，選択肢1
　　が適切である。ほかの童話の作者は，『しあわせの王子』ワイルド(アイルラ
　　ンド)，『雪の女王』アンデルセン(デンマーク)，『フランダースの犬』ウィー
　　ダ(イギリス)，『青い鳥』メーテルリンク(ベルギー)である。

【28】問1 3　　問2 1　　問3 2

〈解説〉この楽曲は，アニメ映画『となりのトトロ』のオープニングテーマ曲，
　　「さんぽ」(中川李枝子作詞・久石譲作曲)の一部である。　問1　Aは，上の
　　段「ソラソ」に対する伴奏部分である。この小節は「ソラソ」のうち「ソ」が主
　　の音なので「ソ」を使う和音を考える。また，リズムから考えると最初の小

節と同じく行進しているような感じが適切である。　問2　Bは，3小節目「ドミソドシラ」のあとに続く4小節目「ソ」である。　問3　「さんぽ」の歌詞は，「歩こう　歩こう　わたしは元気　歩くの　大好き　どんどん　行こう…」である。

平成27年度

【1】幼稚園教育要領における幼稚園教育の基本に関する記述の内容として適切なものは，次の1～5のうちのどれか。

1　幼稚園は，日本国憲法に規定する幼児期の教育の目的を達成するため，幼児期の特性を踏まえ，環境構成や人間関係の形成を通して行う教育を基本とすること。

2　幼稚園は，幼児がその生活時間の大半を過ごす場であることを考慮して，十分に養護の行き届いた環境の下に，幼児の様々な欲求を満たし，生命の保持及び情緒の安定を図ること。

3　幼児の自発的な活動としての遊びは，心身の調和のとれた発達の基礎を培う重要な学習であることを考慮して，遊びを通しての指導を中心として幼稚園教育要領に示す各領域のねらいが総合的に達成されるようにすること。

4　幼児の生活経験，性格，性別がそれぞれ異なることなどを考慮して，幼児一人一人の家庭環境，性格，性別に応じ，対応や指導内容を区別して行うようにすること。

5　教師は，適切に環境を構成するとともに，指導計画を作成し，用意した環境の下で幼児が確実に計画に沿って活動や遊びを行うように指導すること。

【2】幼稚園教育要領解説(平成20年10月　文部科学省)における教師の役割に関する記述の内容として最も適切なものは，次の1～5のうちのどれか。

1　幼児の活動を見守る役割が大切である。幼稚園においては，幼児の主体性を最大限重視する必要があり，幼児をただ遊ばせているだけでも教育として成り立つことに留意すべきである。

2　幼児との共同作業者，幼児と共鳴する者としての役割が大切である。教師がこの役割を担うことによって，幼児の活動が活性化し，教師と一緒にできる楽しさからさらに活動への集中を生むことへつながっていく。

3　幼児の善いモデルや悪いモデルとしての役割が大切である。幼児は，善いモデルだけでなく悪いモデルまで真似をしてしまうことがあるが，そのことが，善悪の気づきや教師への親しみを生むことにつながっていく。

4　幼児の遊びの援助者としての役割が大切である。幼児は遊びのルールや方法を自分のものにできない場合も多く，課題を抱えているようなとき

231

はすぐに全面的に援助し，教師が期待する方向に軌道修正することが求められる。

5　幼児の自立を導く教育者としての役割が大切である。幼稚園は，幼児にとって保護者から離れ，自立心等を養う場であるため，教師が精神的なよりどころになってしまわないように，時には一歩離れた姿勢で対応することが求められる。

【3】次の文章は，幼稚園教育要領における健康に関する記述である。空所A〜Dに該当する語句の組合せとして適切なものは，下の1〜5のうちのどれか。

> ○　心と体の健康は，相互に密接な関連があるものであることを踏まえ，幼児が教師や他の幼児との温かい触れ合いの中で自己の（　A　）や充実感を味わうことなどを基盤として，しなやかな心と体の発達を促すこと。
>
> ○　（　B　）の中で伸び伸びと体を動かして遊ぶことにより，体の諸機能の発達が促されることに留意し，幼児の興味や関心が（　C　）にも向くようにすること。
>
> ○　基本的な生活（　D　）の形成に当たっては，家庭での生活経験に配慮し，幼児の自立心を育て，幼児が他の幼児とかかわりながら主体的な活動を展開する中で，生活に必要な（　D　）を身に付けるようにすること。

	A	B	C	D
1	存在感	自然	戸外	習慣
2	達成感	幼稚園	運動	能力
3	幸福感	自然	運動	能力
4	存在感	幼稚園	運動	習慣
5	達成感	保育室	戸外	態度

【4】 幼稚園教育要領における人間関係の内容の記述として適切なものの組合せは，下の1～5のうちのどれか。

A 様々な出来事の中で，感動したことを伝え合う楽しさを味わう。

B 自分で考え，自分で行動する。

C 共同の遊具や用具を大切にし，みんなで使う。

D 近隣の生活に興味や関心を持ち，幼稚園内外の行事などに喜んで参加する。

1 A・B

2 A・C

3 A・D

4 B・C

5 B・D

【5】 幼稚園教育要領解説(平成20年10月　文部科学省)における環境に関する記述の内容として最も適切なものは，次の1～5のうちのどれか。

1 幼児期に自然に触れて生活する意味は大きく，幼稚園では，テレビやビデオ，絵本などを通し，幼児が自然を間接体験できるような環境を構成することが大切である。

2 幼児に季節の変化を教えることは重要であるが，健康保持の観点から，寒暖差に対応できる施設環境を整備し，季節の移り変わりによる生活の変化をあまり感じさせない配慮も大切である。

3 幼児が親しみやすい動植物に触れたり，世話をしたりする機会と環境を設け，このような体験を繰り返すことにより，人間の生命と動植物の生命の重さの違いに気づくようにしていくことが大切である。

4 幼児期には，様々な物とのかかわりを数多く体験することが重要であり，無駄にしたりこわしたりしても構わないという姿勢で，できるだけ多くの物や遊具，用具を幼児の周りに配置することが大切である。

5 幼児は，日常生活の中で，人数や物を数えたり量を比べたりしており，幼児がこのような体験をより豊かにもてるように環境を工夫し，数量などに関心をもつようにしていくことが大切である。

【6】 次の文章は，幼稚園教育要領における指導計画の作成に当たっての留意事項に関する記述の一部である。空所A～Dに該当する語句の組合せとして適切なものは，下の1～5のうちのどれか。

> 幼児の生活は，入園当初の一人一人の遊びや教師との触れ合いを通して幼稚園生活に親しみ，（　A　）していく時期から，やがて（　B　）で目的をもって幼稚園生活を展開し，深めていく時期などに至るまでの過程を様々に経ながら広げられていくものであることを考慮し，活動がそれぞれの時期にふさわしく展開されるようにすること。その際，入園当初，特に，3歳児の入園については，家庭との連携を緊密にし，（　C　）や（　D　）に十分配慮すること。

	A	B	C	D
1	成長	友達同士	健康	人間関係
2	安定	幼児と教師	健康	安全面
3	成長	クラス全体	生活のリズム	安全面
4	安定	友達同士	生活のリズム	安全面
5	スタート	クラス全体	健康	人間関係

【7】 幼稚園教育要領解説（平成20年10月　文部科学省）における長期の指導計画と短期の指導計画に関する記述の内容として適切なものは，次の1～5のうちのどれか。

1　長期の指導計画は，1年以上を単位とする計画で，具体的な指導の内容や方法を計画するものではなく，長期的な目標や方針を定めるものである。

2　長期の指導計画においては，季節などの周囲の環境の変化や行事なども，幼児の発達や生活を十分に考慮して計画の中に位置づけることが必要である。

3　短期の指導計画は，1日あるいは週，月を単位とし，長期の指導計画と関連づけることなく，その時々の幼児の興味や関心に基づいて指導内容の計画を大筋でまとめるものである。

4　1日を単位とした短期の指導計画では，1日を通して生活の流れを平穏に保ち，活動的な時間，ゆったりした休息の時間という変化をあまり生じさせないように作成することが重要である。

5　長期の指導計画は，各学級に応じた計画であることから各学級担任が作

成し，短期の指導計画は，幼稚園生活の全体を視野に入れるために，全教職員の協力のもとに作成するのが基本である。

【8】幼稚園教育要領解説(平成20年10月　文部科学省)における教育課程に係る教育時間の終了後等に行う教育活動に関する記述の内容として最も適切なものは，次の1〜5のうちのどれか。

1　この活動は，地域の実態や保護者の要請に応じて通常の教育時間の前後に行うものであり，夏休みなどの長期休業期間中は，幼児の心身の負担に配慮して活動時間から除外するのが望ましい。

2　この活動は，正規の教育活動ではないから，家庭や地域における生活との連続性に重点を置き，必ずしも学校教育法や幼稚園教育要領を踏まえた活動にしなくても良い。

3　この活動に当たっては，この活動を担当する者と教育課程に基づく活動を担当する教師が，幼児の活動内容や健康状態に基づいて引き継ぎを行うなど，緊密な連携を図ることが大切である。

4　この活動に当たっては，幼稚園で行われる教育活動全体が一貫性をもったものとなるように，必ず教育課程に基づく活動と同じ内容を連続させなければならない。

5　この活動は，幼児教育の観点から教育課程を踏まえて計画するものであるから，実施日数や時間などについて，保護者の要請に左右されるべきではない。

【9】幼稚園教育要領と保育所保育指針の説明として適切なものは，次の1〜5のうちのどれか。

1　幼稚園教育要領は，文部科学大臣が定め，保育所保育指針は，厚生労働大臣が定める。

2　幼稚園教育要領は，教育基本法及び児童福祉法に基づいて定められ，保育所保育指針も，根拠となる法律は同じである。

3　幼稚園教育要領は，教育を行う上での要領を定めたものであるが，保育所保育指針には，教育に関する記述はない。

4　幼稚園教育要領には，食育についての記述はないが，保育所保育指針は，食育について記述している。

5　幼稚園教育要領は，小学校との連携について記述しているが，保育所保

育指針には，小学校との連携に関する記述はない。

【10】「幼稚園教育指導資料第3集　幼児理解と評価」(平成22年7月改訂　文部科学省)における幼児理解と評価の具体的な方法に関する記述の内容として最も適切なものは，次の1〜5のうちのどれか。

1　外に表われた幼児の行動をとらえて客観的に評価することが重要であり，幼児の言動や表情から内面を推し量るようなことは避けるべきである。

2　幼児の姿をより深くとらえるには，様々な保育や保育観に触れることが必要であり，他の教師の保育を観察したり，研究資料等から幼児の姿を読み取った事例を学ぶことが大切である。

3　幼児を理解し適切に評価するためには，1年を3期に分け，期末ごとに一人一人の幼児の生活する姿や行動などを記録し，成長度などを相対的に評定していかなければならない。

4　幼稚園における幼児の評価は，家庭の情報などに影響されることなく，幼児が教師の前で示す姿のみをありのままにとらえて行うことが大切である。

5　幼稚園の評価は，小学校における評価と同様に，教育の目標やねらいの実現状況を分析的に評価する「観点別学習状況の評価」の方法に基づく必要がある。

【11】「保育所や幼稚園等と小学校における連携事例集」(平成21年3月　文部科学省・厚生労働省)における連携に当たっての留意事項に関する記述の内容として最も適切なものは，次の1〜5のうちのどれか。

1　子ども同士の交流活動の計画にあたり，保育所や幼稚園における保育・教育のねらいが，小学校教育のねらいと異なる場合は，将来性を鑑みて小学校教育のねらいを優先させるべきである。

2　教職員等の連携は，小学校への円滑な接続のために行われるものなので，教職員等において交流すべき対象者は，5歳児を担任する保育士・教師と小学校1年生を担任する教師のみである。

3　教職員等の交流を通して，相互の教育内容や指導方法の違いと共通点，幼児や児童の実態について理解を深める必要があり，そのため，合同の研究会や保育参観，授業参観等，相互理解の機会を設けることが重要で

ある。

4 保育所や幼稚園において修了間近な時期は，小学校への入学を念頭にお
き，時間割や決まりを守る訓練，50音や足し算等の指導を重ねていくこ
とが求められる。

5 保護者が安心して子どもの小学校入学を迎えることができるようにする
ため，幼児の保護者と小学校児童の保護者が交流し，子どもの成長過程
などについて相互理解を深める機会を設けることが不可欠である。

【12】「特別支援学校学習指導要領解説 総則等編(幼稚部・小学部・中学部)」
(平成21年6月 文部科学省)における知的障害の幼児の指導に関する記述
として適切なものは，次の1～5のうちのどれか。

1 他の幼児よりも，きめ細かくたくさんの日課を設定し，基本的な生活動
作が身に付くように繰り返し訓練すること。

2 安全の観点から，行動範囲が広がらないように注意するとともに，身の
回りの世話をきめ細かく行うこと。

3 いろいろな一人遊びの経験を通して，ものとのかかわり方を身に付ける
とともに，教師や友達に頼らない態度を育てること。

4 教師や友達とかかわる中で，自分の要求を表現したり，言葉を交わした
りすることができるようにすること。

5 いろいろな遊具や用具に接することにより，手や指を使わなくても目的
を達成できる便利さを体験させること。

【13】 次の文章は，『「生きる力」をはぐくむ学校での安全教育』(平成22年3月
改訂 文部科学省)の記述の一部である。空所A～Cに該当する語句の組合
せとして適切なものは，後の1～5のうちのどれか。

　児童生徒等の安全を守るための取組を進めていくには，1. 安全な環
境を整備し，事件・事故災害の発生を(A)ための事前の危機管理
2. 事件・事故災害の発生時に適切かつ迅速に対処し，被害を(B)た
めの発生時の危機管理　3. 危機が一旦収まった後，心のケアや授業再開
など通常の生活の再開を図るとともに，(C)を図る事後の危機管理の
三段階の危機管理に対応して，安全管理と安全教育の両面から取組を行
うことが必要である。

	A	B	C
1	減少させる	最小限に抑える	被災者支援
2	予測する	皆無にする	再発の防止
3	未然に防ぐ	皆無にする	被災者支援
4	減少させる	最小限に抑える	健康回復
5	未然に防ぐ	最小限に抑える	再発の防止

【14】『「生きる力」を育む防災教育の展開』(平成25年3月改訂 文部科学省)に示されている「幼稚園段階における防災教育の目標」として適切なものの組合せは，下の1〜5のうちのどれか。

A　きまりの大切さが分かる。

B　火災等が迫る緊急時にも自己判断で避難せず，大人の指示があるまで，必ずその場で待つ。

C　危険な状況を見付けた時，身近な大人にすぐ知らせる。

D　災害時の助け合いの重要性を理解し，主体的に支援活動に参加する。

　　1　A・B
　　2　A・C
　　3　A・D
　　4　B・C
　　5　B・D

【15】「幼児期運動指針　ガイドブック　毎日，楽しく体を動かすために」(平成24年3月　文部科学省)における幼児期運動指針のポイントに関する記述の内容として最も適切なものは，次の1〜5のうちのどれか。

1　基本的な身体活動を身に付けさせることが重要であり，自由な遊びとは別に，特定の運動を繰り返しトレーニングすることが求められる。

2　幼児の心身の健康な発達のためには，屋外で毎日30分以上楽しく体を動かす時間を確保することが大切である。

3　運動すれば勉強ができるようになるという因果関係が明らかとなっており，幼児・児童の運動時間は多いほど望ましい。

4　心身が日々発達するという幼児期の特性を踏まえ，現状の身体機能より高く運動のレベルや強度を設定し，能力を高める運動を提供することが大切である。

5　幼児期の成長は個人差が大きいため，一人一人の発達の特性に応じて体を動かす遊びを提供し，無理なく多様な動きを身に付けさせることが大切である。

【16】「平成24年度　文部科学白書」(文部科学省)における幼児教育に関する記述の内容として適切なものは，次の1〜5のうちのどれか。

1　幼児教育の中核は家庭であり，幼児教育を補助する役割を担う幼稚園数は，平成24年5月1日現在，国公私立あわせて3,000園程度である。

2　平成24年5月1日現在，小学校入学につながる全国の5歳児の幼稚園就園率は10％と非常に少なく，幼小接続における課題となっている。

3　幼小接続の取組の推進が図られ，全国の約8割の幼稚園で，幼児と小学校児童との交流や教員同士の交流が実施されている。

4　平成23年度から文部科学大臣が認定する認定こども園制度が始まったが，法整備の遅れ等から，認定を受けた施設は，平成25年4月1日現在で200園程度にとどまっている。

5　認定こども園には，幼保連携型，幼稚園型，保育所型，学校型の4つの類型があり，昨今の保育園ニーズの高まりから，平成25年4月1日現在，80％が保育所型のこども園である。

【17】日本国憲法が教育，学問に関して定めるものとして適切なものは，次の1〜5のうちのどれか。

1　学問の義務
2　学問の制限
3　教育の制限
4　普通教育を受ける義務
5　保護する子女に普通教育を受けさせる義務

【18】 次のア～ウは，法律の条文を記載したものである。ア～ウと法律の名称
の組合せとして適切なものは，下の1～5のうちのどれか。

> ア　幼児期の教育は，生涯にわたる人格形成の基礎を培う重要なもので
> あることにかんがみ，国及び地方公共団体は，幼児の健やかな成長に
> 資する良好な環境の整備その他適当な方法によって，その振興に努め
> なければならない。
>
> イ　幼稚園は，義務教育及びその後の教育の基礎を培うものとして，幼
> 児を保育し，幼児の健やかな成長のために適当な環境を与えて，その
> 心身の発達を助長することを目的とする。
>
> ウ　国及び地方公共団体は，児童の保護者とともに，児童を心身ともに
> 健やかに育成する責任を負う。

	ア	イ	ウ
1	教育基本法	学校教育法	児童福祉法
2	教育基本法	児童福祉法	日本国憲法
3	学校教育法	児童福祉法	社会教育法
4	学校教育法	教育基本法	児童福祉法
5	学校教育法	教育基本法	日本国憲法

【19】 学校教育法が幼稚園に関して定める内容として適切なものの組合せは，
下の1～5のうちのどれか。

A　幼稚園においては，保護者などからの相談に応じ，必要な情報の提供
及び助言を行うなど，家庭及び地域における幼児期の教育の支援に努め
るものとする。

B　幼稚園の教育課程その他の保育内容に関する事項は，教育基本法に定
める目的及び目標に従い，都道府県教育委員会が定める。

C　幼稚園に入園することのできる者は，満三歳から小学校就学の始期に
達するまでの幼児とする。

D　幼稚園には，原則として園長及び教諭を置かなければならないが，特
別の事情のあるときは園長を置かないことができる。

　1　A・B

　2　A・C

　3　A・D

　4　B・C

　　5　B・D

【20】児童虐待の定義に関する記述の内容として，児童虐待の防止等に関する法律に照らして最も適切なものは，次の1～5のうちのどれか。
　1　保護者が児童にわいせつな行為をすることは児童虐待の対象となるが，児童自身にわいせつな行為をさせることは児童虐待の対象とならない。
　2　保護者が児童の心身の正常な発達を妨げるような長時間の放置をしても，児童の身体への直接的な暴行ではないので，児童虐待の対象とならない。
　3　児童の身体に外傷が生じるような暴行を保護者以外の同居人が加え，それを保護者が放置しても，それだけでは保護者による児童虐待の対象とならない。
　4　交通法規等の社会規則・規律を守らない児童を，保護者以外の大人が叱る行為は，児童虐待の対象となる。
　5　児童の家庭における保護者による配偶者に対する暴力は，児童に心理的外傷を与えるものとして児童虐待の対象となる。

【21】日本が締結している条約として適切なものの組合せは，下の1～5のうちのどれか。
　A　女性及び男性の権利に関する条約
　B　児童の権利に関する条約
　C　障害者の権利に関する条約
　D　高齢者の権利に関する条約
　　1　A・B
　　2　A・C
　　3　A・D
　　4　B・C
　　5　B・D

【22】「食物アレルギー緊急時対応マニュアル」(平成25年7月　東京都)に示されている学校等におけるアレルギー症状への対応の手順に関する記述の内容として適切なものの組合せは，後の1～5のうちのどれか。
　A　子供のアレルギー症状を発見したときは，子供から目を離さない，ひ

とりにしない。

B　アレルギー症状の緊急性の判断は，子供をよく注視し，30分以内に行う。

C　緊急性が高いアレルギー症状と判断したときは，医師の了解を得てからエピペンを使用する。

D　アレルギー症状があるときは，緊急性が高くない場合も，5分ごとに症状を観察する。

　　1　A・B
　　2　A・C
　　3　A・D
　　4　B・C
　　5　B・D

【23】ノロウイルス感染症に関する記述の内容として適切なものの組合せは，下の1〜5のうちのどれか。

A　感染すると平均1〜2日の潜伏期間を経て，吐き気，嘔吐，下痢などの症状があらわれ，発熱をともなうこともある。

B　食物摂取のほか，血液，体液を通じて感染する病気で，感染力が強くないので成人の症例は少なく，抵抗力の弱い乳幼児や児童に患者が集中する。

C　ノロウイルスは，食中毒の原因としても非常に多く，また，吐物や便などを通じて人から人へ感染するため，衛生管理面の予防が重要である。

D　ノロウイルスワクチンを用いると免疫がつくられ，数か月の予防効果が得られるため，接種は流行期である冬季の少し前に行うようにする。

　　1　A・B
　　2　A・C
　　3　A・D
　　4　B・C
　　5　B・D

【24】教育思想に関わる人物の説明として適切なものは，次の1〜5のうちのどれか。

1　フレーベルは，20世紀を児童の世紀と呼んで，「児童の世紀」を刊行し

た。
2　キルパトリックは，個別自主的学習の指導法である「ドルトン・プラン」を提唱した。
3　ケイは，遊戯が強力な教育の手段となると考え，「恩物」と呼ばれる遊具を用いた。
4　パーカーストは，デューイの実験主義哲学に基づき，「プロジェクト・メソッド」による学習活動を提唱した。
5　モンテッソーリは，「子どもの家」を開設し，実践を通して独自の教育理論を構築した。

【25】絵画技法の説明として適切なものは，次の1〜5のうちのどれか。
1　マーブリングは，容器に入れた水に墨汁や専用の絵の具を数滴落とし，かき回してつくった模様を紙に写し取る技法をいう。
2　ブラッシングは，紙の下にものを置き，鉛筆やクレヨンで模様をこすり出す技法をいう。
3　ドリッピングは，厚紙や厚口の画用紙を切ってつくった貼り絵を版にし，インクをつけたローラーで別の紙に刷ることによって，白抜きの絵をつくる技法をいう。
4　スクラッチは，クレヨンなどで描いた絵の上に，薄めに溶いた絵の具を塗り，絵の具をはじかせる技法をいう。
5　フロッタージュは，溶いた絵の具をスポイトなどで紙の上にたらし，紙を傾けて絵の具の滴を流すことによって，模様をつくり出す技法をいう。

【26】季節の気象・時候に関する語句の説明として最も適切なものは，次の1〜5のうちのどれか。
1　「はるいちばん」は，3月初め頃に吹き抜ける冬の終わりの冷たい北風をいう。
2　「さみだれ」は，春先に途切れることなく降り続く雨をいう。
3　「ざんしょ」は，9月以降の暑さのことをいう。
4　「こはるびより」は，11〜12月初め頃の春のような暖かな日をいう。
5　「こがらし」は，正月を過ぎた頃に吹く，雪を呼ぶようなひっそりした風をいう。

【27】 秋に一般的に落葉する樹木を3つあげたものとして適切なものは，次の
1～5のうちのどれか。

1 もみじ・さくら・かき

2 ひいらぎ・さくら・ひのき

3 けやき・つばき・くろまつ

4 つばき・さくら・もみじ

5 くろまつ・かき・ひいらぎ

【28】 次は，「おもいでのアルバム」の楽譜である。この楽曲について，下の各
問に答えなさい。

　　ただし，問いの性質上，拍子記号は記載していない。

[問1] この楽曲の拍子として適切なものは，次の1～5のうちのどれか。

1 2分の2拍子　　2 4分の3拍子　　3 4分の2拍子

4 8分の3拍子　　5 8分の6拍子

[問2] (A)と(B)に共通して入る休符として適切なものは，次の1～5のうち
のどれか。

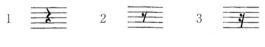

[問3]　Andanteの意味として最も適切なものは，次の1〜5のうちのどれか。

1　歌うように　　2　生き生きと　　3　歩くような速さで
4　やや速く　　　5　気楽に

解答・解説

【1】3

〈解説〉3は幼稚園教育において重視すべき事項の一つであり，そのほかに「幼児は安定した情緒の下で自己を十分に発揮することにより発達に必要な体験を得ていくものであることを考慮して，幼児の主体的な活動を促し，幼児期にふさわしい生活が展開されるようにすること」「幼児の発達は，心身の諸側面が相互に関連し合い，多様な経過をたどって成し遂げられていくものであること，また，幼児の生活経験がそれぞれ異なることなどを考慮して，幼児一人一人の特性に応じ，発達の課題に即した指導を行うようにすること」があげられている。なお，1について，幼稚園が達成すべき教育の目的は，「日本国憲法」ではなく，学校教育法第22条に規定されている。

【2】2

〈解説〉1　教師の役割について，本資料では『幼児の主体性を重視するあまり，「幼児をただ遊ばせている」だけでは，教育は成り立たない』とされている。
3　教員は幼児にとってのモデルの役割をしているが，それは「憧れを形成するモデル」であり，悪いモデルは該当しない。　4　本資料では「課題を抱えたりしているときには，教師は援助を行う必要がある。しかし，このような場合でも，いつどのような援助を行うかは状況に応じて判断することが重要である」としている。　5　幼稚園教諭の役割として，本資料では「憧れを形成するモデルとしての役割や遊びの援助者としての役割」「幼児が行っている活動の理解者としての役割」「幼児との共同作業者，幼児と共鳴する者としての役割」があげられている。そしてその役割を果たすため，「幼児が精神的に安定するためのよりどころとなることが重要」としている。

【3】1

〈解説〉健康における内容の取扱いについての問題である。内容の取扱いについて，本問以外では「様々な遊びの中で，幼児が興味や関心，能力に応じて全身を使って活動することにより，体を動かす楽しさを味わい，安全についての構えを身に付け，自分の体を大切にしようとする気持ちが育つようにすること」，「健康な心と体を育てるためには食育を通じた望ましい食

習慣の形成が大切であることを踏まえ，幼児の食生活の実情に配慮し，和やかな雰囲気の中で教師や他の幼児と食べる喜びや楽しさを味わったり，様々な食べ物への興味や関心をもったりするなどし，進んで食べようとする気持ちが育つようにすること」が示されている。

【4】4

〈解説〉Aは表現，Dは環境で示されている内容である。

【5】5

〈解説〉3と5で迷うかもしれないが，3は小学校生活科の内容に近く，さらに「体験を繰り返す」といった内容がないため，不適と判断する。　1　環境では直接体験を重視しており，本資料では「テレビやビデオなどを通しての間接体験の機会が増えてきている現代，幼稚園で自然と直接触れる機会を設けることは大きな意味をもってきている」とある。　2　環境が自然への直接体験を重視していることを知っていれば，本肢も誤りであることに気付くだろう。本資料では，「季節感を取り入れた幼稚園生活を体験することを通して，季節により自然や人間の生活に変化があることに幼児なりに関心をもつようにすることが大切である」としている。　4　物について，本資料では「教師は，幼児が心と体を働かせて物とじっくりとかかわることができるような環境を構成し，対象となるその物に十分にかかわることができるようになることが大切」としている。また，環境の一項目に「身近な物を大切にする」があることから誤肢とわかる。

【6】4

〈解説〉この後に，「また，認定こども園である幼稚園については，幼稚園入園前の当該認定こども園における生活経験に配慮すること」と続くので，覚えておきたい。

【7】2

〈解説〉1, 3, 4　長期の指導計画は1年以上を単位とする計画ではなく，「長期的に発達を見通した年，学期，月などにわたる長期の指導計画」としているが，短期の指導計画については週あるいは1日を単位としている。そして，1日の生活の中では「ゆったりとした時間を過ごしたり，心身が活動的で充実感が得られる時間を過ごしたりして，めりはりのある生活を営むことができるようにすることが大切」としている。　5　指導計画について，本資料では「一般的には，教育年限全体の計画である教育課程を基に，長期の指導計画を作成し，その見通しの上に立って短期の指導計画を作成」するとし

ている。したがって，長期の指導計画は全教職員の協力の下で作成される
もの，短期の指導計画は学級担任が作成するものとしている。

【8】3

〈解説〉1，5　本資料で「教育時間の終了後等に行う教育活動」とは，「通常の教
育時間の前後や長期休業期間中などに，地域の実態や保護者の要請に応じ
て，幼稚園が，当該幼稚園の園児のうち希望者を対象に行う教育活動」とし
ている。　2，4　本資料では「教育課程に係る教育時間の終了後等の教育活
動を行うに当たっては，教育課程に係る教育時間中の活動を考慮する必要
がある」としており，正規の教育活動と位置づけている。また，教育課程と
関連づけることを強制するものでもない。

【9】1

〈解説〉2　「幼稚園教育要領」は教育基本法，「保育所保育指針」は児童福祉法に
基づいている。　3　「保育所保育指針」には，「実際の保育においては，養
護と教育が一体となって展開されることに留意することが必要」とされてお
り，本資料には教育のねらい，内容等が示されている。　4　「幼稚園教育
要領」では今回の改訂で，「(5)先生や友達と食べることを楽しむ。」が追加さ
れている。　5　「保育所保育指針」では3歳以上の保育に関する注意事項で
「保育所の保育が，小学校以降の生活や学習の基盤の育成につながることに
留意し，幼児期にふさわしい生活を通して，創造的な思考や主体的な生活
態度などの基礎を培うようにする」としている。また，小学校との連携につ
いても具体的に述べられている。

【10】2

〈解説〉1　幼児の内面を推し量ることは重要であり，その基本的考え方につい
て本資料では「幼児は，自分の内面を言葉だけでなく，表情や動きといった
身体全体で表現してい」るといったことを踏まえ，考える必要があるとして
いる。　3　本資料では「常に幼児とかかわる教師の基本的な姿勢を踏まえ，
幼児理解に基づく評価がなされていることです。また，1年間を通して，幼
児の実態を諸側面からとらえた保育記録が綴られていることも必要」として
いる。　4　本資料では，「教師の前で示す姿だけにとらわれて，この子は
このような子と決め付けたり，家庭から知らされた姿のみにこだわったり
しないで，いろいろな場で見せる多様な姿をありのままに受け入れていく
ことが大切」としている。　5　本資料では「幼稚園教育と小学校教育では指
導の評価の考え方に相違があることを踏まえ，記入する内容は，エピソー

ドの羅列や教師の感想にとどまらないようにすることが必要」としている。

【11】3

〈解説〉1　本資料では「相互のねらいに対応した活動となるよう指導計画を作成する，教材研究を深めるなど，事前事後の打ち合わせ等を行うことが大切」としており，優先順位は設けていない。　2　教職員等の連携で対象となる教師は，特に指定されていない。　4　本資料では「修了近い時には，小学校への入学を念頭に皆と一緒に保育士や教師の話を聞いたり，行動したり，きまりを守ったりすることができるように指導を重ねていくことなどが考えられる。」としている。　5　本資料では，「保護者も安心して子どもの入学を迎えることができるよう，小学校における学習や生活について情報提供するなど，保護者に対しての支援も大切である。」としている。

【12】4

〈解説〉本資料における知的障害の幼児の指導については，①幼児の実態に即した，分かりやすい日課を設定し，生活のリズムを身に付けるようにすること。②身体活動を活発に行うことができるようにし，行動範囲を広げるとともに，身の回りのことを自分でしようとする態度の芽生えを育てること。③いろいろな遊びを通して，人やものとのかかわり方を身に付け，教師や友達に働き掛ける態度を育てること。④教師や友達とかかわる中で，自分の要求を表現したり，言葉を交わしたりすることができるようにすること。⑤いろいろな遊具や用具，素材を扱うことにより，目的に合わせて，手指を効果的に使えるようにすること，の5項目が示されている。

【13】5

〈解説〉本資料において，安全とは「心身や物品に危害をもたらす様々な危険や災害が防止され，万が一，事件・事故災害が発生した場合には，被害を最小限にするために適切に対処された状態」を指す。つまり，自然災害だけでなく，不審者の侵入などの犯罪対策も一環に入ることに注意しよう。また，学校安全は「安全教育」「安全管理」「組織活動」で構成されていることもおさえておくとよい。

【14】2

〈解説〉本資料では，幼稚園段階における防災教育について，「安全に生活し，緊急時に教職員や保護者の指示に従い，落ち着いて素早く行動できる幼児」を目標に「知識・思考，判断」「危険予測・主体的行動」「社会貢献，支援者の基盤」の3つに分けて具体的に示している。具体的項目としては，本問の

他に「教師の話や指示を注意して聞き理解する」「友達と協力して活動に取り組む」等がある。

【15】 5

〈解説〉幼児期運動指針のポイントは「多様な動きが経験できるように様々な遊びを取り入れること」「楽しく体を動かす時間を確保すること」「発達の特性に応じた遊びを提供すること」の3点があげられる。体を動かす時間に関しては「外遊びをする時間が長い幼児ほど，体力が高い傾向にあったこと」，「4割を超える幼児の外遊びをする時間が1日1時間未満であったこと」から，多くの幼児が体を動かす実現可能な時間として，「毎日，合計60分以上」をわかりやすい目安として示した。

【16】 3

〈解説〉1 幼稚園数は13,170園であり，約160万人が在園している（平成24年5月現在）。 2 幼稚園就園率は55.1％である。 4，5 認定こども園の認定を受けた施設は，1,099園であり，保育所型は155件である。

【17】 5

〈解説〉日本国憲法第26条を参照。ポイントは第1項が「教育を受ける権利」であるのに対し，第2項は「保護する子女に普通教育を受けさせる義務」を示していることである。

【18】 1

〈解説〉アは教育基本法第11条，イは学校教育法第22条，ウは児童福祉法第2条である。

【19】 2

〈解説〉Aは第24条，Cは第26条を参照すること。Bは「都道府県教育委員会」ではなく「文部科学大臣」，Dは第27条第1項において「幼稚園には，園長，教頭及び教諭を置かなければならない」とあるが，第3項では「副園長を置くときその他特別の事情のあるときは，教頭を置かないことができる」こととしている。

【20】 5

〈解説〉「児童虐待の防止等に関する法律」第2条を参照。ここでは，虐待を身体的虐待，性的虐待，ネグレクト，心理的虐待の4つに分けて定義している。4について，ただ叱るだけでは虐待に該当しないことはいうまでもないが，児童虐待の定義が「保護者がその監護する児童(18歳未満)について行う行為」であるという点からも虐待に該当しないことは覚えておこう。

【21】 4

〈解説〉児童の権利に関する条約は1994年に，障害者の権利に関する条約は2014年に批准している。

【22】 3

〈解説〉B　緊急性の高いアレルギー症状かどうかは，5分以内に行う。

　C　緊急性が高いアレルギー症状と判断した時は，ただちにエピペンを使用するのが正しい。その後，救急車を要請する(119番通報)，その場で安静にさせる，その場で救急隊を待つ，可能なら内服薬を飲ませる，といった対応を行う。

【23】 2

〈解説〉ノロウイルスは感染によって，胃腸炎や食中毒を発生させるもので，特に冬季に流行する。手指や食品などを介して経口で感染する場合が多く，ヒトの腸管で増殖し，嘔吐，下痢，腹痛などを起こす。子どもやお年寄りなどでは重症化し，吐物を気道に詰まらせて死亡することもある。ノロウイルスについてはワクチンがなく，また，治療は輸液などの対症療法に限られる。

【24】 5

〈解説〉1　フレーベルは，遊戯が強力な教育の手段となると考え，「恩物」と呼ばれる遊具を用いた。　2　キルパトリックはデューイの実験主義哲学に基づき，「プロジェクト・メソッド」による学習活動を提唱した。　3　エレン・ケイは，20世紀を児童の世紀と呼んで，『児童の世紀』を刊行した。　4　パーカーストは，個別自主学習の指導法である「ドルトン・プラン」を提唱した。

【25】 1

〈解説〉2　ブラッシングは，絵の具をブラシに付け，網の上でこする技法で，スパッタリング(霧吹き)ともいう。　3　ドリッピング(たらし絵)は，溶いた絵の具をスポイトなどで紙の上にたらし，紙を傾けて絵の具の滴を流すことによって，模様をつくり出す技法をいう。　4　スクラッチ(ひっかき絵)は，あらかじめ下塗りした色の上に違う色を塗り重ね，その後，上の色を引っかいて削り取り，下の色を出すこと。　5　フロッタージュ(こすり出し)は，紙の下にものを置き，鉛筆やクレヨンで模様をこすり出す技法をいう。

【26】 4

〈解説〉1　はるいちばん(春一番)は，立春を過ぎて最初に吹く強い南風をいう。　2　さみだれ(五月雨)は陰暦5月，途切れることなく降り続く雨をいう。　3　ざんしょ(残暑)は立秋以降の暑さのことをいう。　5　こがらし(木枯らし)は，10月半ばから11月にかけて，冬型の気圧配置になった時，北からの風速8m/s以上の風をいう。

【27】　1

〈解説〉秋に一般的に落葉する樹木とあるので，紅葉する落葉樹を考えればよい。なお，けやきも落葉する。ひいらぎ，つばき，くろまつ，ひのきは常緑樹である。

【28】　問1　5　　問2　2　　問3　3

〈解説〉問1　8分音符が6つ分だから8分の6拍子が正しい。6拍子(複合拍子)は3拍子が2つと考えられる。　問2　　は，4分音符の$\frac{1}{2}$倍に当たる長さの休み(無音)である。　問3　1の歌うようにはcantando，2の生き生きとはanimato，4のやや速くはAllegretto，5の気楽にはcomodoである。

▶平成 26 年度 ◀

【1】 次のア～オは，幼稚園教育要領における各領域の内容の一部である。
ア～オと領域の組合せとして適切なものは，下の1～5のうちのどれか。

【領域の内容】

ア 日常生活の中で簡単な標識や文字などに関心をもつ。

イ よいことや悪いことがあることに気付き，考えながら行動する。

ウ 自分のイメージを動きや言葉などで表現したり，演じて遊んだりする
などの楽しさを味わう。

エ 先生や友達と食べることを楽しむ。

オ 絵本や物語などに親しみ，興味をもって聞き，想像をする楽しさを味
わう。

	ア	イ	ウ	エ	オ
1	環境	健康	言葉	人間関係	表現
2	言葉	環境	表現	健康	人間関係
3	環境	人間関係	表現	健康	言葉
4	表現	健康	言葉	人間関係	環境
5	表現	人間関係	環境	健康	言葉

【2】 次の文章は，幼稚園教育要領における環境に関する記述である。空所
A～Dに該当する語句の組合せとして適切なものは，下の1～5のうちの
どれか。

○ 幼児が，遊びの中で周囲の環境とかかわり，次第に周囲の世界に好奇
心を抱き，その意味や操作の仕方に関心をもち，物事の（ A ）に気付
き，自分なりに考えることができるようになる過程を大切にすること。
特に，（ B ）の考えなどに触れ，新しい考えを生み出す喜びや楽しさを
味わい，自ら考えようとする気持ちが育つようにすること。

○ 身近な事象や動植物に対する感動を伝え合い，共感し合うことなどを
通して自分からかかわろうとする意欲を育てるとともに，様々なかかわ
り方を通してそれらに対する親しみや畏敬の念，（ C ）を大切にする気
持ち，（ D ），探究心などが養われるようにすること。

	A	B	C	D
1	善し悪し	他の幼児	身近な人	心の豊かさ
2	法則性	教師	自然	心の豊かさ

252

3　法則性　　　他の幼児　　生命　　　公共心

4　変則性　　　他の幼児　　生命　　　知識欲

5　善し悪し　　教師　　　　自然　　　知識欲

【3】幼稚園教育要領における指導計画の作成に当たっての留意事項に関する記述の内容として適切なものは，次の1～5のうちのどれか。

1　幼児の行う具体的な活動は，生活の流れの中であまり変化しないものであることに留意し，入園当初のうちから望ましい方向に誘導することができるよう必要な指示をすること。

2　幼児の生活は，入園当初の幼稚園生活に親しむ時期から，やがて幼稚園生活を展開し，深めていく時期に至るまでの過程を経ていくものであることを考慮し，活動の展開が時期によって様々に変化しないよう注意すること。

3　幼児の主体的な活動を促すためには，教師はあくまでも主たる保護者としてかかわり，指導を行うというより，幼児の心身の健康が確保されるよう，安全に見守っていくこと。

4　幼児の生活は，家庭を基盤として地域社会を通じて次第に広がりをもつものであることに留意し，家庭との連携を十分に図るなど，幼稚園における生活が家庭や地域社会と連続性を保ちつつ展開されるようにすること。

5　幼稚園においては，幼稚園教育が，生涯にわたる学力の基盤の育成につながることに配慮し，幼児期にふさわしい生活を通して，論理的な思考や規則に従う生活態度などの基礎を培うようにすること。

【4】幼稚園教育要領解説(平成20年10月　文部科学省)における幼稚園の役割に関する記述の内容として最も適切なものは，次の1～5のうちのどれか。

1　幼児期の教育は，大きくは家庭と幼稚園で行われるが，あくまでも家庭が主であり，幼稚園が補足的な役割を果たすことにより，一人一人の育ちを促すことが大切である。

2　家庭は，愛情としつけを通して幼児の成長の最も基礎となる心の基盤を形成する場である。幼稚園は，これらを基盤にしながら家庭では体験できない社会・文化・自然などに触れ，教師に支えられながら，幼児期な

りの世界の豊かさに出会う場である。

3 幼稚園では，幼児の主体的な活動としての学びを十分に確保することが
何よりも必要である。それは，学びにおいて幼児の主体的な力が発揮さ
れ，生きる力の基礎ともいうべき学習能力が培われるからである。

4 幼稚園教育は，学校教育全体のはじまりとして，小学校以降の授業など
を見通した上で，幼児期には不要あるいは少し難しいと感じられる内容
でも，しっかりと教えることが重要である。

5 幼稚園は，家庭と連携協力するとともに幼児と地域の人々をつなぐ教育
のセンターとしての役割と，地域の様々な影響から幼児を守る防御壁と
しての役割の両方を果たすことが期待される。

【5】幼稚園教育要領解説（平成20年10月　文部科学省）における教育課程の
編成に関する記述の内容として最も適切なものは，次の1～5のうちのど
れか。

1 幼稚園教育要領に示されている「ねらい」や「内容」をそのまま教育課程
における具体的な指導のねらいや内容とするのではなく，幼児の発達の
各時期に展開される生活に応じて適切に具体化したねらいや内容を設定
する必要がある。

2 教育課程の編成に当たっては，幼児期の発達の特性を十分に踏まえる必
要があるが，不確実な将来の発達を見通すことは困難なため，編成時点
の発達段階や発達状況に視点を合わせて編成すべきである。

3 教育課程の編成に当たり，幼児の発達の時期をとらえる重要な視点は固
定的なものであるから，幼児の幼稚園生活への適応状況や，周囲の環境
変化などにまどわされず，一貫性のある方針を持つことが求められる。

4 教育課程はそれぞれの幼稚園において，園長の協力の下に，各学級担任
教職員の責任において編成するものである。

5 幼児の生活や発達は地域環境や人的・物的条件に大きく影響を受けてし
まうため，幼稚園や地域の実態，特色に左右されないように均一性を重
視して教育課程を編成しなければならない。

【6】幼稚園教育要領における人間関係のねらいの記述として適切なものの組
合せは，後の1～5のうちのどれか。

A 他の人々と親しみ，支え合って生活し，教師の援助を受けながら安心

感を味わう。

B 幼稚園生活を楽しみ，自分の力で行動することの充実感を味わう。

C 身近な人の話をよく聞き，経験したことや考えたことを伝え合う喜び を味わう。

D 社会生活における望ましい習慣や態度を身に付ける。

  1 A・B

  2 A・C

  3 A・D

  4 B・C

  5 B・D

【7】 幼稚園教育要領における表現のねらいの記述として適切なものの組合せ は，下の1〜5のうちのどれか。

A 生活の中でイメージを豊かにし，様々な表現を楽しむ。

B 自分の思ったことを自分なりに表現し，相手の思っていることにも気 付く。

C いろいろな体験を通じてイメージや言葉を豊かにする。

D いろいろなものの美しさなどに対する豊かな感性をもつ。

  1 A・B

  2 A・C

  3 A・D

  4 B・C

  5 B・D

【8】 次の文章は，幼稚園教育要領解説(平成20年10月　文部科学省)におけ る障害のある幼児の指導に関する記述である。空所A〜Cに該当する語句 の組合せとして適切なものは，後の1〜5のうちのどれか。

特別支援教育は，障害のある幼児の（　A　）などに向けた主体的な取組を 支援するという視点に立ち，幼児一人一人の（　B　）を把握し，そのもてる 力を高め，生活上などの困難を改善又は克服するため，適切な指導又は必 要な支援を行うものである。さらに，特別支援教育を推進することは，障 害のある幼児への指導にとどまらず，障害のない幼児への指導の充実にも 資するものである。

　これらを踏まえ，幼稚園において障害のある幼児を指導する場合には，幼稚園教育の機能を十分生かして，幼稚園生活の場の特性と（　C　）を大切にし，その幼児の発達を全体的に促していくことが大切である。

	A	B	C
1	成長	教育的ニーズ	健康
2	自立	障害の程度	環境
3	適応	障害の程度	健康
4	適応	能力	環境
5	自立	教育的ニーズ	人間関係

【9】　幼稚園教育要領解説(平成20年10月　文部科学省)における小学校との連携に関する記述の内容として適切なものの組合せは，下の1～5のうちのどれか。

A　幼稚園の教師は，小学校の生活や学習を見通した上で，幼稚園における教育を行うことが大切である。

B　幼児と児童の交流活動を意義あるものにするには，それぞれの教育のねらいや方法に固執しないようにし，また，事前に計画するより，機会を捉えて臨機応変に取組むことが大切である。

C　近年，幼稚園と小学校の連携のみならず，保育所や中学校も加えた連携が求められており，幼児期の教育の成果が義務教育につながるようにすることが大切である。

D　子どもの発達と学びの連続性を確保するためには，幼稚園，小学校の教師が共に幼児期から児童期への発達の流れを理解することが大切である。

1　A・B
2　A・C
3　A・D
4　B・C
5　B・D

【10】「幼稚園教育指導資料第3集　幼児理解と評価」(平成22年7月改訂　文部科学省)の中の保育における評価に対する記述の内容として最も適切なものは，次の1～5のうちのどれか。

1 優劣を決めたりランク付けをしたりすることは，幼児の発達をゆがめる恐れがあるため，幼児教育に評価は不必要である。

2 適切な教育は適切な評価によって実現するため，一人一人の幼児を比較し，相対的に優劣をつけて評定する必要がある。

3 評価は，幼児の変容する姿が生み出されてきた様々な状況について適切かどうかを検討して，保育をよりよいものに改善するための手掛かりを求めるものである。

4 あらかじめ設定した指導計画は必ず守られなければならず，確実に実践されたかどうかを評価し，未達成の場合の反省を次に生かしていくことが重要である。

5 日々の保育と評価はまったく別のものであり，評価は，日常の幼児対応とは距離を置いて客観的に行っていく必要がある。

【11】『「生きる力」をはぐくむ学校での安全教育』(平成22年3月改訂　文部科学省)における幼児の学校安全上の問題点に関する記述の内容として適切なものの組合せは，下の1〜5のうちのどれか。

A 事故防止のために危険や恐怖を強調しすぎると，幼児は身動きできなくなり，行動のすべてが消極的となり，かえって危険判断や危険対処能力が身に付かなくなるおそれがあるので，バランスのとれた配慮が必要となる。

B 幼児の認知は，分散化という特徴をもち，複数の事柄に注意や認知が分散する。自己分散性と呼ばれる特徴で，交通の場面等でも同時に多くの認知処理を行うという危険状態になりやすい。

C 幼児は全般的に行動の抑制が難しく，自主的な危険行動の抑制を身に付けさせるためには，教師や保護者からみて危険が予想される場面でも，安易に保護や危険行動の制止を行うのではなく，ある程度本人にまかせて見守る姿勢が重要となる。

D 言葉だけの指導で安全行動を形成することは難しいため，例えば，見通しの悪い交差点に対して，お手本となる行動を大人が示すことにより，子どもはそれを観察し，模倣することで，「止まる」という行動を具体的に学習することができる。

1 A・B
2 A・C

  3 A・D
  4 B・C
  5 B・D

【12】「学校防災マニュアル（地震・津波災害）作成の手引き」（平成24年3月文部科学省）における避難訓練を行う上での留意事項に関する記述の内容として適切なものの組合せは，下の1〜5のうちのどれか。

A 耐震化が図られている建物でも，地震動に対して安全を期すために，速やかに建物の外へ避難することが大切である。

B 地震発生時の基本行動は，「上からものが落ちてこない」「横からものが倒れてこない」「ものが移動してこない」場所に素早く身を寄せて安全を確保することである。

C 何が危ないのか具体的に指導するために，教師自身が落ちてくるもの，倒れてくるもの，移動してくるものとはどんなものなのか把握しておくことが必要である。

D 児童生徒等が自ら判断し行動できるようにするため，避難訓練は，災害の発生時間や場所の想定を変えずに同じ内容で繰り返し行うことが大切である。

  1 A・B
  2 A・C
  3 A・D
  4 B・C
  5 B・D

【13】「幼児期運動指針　ガイドブック　毎日，楽しく体を動かすために」（平成24年3月　文部科学省）の中の幼児期における運動の意義に関する記述の内容として適切でないものは，次の1〜5のうちのどれか。

  1 運動を調整する能力や危険回避の基礎となる能力が向上する
  2 健康を維持するための生活習慣がつくられる
  3 卒園後も活発に運動するようになる
  4 競争心が芽生え，感情の起伏が豊かになる
  5 脳の発達を支え，創造力が豊かになる

【14】『「生きる力」をはぐくむ学校での歯・口の健康づくり』(平成23年3月
文部科学省)の中の幼児期における歯・口の健康づくりの課題に関する記述
として適切なものの組合せは，下の1～5のうちのどれか。

A　好き嫌いを作らない

B　あまり固くない消化の良いものを食べるようにする

C　食事と間食の規則的な習慣付け

D　手洗い・うがいと後片付けの習慣付け

1　A・B

2　A・C

3　A・D

4　B・C

5　B・D

【15】「そうだ，やっぱり早起き・早寝！　改善しよう！　子どもたちの生活
リズム」(東京都教育委員会)における早起き・早寝が大切な理由に関する記
述の内容として最も適切なものは，次の1～5のうちのどれか。

1　ヒトは本来昼夜を問わず動く動物なので，生活のリズムをつくることが
大切だから。

2　ヒトは朝の光をキャッチして体内時計をリセットするから。

3　夜に明るい光を浴びると，体内時計と地球時間のズレが小さくなってし
まうから。

4　成長に必要なホルモンは，昼間活動しているときにたくさん分泌される
から。

5　早起きは，気持ち良くご飯もおいしいほか，昔から「得する」と言われて
いるから。

【16】「保育所や幼稚園等と小学校における連携事例集」(平成21年3月　文部
科学省・厚生労働省)における連携の効果に関する記述の内容として最も適
切なものは，次の1～5のうちのどれか。

1　子ども同士の交流活動により，幼児は，学習への意欲が高まり，また，
小学校生活のルールに対する予備知識が得られる。

2　小学校教職員が幼稚園の情報を教育の実践で生かせることは少ないが，
教職員の交流により，それぞれの教育内容や指導方法についての相互理

解を深めることができる。

3 小学校教育においては，児童の入学後の数週間程度は幼稚園教育に合わせていくことが必要であり，教職員が交流することにより，それが円滑に行われるようになる。

4 教職員の交流により，幼児期の教育と小学校教育との間に小さくすることのできない段差があることを踏まえたうえで，保育課程又は教育課程の編成や指導方法を工夫することができる。

5 子ども同士の交流活動により，小学校の児童が，幼児に伝わるような言葉使いやかかわりを工夫したり，思いやりの心を育んだり，自分の成長に気付いたりするようになる。

【17】「就学前教育カリキュラム」(平成23年3月　東京都教育委員会)における確かな学力につながる〔学びの芽生え〕を身に付けた子供像に関する記述として適切なものの組合せは，下の1〜5のうちのどれか。

A 自分の考えを自分なりの言葉で伝えたり，関心や興味を持つ範囲で友達や先生の話を聞いたりする。

B 目的に向かって繰り返し考えたり，試したりしながら最後までやり遂げる。

C 経験したことを取り入れたり，身近な物や用具などの性質や仕組みを生かしたりして遊びや課題に取り組む。

D 生活や遊びを通して覚えた文字や数字等を使って，自由に表現することを楽しむ。

1 A・B
2 A・C
3 A・D
4 B・C
5 B・D

【18】「人権教育プログラム(学校教育編)」(平成25年3月　東京都教育委員会)の中の学級経営における人権教育の在り方に関する記述として適切なものの組合せは，後の1〜5のうちのどれか。

A 学級経営に当たっては，学校の教育目標や人権教育の目標，学年の指導方針等を踏まえ，幼児・児童・生徒の発達段階や学級の実態に即して，人権教育に関わる学級経営の目標を設定することが重要である。

B　学級経営に当たっては，幼児・児童・生徒に対する理解を深めるとともに，学級内の人間関係等の課題は，教師が解決を図るのではなく，幼児・児童・生徒自身に解決させることが重要である。

C　幼児・児童・生徒が，相互に能力・性格・外見・嗜好の違い等を理解し合う関係を基盤に，必要があれば互いに距離をとれるよう教育環境を整備することが重要である。

D　よりよい学級経営を行うためには，学校が家庭や地域社会等と連携・協力を図り，幼児・児童・生徒に自尊感情や思いやりの心を育むことが重要である。

　　1　A・B
　　2　A・C
　　3　A・D
　　4　B・C
　　5　B・D

【19】「特別支援学校施設整備指針」（平成23年3月　文部科学省）の記述の内容として適切なものの組合せは，下の1〜5のうちのどれか。

A　利用者のニーズにできる限り対応するため，すべての幼児児童生徒に共通する指導目標や内容，方法等を示した最大公約数的な指導計画や，画一的な教育支援計画の実施に配慮した施設整備計画とすることが重要である。

B　地域の小・中学校等の要請に応じて支援などを行う地域の特別支援教育のセンター的機能を果たすため，地域や学校等の実情に応じて必要な施設環境を整備することが重要である。

C　幼児児童生徒の学習のための場であるのみならず，生活の場として，ゆとりと潤いのある施設環境を計画することが重要である。

D　幼児児童生徒の健康や快適性を確保するためには，日照，採光等に重点を置くより，医療設備，遊具の設置等に十分配慮した計画とすることが重要である。

　　1　A・B
　　2　A・C
　　3　A・D
　　4　B・C
　　5　B・D

【20】 各種の発達障害に関する記述として最も適切なものは，次の1～5のうちのどれか。

1 注意欠陥多動性障害(ADHD)は，3歳くらいまでに症状が現れる障害で，知的発達の遅れはないが，社会性(対人関係)の欠如，コミュニケーションの課題，想像性の欠如を特徴とする。

2 アスペルガー症候群は，成人期以降にしか見られない障害で，知的発達の遅れはないが，言語発達に課題がある，人が考えていることを推測できない，その場の雰囲気を受け取ることができないなどの特徴がある。

3 高機能自閉症は，通常7歳以前に現れ，不注意，多動性，衝動性を特徴とする障害で，不注意優勢型，多動性—衝動性優勢型と，この両方を併せ持つ混合型の3つのタイプがある。

4 広汎性発達障害は，幻覚・妄想などを伴う慢性的な精神疾患で，通常は思春期～成人期にかけて発症することが多く，他人との交流が乏しくなる，喜怒哀楽などの感情表現が少なくなるなどの特徴がある。

5 学習障害(LD)は，基本的には全般的な知的発達の遅れはないのに，聞く，話す，読む，書く，計算する又は推論する能力のうち特定のものの習得と使用に著しい困難を示す様々な状態のことをいう。

【21】「保育所保育指針」(平成20年　厚生労働省)における子どもの健康支援に関する記述として適切なものは，次の1～5のうちのどれか。

1 子どもの心身の状態に応じて保育するために，子どもの健康状態並びに発育及び発達状態について，定期的，継続的に，また，必要に応じて随時，把握すること。

2 子どもの心身の状態等を観察し，虐待が疑われる場合には，市町村や児童相談所ではなく，速やかに警察へ通告して専門機関に対応を委ねること。

3 感染症の発生又はその疑いがある場合には，即時に保育所を閉鎖し，救急医療機関に連絡をして対応を委ねること。

4 保育中に体調不良や傷害が発生した場合には，ただちに保護者に連絡し，対応してもらうようにすること。

5 子どもの疾病等の事態に備え，医務室等の環境を整え，救急用の薬品，材料を適宜用意し，職員のうち少なくとも1人は応急対応ができるようにしておくこと。

【22】「保育所保育指針解説書　厚生労働省編」(平成20年)における保育の実施上の配慮事項に関する記述として適切なものは，次の1〜5のうちのどれか。

1　子どもの心身の発達及び活動の実態などの個人差を踏まえるとともに，一人一人の子どもの気持ちを受け止め，援助すること。

2　子どもが与えられた環境の中で，教わったとおりに活動する様子を見守りながら，適切に援助すること。

3　子どもの入所時の保育に当たっては，子どもが保育所の生活になじんでいくようにするため，既に入所している子どもに優先してきめ細かに援助すること。

4　子どもの国籍や文化の違いを認め，少数の方が周りと合わせていくことの大切さを学べるよう配慮すること。

5　子どもの性差や個人差に留意し，性別などにより対応を区別するとともに，子ども自身にも性差などに基づく一般的イメージが抱けるよう配慮すること。

【23】次の文章は，「保育所における食事の提供ガイドライン」(平成24年3月厚生労働省)の記述の一部である。空所A〜Dに該当する語句の組合せとして適切なものは，下の1〜5のうちのどれか。

　乳幼児期は「(　A　)」の基礎を培い，それをさらに発展させて「(　B　)」につなげるための重要な時期で，周囲の人と関係しながら食を通じて経験した様々なことが，体だけでなく心の健やかな成長・発達にも大きな影響を与える。

　そして現在の心身の成長・発達に影響することに加えて，味覚や(　C　)の基礎も培われ，それらはその後の食習慣にも影響を与えるために，この時期の食生活や栄養については，生涯を通じた健康，特に　(　D　)という長期的な視点からも考える必要がある。

	A	B	C	D
1	身体をつくる力	体力	体質	拒食・過食予防
2	身体をつくる力	生きる力	体質	生活習慣病予防
3	食を営む力	健全な身体	体質	偏食防止
4	健全な身体	体力	食嗜好	偏食防止
5	食を営む力	生きる力	食嗜好	生活習慣病予防

【24】 次のア〜ウは，法律等の条文である。ア〜ウと法律等の名称の組合せとして適切なものは，下の1〜5のうちのどれか。

【条文】

ア　すべて国民は，児童が心身ともに健やかに生まれ，且つ，育成されるよう努めなければならない。

イ　すべて国民は，法律の定めるところにより，その能力に応じて，ひとしく教育を受ける権利を有する。

ウ　すべて国民は，ひとしく，その能力に応じた教育を受ける機会を与えられなければならず，人種，信条，性別，社会的身分，経済的地位又は門地によって，教育上差別されない。

	ア	イ	ウ
1	学校教育法	日本国憲法	教育基本法
2	学校教育法	教育基本法	児童福祉法
3	教育基本法	学校教育法	日本国憲法
4	児童福祉法	教育基本法	日本国憲法
5	児童福祉法	日本国憲法	教育基本法

【25】 教育基本法における教育の目標に関する条文として適切なものは，次の1〜5のうちのどれか。

1　幅広い知識と教養を身に付け，真理を求める態度を養い，豊かな情操と道徳心を培うとともに，健やかな身体を養うこと。

2　個人の意欲と志向を尊重して，その能力を伸ばし，創造性を培い，学力や技能等を養うとともに，社会生活との関連を重視し，法と規則を重んずる態度を養うこと。

3　平和と自由，他者への敬愛と自己犠牲を重んずるとともに，郷土愛の精神に基づき，主体的に郷土社会の形成に参画し，その発展に寄与する態度を養うこと。

4　生命を尊び，家族や隣人を大切にし，人権の保護に寄与する態度を養うこと。

5　文化と発明を尊重し，学究心や探究心をはぐくむとともに，未来社会の平和と発展に寄与する態度を養うこと。

【26】 学校教育法における学校の定義に関する条文として適切なものは，次の1～5のうちのどれか。

1　この法律で，学校とは，小学校及び中学校とする。

2　この法律で，学校とは，幼稚園，小学校，中学校，高等学校及び大学とする。

3　この法律で，学校とは，幼稚園，小学校，中学校，高等学校，中等教育学校，大学及び大学院とする。

4　この法律で，学校とは，幼稚園，小学校，中学校，高等学校，中等教育学校，特別支援学校，大学及び高等専門学校とする。

5　この法律で，学校とは，保育所，幼稚園，小学校，中学校，高等学校，特別支援学校，高等専門学校，大学及び大学院とする。

【27】 教育職員免許に関する記述として教育職員免許法に照らして適切なものは，次の1～5のうちのどれか。

1　免許状には，普通免許状，特別免許状及び臨時免許状がある。

2　免許状の取得に，年齢による制限はない。

3　高等学校を卒業していない者は，例外なく免許状を授与されない。

4　免許状は，文部科学大臣が授与する。

5　すべての免許状が，十年間，取得した都道府県においてのみ効力を有する。

【28】 学校保健安全法の条文として適切なものは，次の1～5のうちのどれか。

1　内閣総理大臣は，学校における環境衛生に係る事項について，児童生徒等の健康を保護する上で維持されることが望ましい基準を定めるものとする。

2　学校には，健康診断，健康相談，保健指導，救急処置その他の保健に関する措置を行うため，保健室を設けるものとする。

3　学校においては，各児童生徒等の在学中に，少なくとも1回健康診断を行わなければならない。

4　校長は，感染症の予防上必要があるときは，臨時に一部の学級を休業することができる。ただし，学校の全部の休業を行うことはできない。

5　学校には，学校医又は保健師を置くものとする。

【29】児童福祉法に規定する児童，乳児，幼児，少年の定義に関する記述の内容として適切なものは，次の1～5のうちのどれか。

1　児童　　小学校就学の始期に達するまでの乳児及び幼児

2　児童　　満15歳に満たない者

3　乳児　　幼稚園入園の始期に達するまでの者

4　幼児　　満1歳から，小学校就学の始期に達するまでの者

5　少年　　小学校就学の始期から，満15歳に達するまでの者

【30】次の文章は，発達障害者支援法の条文である。空所A～Cに該当する語句の組合せとして適切なものは，下の1～5のうちのどれか。

この法律は，発達障害者の心理的機能の適正な発達及び円滑な社会生活の促進のために発達障害の症状の発現後できるだけ早期に発達支援を行うことが特に重要であることにかんがみ，発達障害を早期に発見し，発達支援を行うことに関する国及び地方公共団体の責務を明らかにするとともに，（　A　）における発達障害者への支援，発達障害者の（　B　）の支援，（　C　）の指定等について定めることにより，発達障害者の自立及び社会参加に資するようその生活全般にわたる支援を図り，もってその福祉の増進に寄与することを目的とする。

	A	B	C
1	学校教育	生活訓練	特別支援学校
2	日常生活	就労	専門医療機関
3	日常生活	教育	発達障害者支援センター
4	学校教育	就労	発達障害者支援センター
5	社会活動	生活訓練	特別支援学校

【31】絵本のタイトルと作者の組合せとして適切なものは，次の1～5のうちのどれか。

1　ぐりとぐら　————　林明子

2　スイミー　——————　わたなべしげお

3　わたしとあそんで　———　マリー・ホール・エッツ

4　こんとあき　————　なかがわりえこ

5　もりのへなそうる　———　レオ＝レオニ

【32】 球根の花の一般的な植え付け時期と開花時期に関する記述として最も適切なものは，次の1〜5のうちのどれか。

1　ヒアシンスは，10月〜11月に球根を植え付け，3月〜4月に開花する。

2　グラジオラスは，9月〜11月に球根を植え付け，2月〜4月に開花する。

3　チューリップは，2月〜3月に球根を植え付け，7月〜9月に開花する。

4　スイセンは，3月〜4月に球根を植え付け，7月〜9月に開花する。

5　ダリアは，10月〜11月に球根を植え付け，3月〜4月に開花する。

【33】 モルモットの生態や飼育方法等に関する記述とし最も適切なものは，次の1〜5のうちのどれか。

1　メスはオスより大きく，成長すると50センチメートルを超えるので，うさぎ用より大きいケージ(飼育する籠)や飼育小屋を用意しなければならない。

2　飼育場所の床に敷くものとしては，新聞紙などの他，食物にもなる干し草やわらなどを敷くのもよい。

3　雑食性なので，モルモット用飼料の他，果実や小魚がエサになるが，ハチの子や昆虫も好んで食べる。

4　毛の生えかわりや抜け毛は少ない動物なので，ブラシなどで毛を手入れする必要はない。

5　群れでは生活しないおくびょうな動物なので，一つのケージや飼育小屋で，2頭以上は飼育しないようにする。

【34】 身近な自然現象に関する説明として最も適切なものは，次の1〜5のうちのどれか。

1　虹は，雨上がりのときなどに太陽の方向に見られる円弧上の光の帯で，太陽光線が空気中の水滴で屈折・反射することにより，円弧の内側から白，黄，橙，赤，緑，水色，青の順に見える。

2　霧は，空気中の煙やガスなどの不純物質が日光の紫外線と化学反応を起こすことによって煙って見える現象で，かつ，視界が1km以上ある場合を言い，視界が1km未満の場合は「もや」と呼んで区別する。

3　霜柱は，地中の水分が地表近くでつぎつぎと凍って結晶をつくり，上にある結晶をおしあげて柱状にのびたものを言い，空気中の水分が地面等に付着してできる「霜」とは区別される。

4 雷は，激しい下降気流の積乱雲の中で，向きの違う強い風がぶつかり合うことによって発生するガスが蓄えられて爆発し，音をとどろかせて光る現象のことを言う。

5 台風は，熱帯低気圧のうち，中心付近の最大風速が秒速30m以上の風をともなうものを言い，発生地域によって「エルニーニョ」や「モンスーン」などと呼ばれる。

【35】季節にかかわる語句の説明として適切なものは，次の1〜5のうちのどれか。

1 立春は，春に昼の時間が長くなってきて，昼夜の長さが等しくなる日である。

2 立夏は，太陽が最も北に寄り，北半球では一年中で最も昼が長い日である。

3 夏至は，一年中で最も暑い日である。

4 立秋は，秋に昼の時間が短くなってきて，昼夜の長さが等しくなる日である。

5 冬至は，北半球では一年中で最も昼が短く，夜が長い日である。

【36】熱中症に関する記述の内容として適切なものの組合せは，後の1〜5のうちのどれか。

A 熱中症は暑熱環境によって生じる障害の総称で，症状の違いによって，熱けいれん，熱疲労，熱射病の3つの病態がある。意識障害があるときは，熱射病を疑って対処する必要がある。

B 熱中症は環境変化に関係なく繰り返す疾患であるが，意識喪失やけいれんに限らず，一見，短時間ぼんやりしているだけに見えるものが含まれており，経過を観察することが重要である。

C 熱中症のうち熱射病は，体温の調節機能がはたらかなくなり，体温が40度以上に上昇して，虚脱状態や昏睡が生じたりする。重度の場合は命にかかわる危険性があるため，早く医療機関で治療を受ける必要がある。

D 熱中症のうち熱射病は，高温化で1〜5時間の潜伏期を経て，下痢や腹痛，めまい，頭痛，全身麻痺などが生じる。重症化すると死に至ることがあるが，有効な治療薬はないため予防が重要である。

1 A・B

2 A・C

　　3　A・D
　　4　B・C
　　5　B・D

【37】食物の三大栄養素として適切なものは，次の1〜5のうちのどれか。
　　1　炭水化物・ビタミン・脂質
　　2　炭水化物・たんぱく質・脂質
　　3　炭水化物・脂質・無機質
　　4　炭水化物・たんぱく質・食物繊維
　　5　炭水化物・ビタミン・食物繊維

【38】次の各問に答えなさい。
　［問1］　次の楽譜を楽曲として正しく並び替えたものは，下の1〜5のうち
　　　のどれか。ただし，問いの性質上，拍子記号，終止線は記載していない。

　　1　A−B−C−D　　2　A−C−D−B　　3　B−A−C−D
　　4　C−A−B−D　　5　D−A−B−C
　［問2］　この楽曲で歌われている時期として最も適切なものは，次の1〜5
　　　のうちのどれか。
　　　1　3月末〜4月　　　　2　7月〜8月初め　　　3　9月末〜10月
　　　4　11月末〜12月　　　5　一年中
　［問3］　この楽曲の拍子として適切なものは，次の1〜5のうちのどれか。
　　　1　4分の2拍子　　　2　4分の3拍子　　　3　4分の4拍子
　　　4　8分の4拍子　　　5　8分の5拍子

解答・解説

【1】3

〈解説〉幼稚園教育要領の内容は項目数がそれぞれ8〜13項目なので，全て暗記するのが望ましい。他の領域と混同しやすいものもあるが，領域の目標とねらい，内容を関連させながら学習すること。

【2】3

〈解説〉環境の内容の取扱い(1)，(3)の文章である。上の文章について，幼稚園教育要領解説では，幼児にとっては身の回りのものすべてが好奇心の対象となることから，教師は遊具や用具などを用意するだけでなく，幼児の能動性を引き出す空間や物を配置し，場合によっては教師が援助することも大切であるとしている。下の文については，生命を大切にする気持ちを持つこと，生命の素晴らしさに友達や教師と共に感動するようになることがねらいの1つとされている。

【3】4

〈解説〉指導計画作成に当たっての留意事項には，一般的な留意事項と特に留意する事項の2つがあり，本問では一般的な留意事項から出題されている。本問では幼稚園教育要領の文章そのままではないので，注意したい。1は，生活の流れの中であまり変化しないではなく，「様々に変化する」が正しい。また，「入園当初のうちから…」も誤りである。2は「変化しないように注意…」ではなく，「活動がそれぞれの時期にふさわしく展開されるようにする」が正しい。3は「教師は主たる保護者」ではなく，「理解者，共同作業者など」の役割があり，活動の場面に応じた適切な指導が求められる。5は幼稚園で求められるのは「創造的な思考や主体的な生活態度などの基礎を培う」ことである。

【4】2

〈解説〉幼稚園教育要領解説では，幼稚園を「家庭では体験できない社会・文化・自然などに触れ，教師に支えられながら，幼児期なりの世界の豊かさに出会う場」としている。この点だけ見ると，選択肢1も正答のようにみえるが，解説では「幼児の教育は主に家庭と幼稚園であり，両者は連携・連動して一人一人の育ちを促すことが大切」としていることから，幼稚園は家庭の補足的な役割ではなく，同等の立場として考えていると捉えることができる。なお，幼児の教育の場として地域もあげており，「様々な人々との交流の機会を通して豊かな体験が得られる」としている。

【5】1

〈解説〉2は「幼児期の発達の特性を十分に踏まえて，入園から修了までの発達の見通しをもち，きめ細かな対応が図れるようにすること」，3は「発達の時期をとらえるためには様々な視点があり，それぞれの幼稚園の実情に応じて考えるべき」，「周囲の状況の変化などから実際に幼児が展開する生活が大きく変容する時期をとらえることも大切」，4は「全教職員の協力の下に園長の責任において」，5は「幼稚園や地域の実態を把握して，特色を生かし，創意のある教育課程を編成しなければならない」が正しい。

【6】5

〈解説〉Aは「他の人々と親しみ，支え合って生活するために，自立心を育て，人とかかわる力を養う」，Cは「身近な人と親しみ，かかわりを深め，愛情や信頼感をもつ。」で「経験したことや考えたことを伝え合う喜びを味わう」が正しい。Cについては，「言葉」領域の内容で「人の言葉や話などをよく聞き，自分の経験したことや考えたことを話し，伝え合う喜びを味わう」があるので，混同に注意したい。

【7】3

〈解説〉Bは「人間関係」領域の内容「自分の思ったことを相手に伝え，相手の思っていることに気付く」との混同に注意したい。Cは「言葉」領域の内容である。

【8】5

〈解説〉特別支援教育の基本として，「障害のある幼児の自立」というねらいがあり，これはどの学校種でも共通することである。なお，特別支援教育の推進については「障害のある幼児への指導にとどまらず，障害のない幼児への指導の充実にも資する」と示されていることも重要であるため，よく学習するとよい。

【9】3

〈解説〉Bは指導計画が重要視されていないことに注意すること。幼稚園教育要領では「相互のねらいや方法などを踏まえ，継続的・計画的に取り組むことが大切」とされている。Cは「幼稚園と小学校の連携のみならず，保育所も加えた三者の連携が求められている。」とあり，「三者の連携を進め，幼児期の教育の成果が小学校につながるようにすることも大切」としている。

【10】3

〈解説〉1は一部の意見として記載されているが，本資料では「教育を行うため

に評価は欠くことのできないものであり，適切な教育は適切な評価によってはじめて実現できる」としている。2は「幼児を比較し，相対的に優劣をつけて」が不適切である。4は「指導計画は，必ず守られなければならず」が不適切である。5は「日々の保育と評価はまったく別のもの…」が不適切である。

【11】3

〈解説〉Bについて，幼児の認知は中心化という特徴をもち，一つの事柄に注意や認知が固定化して，それ以外のことの認知的処理が困難になるという特徴がある。例えば，道路の向かい側に保護者や友達を発見すると，車の往来に関係なく一目散に走り出してしまうことがあげられる。Cについて，幼児は全般的に見て行動の抑制が難しいとされる。したがって，教師や保護者からみて予め危険が予想される場面においては，十分な保護が必要になる。

【12】4

〈解説〉Aについて，本資料では「耐震化が図られている建物では，地震動によって建物が倒壊する危険性は低く，慌てて建物の外へ飛び出すような行動はかえって危険」とされている。Dについて，想定を変えずに同じ内容での訓練を行うのではなく，「災害の発生時間や場所に変化を持たせ，いかなる場合にも安全に対処できるようにすることが望まれる」とされている。なお，災害には地域性があり，学校の自然的環境，社会的環境，施設の耐震化の有無などによって起こりやすさが変わってくることから，それぞれの地域・特性にあった対策が必要となる。

【13】4

〈解説〉4の「競争心が芽生え，感情の起伏が豊かになる」ことは掲げられていない。解答のほかに「感情をコントロールし，友達と上手に遊べる子になる」「意欲的な態度や有能感を形成する」などがあげられている。

【14】2

〈解説〉Dについて，「手洗い・うがいの習慣付け」は正しいが，「後片付けの習慣付け」は「歯・口の健康づくり」では言及していない。歯みがきが手洗いなどの清潔と関連付けられることについては「歯・口の健康づくり」から全身の健康づくりへと広げると考えられていることをおさえておくこと。

【15】2

〈解説〉本資料では，早起きをする理由が5項目掲載されている。そのほかとしては，「人間は本来昼行性の動物である」「夜に光を浴びると体内時計と地球時間のズレを大きくする」「成長ホルモンは夜寝ているときに多く分泌されているから」「体温のリズムが乱れると昼間，活動的に生活できないから」とある。

【16】5

〈解説〉本資料では幼稚園等や小学校との連携について，「遊びを中心とした幼児期の教育と教科等の学習を中心とする小学校教育では教育内容や指導方法が異なっているものの，保育所や幼稚園等から義務教育段階へと子どもの発達や学びは連続しており，幼児期の教育と小学校教育とは円滑に接続されていることが望ましい」といった理由から連携を推進しており，幼稚園教育要領や小学校学習指導要領でも連携について示されている。

【17】4

〈解説〉学びの芽生えは，日本の学校教育の基本ともいえる「生きる力」の確かな学力に関連するものである。学びの芽生えを身に付けた子供像については，解答のほかに「興味や関心をもったことに主体的にかかわったり，そのことを遊びに取り入れたりする」，「自分の考えを相手に分かるように伝えたり，友達や先生の話に関心をもってすすんで聞いたりする」，「生活や遊びを通して感じたことや考えたことなどを，様々な表現方法で自由に表現することを楽しむ」が示されている。

【18】3

〈解説〉「人権教育プログラム(学校教育編)」は，幼稚園・学校の教員向けの人権教育に関する実践的な手引きであり，人権教育を推進するための考え方，人権教育の全体計画づくりや年間指導計画づくり，学校種別ごとの実践・指導事例，人権教育についての関係資料等を掲載している。Bは「幼児・児童，生徒自身に解決させる」，Cは「必要があれば互いに距離をとれるよう」等が不適となる。

【19】4

〈解説〉Aについて，特別支援教育は「障害のある幼児児童生徒の自立や社会参加に向けた主体的な取組を支援するという視点に立ち，幼児児童生徒一人一人の教育的ニーズを把握し，その持てる力を高め，生活や学習上の困難を改善又は克服するため，適切な指導及び必要な支援を行う」ことを踏まえ

れば，画一的な教育支援計画の実施に配慮した，といったことは誤りと気付くであろう。Dは「幼児児童生徒の健康に配慮し，校内の快適性を確保するため，日照，採光，通風，換気，室温，音の影響等に十分配慮した計画とすることが重要である」とある。

【20】5

〈解説〉様々な発達障害については，定義を文部科学省のホームページで確認しておくこと。例えば，ADHDとは「年齢あるいは発達に不釣り合いな注意力，及び／又は衝動性，多動性を特徴とする行動の障害で，社会的な活動や学業の機能に支障をきたすもの」「7歳以前に現れ，その状態が継続し，中枢神経系に何らかの要因による機能不全があると推定される」とある。

【21】1

〈解説〉2は「子どもの心身の状態等を観察し，虐待が疑われる場合には，速やかに市町村又は児童相談所に通告し，適切な対応を図ること」，3は「感染症やその他の疾病の発生予防に努め，その発生や疑いがある場合には，必要に応じて嘱託医，市町村，保健所等に連絡し，その指示に従うとともに，保護者や全職員に連絡し，協力を求めること」，4は「保育中に体調不良や傷害が発生した場合には，その子どもの状態等に応じて，保護者に連絡する」，5は「子どもの疾病等の事態に備え，医務室等の環境を整え，救急用の薬品，材料等を常備し，適切な管理の下に全職員が対応できるようにしておくこと」が正しい。

【22】1

〈解説〉2は「子どもが自ら周囲に働きかけ，試行錯誤しつつ自分の力で行う活動を見守りながら，適切に援助すること」，3は「子どもの入所時の保育に当たっては，できるだけ個別的に対応し，子どもが安定感を得て，次第に保育所の生活になじんでいくようにするとともに，既に入所している子どもに不安や動揺を与えないよう配慮すること」，4は「子どもの国籍や文化の違いを認め，互いに尊重する心を育てるよう配慮すること」，5は「子どもの性差や個人差にも留意しつつ，性別などによる固定的な意識を植え付けることがないよう配慮すること」が正しい。

【23】5

〈解説〉本資料では食生活について，昨今では，「食」の状況はある意味では豊かになった一方，「利便性」と引き替えに，日本の伝統的な食文化の継承や食を通じた経験が非常に少なくなっていること，保育所の食事は，心身両

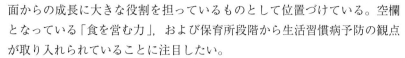

面からの成長に大きな役割を担っているものとして位置づけている。空欄となっている「食を営む力」，および保育所段階から生活習慣病予防の観点が取り入れられていることに注目したい。

【24】5

〈解説〉日本国憲法をはじめとする，主要な法律・条約は内容も含めて，頻出のものから学習しておきたい。特に，法律の趣旨や前文などを理解してから条文を学習すると，より理解が深まると思われる。アは児童福祉法第1条第1項，イは日本国憲法第26条第1項，ウは教育基本法第4条第1項である。

【25】1

〈解説〉教育の目標は教育基本法第2条に5項目示されている。教育目標は，教育の目的(同法第1条)を達成するための方法として示されていることから，セットで学習するとよい。1は同法第2条第一号で示されている内容である。

【26】4

〈解説〉学校の定義は，学校教育法第1条で定義されている。同法では第3章で幼稚園に関する条文があるので，必ず確認しておくこと。特に，同法第22条の幼稚園の教育目的は，頻出であると同時に幼稚園教諭志望者の基礎知識ともいえるので，全文暗記が必須といってもよいだろう。

【27】1

〈解説〉2　年齢制限に上限はないが，18歳未満の者は取得できない。　3　文部科学大臣において高等学校を卒業した者と同等以上の資格を有すると認めた者は免許状を授与される場合がある。　4　授与は，文部科学大臣ではなく，各都道府県教育委員会である。　5　普通免許状と特別免許状は，更新制が導入され，所要資格を得てから10年目の年度末までとされた。ただし，旧免許状の場合は，有効期間は定められていない。

【28】2

〈解説〉1　「学校環境衛生基準」を定めるのは内閣総理大臣ではなく，文部科学大臣である(学校保健安全法第6条第1項)。　3　健康診断は，毎年定期的に行わなければならないとされている(同法第13条第1項)。　4　臨時に休業することができるのは，学校の全部又は一部の学級である。実施者は校長ではなく学校の設置者である(同法第20条)。　5　学校には学校医を置くものとする，が正しい(同法第23条第1項)。

【29】4

〈解説〉児童福祉法第4条第1項では，児童とは満18歳未満とし，乳児は満1歳

に満たない者，幼児は満1歳から小学校就学の始期に達するまでの者，少年は小学校就学の始期から，満18歳に達するまでの者としている。

【30】4

〈解説〉発達障害者支援法第1条の条文である。発達障害者支援センターとは，本人及び家族に対する福祉の相談支援，情報提供及び他機関との連携，コンサルテーション，普及啓発，研修を行っているところである。なお，同法では，発達障害について「自閉症，アスペルガー症候群その他の広汎性発達障害，学習障害，注意欠陥多動性障害その他これに類する脳機能の障害であってその症状が通常低年齢において発現するものとして政令で定めるもの」としている。

【31】3

〈解説〉1 『ぐりとぐら』はなかがわりえこ作，2013年で50周年を迎えた。2 『スイミー』はレオ＝レオニの作で，レオ＝レオニはねずみのフレデリック等が有名である。4 『こんとあき』は林明子作，こんはキツネのぬいぐるみであきと一緒に旅をする話である。5 『もりのへなそうる』はわたなべしげお作，へなそうるとは森の中にいる怪獣の名である。

【32】1

〈解説〉2のグラジオラスは3〜4月に植え付け，開花は6〜7月頃，3のチューリップは10〜11月に植え付け，開花は3〜4月頃，4のスイセンは9〜11月に植え付け，開花は11〜4月頃，5のダリアは3〜5月に植え付け，開花は9〜11月頃である。

【33】2

〈解説〉1 メスもオスもほとんど同じ大きさで20〜30cm程度なので，うさぎ用ケージでの飼育が可能である。3 モルモットは，草食性である。4 抜け毛が多く，特に長毛種は，パラパラといつも毛が抜ける。また，毛づくろいで毛を飲み込みやすいこともあるため，こまめなブラッシングが必要である。5 群れで生活する動物であるが，階級がはっきりしており，喧嘩も多いので群れで飼育するのは難しい。また繁殖率がきわめて高いので，つがいで飼育すると増えすぎることもある。

【34】3

〈解説〉1 虹は，円弧の内側から赤，橙，黄，緑，青，藍，紫の順である。2 視界が1km未満の場合を霧，1km以上10km未満を「もや」と言う。4 雷は，激しい上層気流により発生する。5 台風は，最大風速17m以

上の風を伴う。エルニーニョは海面温度の上昇などを指し，モンスーンは季節風である。

【35】5

〈解説〉立春は冬至と春分の間の節分の翌日，立夏は太陽黄経45°となる日，夏至は北半球では一年中で最も昼が長く夜が短い日，立秋は太陽黄経135°となる日である。

【36】2

〈解説〉熱中症は高温環境下で，体内の水分や塩分(ナトリウムなど)のバランスが崩れる，体内の調整機能が破綻する等によって発症する障害の総称であり，場合によっては死に至ることもある。特に，思春期前の子どもは体温調節能力がまだ十分に発達していないため，熱中症のリスクが高くなる。対策としては，顔色や汗のかき方を十分に観察する，適切な飲水行動を学習させる，といったことがあげられる。

【37】2

〈解説〉特徴としては，炭水化物は血中で糖となる。たんぱく質は体内でアミノ酸に分解される。脂質はエネルギー源となることがあげられる。ビタミン，無機質(ミネラル)を加えて五大栄養素と呼ばれることもあるので，二つとも学習しておくとよい。

【38】問1　4　　問2　4　　問3　1

〈解説〉楽曲は童謡「たき火」(巽聖歌作詞，渡辺茂作曲)である。　問2　「たき火」「おちば」「きたかぜ」「さざんか」「しもやけ」「こがらし」から11月末から12月(冬)とわかる。　問3　4分の2拍子(1小節に四分音符が2つ)である。

【1】 幼稚園教育要領における言葉に関する記述として適切なものの組合せは，下の1〜5のうちのどれか。

A　幼児が自分の思いを言葉で伝えるとともに，教師や他の幼児などの話を興味をもって注意して聞くことを通して次第に話を理解するようになっていき，言葉による伝え合いができるようにすること。

B　幼児が日常生活の中で，文字などを使いながら思ったことや考えたことを伝える喜びや楽しさを味わい，それぞれの幼児ができるだけ自然な形で育っていくよう環境の構成に配慮すること。

C　言葉は，身近な人に親しみをもって接し，自分の感情や意志などを伝え，それに相手が応答し，その言葉を聞くことを通して次第に獲得されていくものであることを考慮して，幼児が教師や他の幼児とかかわることにより心を動かすような体験をし，言葉を交わす喜びを味わえるようにすること。

D　絵本や物語から得た感動を他の幼児や教師と共有し，様々に表現することなどを通して豊かな感性が養われるようにすること。

　　1　A・B
　　2　A・C
　　3　A・D
　　4　B・C
　　5　B・D

【2】次の文章は，幼稚園教育要領における表現に関する記述である。空所A〜Dに該当する語句の組合せとして適切なものは，後の1〜5のうちのどれか。

○　幼児の自己表現は（　A　）な形で行われることが多いので，教師はそのような表現を（　B　）し，幼児自身の表現しようとする意欲を受け止めて，幼児が生活の中で幼児らしい様々な表現を楽しむことができるようにすること。

○　生活経験や（　C　）に応じ，自ら様々な表現を楽しみ，表現する意欲を十分に発揮させることができるように，遊具や用具などを整えたり，他の幼児の表現に触れられるよう配慮したりし，表現する（　D　）を大切にして自己表現を楽しめるように工夫すること。

ア 稚拙	イ 受容	ウ 年齢	エ 素朴	オ 自由
カ 修正	キ 推測	ク 目的	ケ 発達	コ 難解
サ 過程				

1 A－ア　B－イ　C－ケ　D－ク
2 A－コ　B－キ　C－ウ　D－ク
3 A－エ　B－カ　C－ウ　D－サ
4 A－エ　B－イ　C－ケ　D－サ
5 A－ア　B－カ　C－ケ　D－オ

【3】 次の文章は，幼稚園教育要領解説(平成20年10月　文部科学省)における幼稚園教育の基本に関する記述である。空所A～Dに該当する語句の組合せとして適切なものは，下の1～5のうちのどれか。

　教育は，子どもの望ましい発達を期待し，子どものもつ潜在的な(A)に働き掛け，その人格の形成を図る営みである。特に，幼児期の教育は，生涯にわたる人格形成の基礎を培う重要な役割を担っている。

　幼児一人一人の潜在的な(A)は，日々の生活の中で出会う(B)によって開かれ，(B)との相互作用を通して具現化されていく。幼児は，(B)との相互作用の中で，体験を深め，そのことが幼児の心を揺り動かし，次の活動を引き起こす。そうした体験の連なりが幾筋も生まれ，幼児の将来へとつながっていく。

　そのため，幼稚園では，幼児の生活や(C)といった直接的・具体的な体験を通して，人とかかわる力や思考力，感性や表現する力などをはぐくみ，人間として，(D)とかかわる人として生きていくための基礎を培うことが大切である。

ア 環境	イ 集団	ウ 遊び	エ 身近な人
オ 出会い	カ 人々	キ 社会	ク 自我
ケ 能力	コ 学習	サ 可能性	

1 A－ケ　B－ア　C－ウ　D－イ
2 A－サ　B－カ　C－オ　D－キ
3 A－ク　B－カ　C－コ　D－イ
4 A－サ　B－ア　C－ウ　D－キ
5 A－ケ　B－キ　C－コ　D－エ

【4】幼稚園教育要領解説(平成20年10月　文部科学省)における人とのかか
わりに関する領域「人間関係」についての記述として適切でないものは，次
の1〜5のうちのどれか。

1　幼児の行動を見守りながら，適切な援助を行うためには，教師と一人一
人の幼児との間に信頼関係をつくり出し，同時に，幼児の言動や表情か
ら，その幼児が今何を感じているのか，何を実現したいと思っているの
かを受け止め，幼児が試行錯誤しながら自分の力で課題を乗り越えられ
るようにしていくことが必要である。

2　幼児は，周囲の人々に温かく見守られ，ありのままの姿を認められてい
る場の中で，自分らしい動き方ができるようになり，自己を発揮するよ
うになる。教師の重要な役割の一つは，教師と幼児，さらに，幼児同士
の心のつながりのある温かい集団を育てることにある。

3　ごっこ遊びなどの中で，友達にある役をしてほしいと思っても，相手の
気持ちを確かめることなく自分だけで一方的に役を決めてしまえば，友
達ともめることになるだろう。このような集団生活の中での人とのかか
わりを通して，幼児は，自分のしたいこと，相手にしてほしいことの言
葉による伝え方や，相手の合意を得ることの必要性を理解していくので
ある。

4　幼児が互いにかかわりを深め，共に活動する中で，みんなでやってみた
い目的が生まれ，工夫したり，協力したりするようになっていく。この
過程の中で，幼児は，自分の思いを伝え合い，話し合い，新しいアイデ
アを生み出したり，自分の役割を考えて行動したりするなど，力を合わ
せて協力するようになる。

5　幼児は信頼し，尊敬している大人の言葉や行動に基づいて何がよくて何
が悪いのかの枠をつくっており，教師の言動の影響は大きい。特に，人
としてしてはいけないことに対しては，悪いと明確に示す必要がある。
このように，教師はときには，善悪を直接的に示したり，また，集団生
活のきまりに従うように促したりすることも必要になる。

【5】幼稚園教育要領における教育課程に係る教育時間の終了後等に行う教育
活動などの留意事項に関する記述として適切なものは，次の1〜5のうち
のどれか。

1　教育課程に基づく活動を考慮し，幼児期にふさわしい文字や数の指導を

実施すること。その際，教育課程に基づく活動を担当する教師と緊密な連携を図るようにすること。

2　家庭や地域での幼児の生活も考慮し，教育課程に係る教育時間の終了後等に行う教育活動の計画を作成するようにすること。その際，園内の資源を活用しつつ，多様な体験ができるようにすること。

3　家庭との緊密な連携を図るようにすること。その際，情報交換の機会を設けたりするなど，保護者が，幼稚園を中心に幼児を育てるという意識が高まるようにすること。

4　地域の実態や保護者の事情とともに幼児の生活のリズムを踏まえつつ，例えば実施日数や時間などについて，画一的な運用に配慮すること。

5　適切な指導体制を整備した上で，幼稚園の教師の責任と指導の下に行うようにすること。

【6】幼稚園教育要領における健康に関する記述としていずれも適切でないものの組合せは，下の1～5のうちのどれか。

A　先生や友達と触れ合い，安定感をもって行動する。

B　親しみをもって日常のあいさつをする。

C　幼稚園における生活の仕方を知り，自分たちで生活の場を整えながら見通しをもって行動する。

D　自分でできることは自分でする。

1　A・B
2　A・C
3　A・D
4　B・C
5　B・D

【7】次の文章は，幼稚園教育要領解説(平成20年10月　文部科学省)における指導計画の作成に当たっての留意事項に関する記述である。空所A～Dに該当する語句の組合せとして適切なものは，後の1～5のうちのどれか。

　多様な体験が大切であるということは，幼児に様々な活動を提供すればよいということではない。幼児が自分で考え，判断し，納得し，行動することを通して(A)の基礎を身に付けていくためには，むしろ幼児の活動は(B)されなければならない。その際特に重要なことは，体験の(C)

である。あることを体験することにより，それが幼児自身の（　D　）の成長につながっていくことこそが大切なのである。

　　ア　内面　　　　イ　量　　　　　ウ　人格　　　エ　生きる力
　　オ　精選　　　　カ　伸びる力　　キ　記憶　　　ク　心身
　　ケ　学ぶ力　　　コ　洗練　　　　サ　質　　　　シ　限定
　　1　A－カ　　　B－オ　　　C－イ　　　D－ク
　　2　A－ケ　　　B－シ　　　C－イ　　　D－ア
　　3　A－エ　　　B－シ　　　C－キ　　　D－ク
　　4　A－エ　　　B－オ　　　C－サ　　　D－ア
　　5　A－カ　　　B－コ　　　C－サ　　　D－ウ

【8】次の文章は，幼稚園教育要領解説（平成20年10月　文部科学省）における身近な環境とのかかわりに関する領域「環境」についての記述である。空所A～Dに該当する語句の組合せとして適切なものは，下の1～5のうちのどれか。

　　幼児の周囲には，園内や園外に様々なものがある。人は暮らしを営み，また，動植物が生きていて，遊具などの日々の生活や遊びに必要な物が身近に置かれている。幼児はこれらの環境に好奇心や探究心をもって主体的にかかわり，自分の生活や遊びに取り入れていくことを通して（　A　）していく。このため，教師は，幼児がこれらの環境にかかわり，豊かな体験ができるよう，意図的，（　B　）に環境を構成することが大切である。

　　幼児は身近な環境に興味をもち，それらに親しみをもって自らかかわるようになる。また，園内外の身近な（　C　）に触れて遊ぶ機会が増えてくると，その大きさ，美しさ，（　D　）に心を動かされる。幼児はそれらを利用して遊びを楽しむようになる。幼児はこのような遊びを繰り返し，様々な事象に興味や関心をもつようになっていくことが大切である。

　　ア　意欲的　　　イ　発達　　　ウ　生物　　　エ　計画的
　　オ　経験　　　　カ　楽しさ　　キ　創造的　　ク　新しさ
　　ケ　自然　　　　コ　勉強　　　サ　不思議さ
　　1　A－コ　　　B－キ　　　C－ケ　　　D－ク
　　2　A－イ　　　B－エ　　　C－ケ　　　D－サ
　　3　A－イ　　　B－キ　　　C－ウ　　　D－カ
　　4　A－オ　　　B－エ　　　C－ウ　　　D－カ

　　5　A－コ　　B－ア　　C－ケ　　D－ク

【9】「幼稚園教育指導資料第3集　幼児理解と評価」（平成22年7月改訂　文部科学省）における適切な幼児理解と評価のための教師の姿勢として適切でないものは，次の1〜5のうちのどれか。
1　温かい関係を育てる。
2　自分で考え，自分で行動する。
3　内面を理解する。
4　長い目で見る。
5　教師が共に学び合う。

【10】「幼稚園施設整備指針」（平成22年2月　文部科学省大臣官房文教施設企画部）における保育室の空間構成，位置等に関する記述として適切でないものは，次の1〜5のうちのどれか。
1　日照，採光，換気，通風，音響等の良好な環境条件の確保に十分留意して，位置，方位等を計画することが重要である。
2　幼児の活動の拠点となる空間であることを考慮し，遊戯室その他の保育空間及び園庭との連携を十分検討し，適切な空間構成とすることが重要である。
3　幼児の交流，教職員間の連携・協力を円滑に行うことができるように，保育室相互のつながりに留意して計画することが重要である。
4　5歳児が活動する保育室は，遊びの場や便所等との関連に留意するとともに，園庭から見通しが良い位置に配置することが望ましい。
5　テラス，バルコニー等の半屋外空間や中庭，芝生等の屋外空間に，直接出入りできるように計画することが望ましい。

【11】次の文章は，「幼稚園における子育て支援活動及び預かり保育の事例集」（平成21年3月　文部科学省）の中の幼稚園における子育て支援活動に関する記述である。空所A〜Dに該当する語句の組合せとして適切なものは，後の1〜5のうちのどれか。
○　保護者は子育ての喜びや生きがいを感じている一方，子育てに対する不安やストレスも感じている。幼稚園は保護者の子育てに対する意欲を引き出し，その（　A　）が向上するよう，「親と子が共に育つ」という観点

283

から子育て支援を実施し，子どものよりよい育ちが実現するようにすることが大切である。

○　幼稚園における子育て支援は，一方向的に支援を与えるものではなく，共に創り出していくという双方向的なものである。支援を受ける者の現状を理解すること，支援を受ける者が積極的に活動に参加することで，自らの（　B　）を確認あるいは回復して成長していくということを理解する必要がある。

○　保護者の（　C　）が不適切である場合や家庭での育ちの状況が気になる子どもがいた場合の保護者支援については，子どもの最善の利益を重視しつつ，幼稚園のみで抱え込むことなく，市町村等の関係機関と連携して，適切な支援を行っていくことが必要である。

○　子育て支援活動を行うに当たっては，保護者への支援や乳幼児期からの発達の支援等，（　D　）に基づく活動とは対象者や実施内容が異なることなどから，（　D　）の実施とは異なる配慮等が必要となる。

ア　養育　　　イ　保育計画　　　ウ　自尊心　　　エ　指導計画
オ　責任感　　カ　保育力　　　　キ　自立心　　　ク　しつけ
ケ　教育力　　コ　教育課程

1　A－カ　　B－オ　　C－ク　　D－エ
2　A－ケ　　B－ウ　　C－ア　　D－コ
3　A－カ　　B－キ　　C－ク　　D－イ
4　A－ケ　　B－キ　　C－ア　　D－イ
5　A－ケ　　B－ウ　　C－ク　　D－コ

【12】「乳幼児期からの子供の教育支援に係る指導者向け資料　乳幼児期を大切に　子供の発達の科学的知見と親の学習支援」(平成21年3月　東京都教育委員会)における幼稚園での指導と年間指導計画例に関する記述の内容として適切でないものは，次の1～5のうちのどれか。

1　保護者を対象に登園後や降園前などの時間を活用し，医師や看護師などによる講演会を行ったり，保護者会や懇談会のような形式で，保護者同士が生活の中での悩みや工夫を話し合ったりして，規則正しい生活習慣を身に付けるための手だてを知ることができるようにする。

2　幼児と保護者がホールなどに集まり，歯科医師，栄養士，医師，看護師などから，幼児の健康を保つための生活習慣，清潔の保ち方，食の栄養

指導を受ける。

3 園だより，学級だより，学年だよりなどの家庭への配布物を通して，基本的な生活習慣について幼稚園で幼児に指導したことを知らせる。

4 登園，降園，保育参観，保育参加などの機会に，幼稚園の保育室や廊下，壁面に指導に活用した教材，指導を行っている様子が分かる写真を貼り，教師が幼稚園で指導した内容や方法が分かるようにして，家庭で話題にしたり，実践したりしてもらえるようにする。

5 保護者に，保育室で，絵本，紙芝居，パネルシアター，ペープサート等を活用して，規則正しい生活をすることの大切さや，簡単な文字や数の教え方について指導する機会をもつ。

【13】「就学前教育カリキュラム」(平成23年3月　東京都教育委員会)における総説の記述の内容として最も適切なものは，次の1〜5のうちのどれか。

1 本カリキュラムは，小学校教育との接続を踏まえ，発達や学びの連続性を考慮しながら5歳児を対象に確実に経験させたい内容を明らかにするとともに，具体的な指導例を示したものである。

2 本カリキュラムは，各保育所や幼稚園等が作成する年間指導計画に相当するものである。

3 本カリキュラムでは，子供に培いたい生きる力の基礎について，健康・体力につながる[生活習慣・運動]，豊かな人間性につながる[人とのかかわり]，確かな学力につながる[学びの芽生え]と捉えている。

4 本カリキュラムでは，小学校教育との接続を踏まえながら生きる力の基礎を培う観点から，子供の発達に応じて確実に経験させたい内容の視点を，健康，人間関係，環境，言葉，表現の五つに設定している。

5 各保育所や幼稚園等においては，小学校教育との接続を踏まえ，「生きる力の基礎の育成」や「発達や学びの連続性」などの視点から毎日の保育計画を立案する際に，本カリキュラムを積極的に活用することが期待される。

【14】「幼児期の教育と小学校教育の円滑な接続の在り方について(報告)」(平成22年11月11日　幼児期の教育と小学校教育の円滑な接続の在り方に関する調査研究協力者会議)における幼小接続の取組を進めるための方策に関する記述の内容として，いずれも適切でないものの組合せは，あとの1〜5

のうちのどれか。

A　幼小接続の取組は，幼児・児童の交流から始まり，次第に両者が抱える教育上の課題を共有し，やがて幼児期から児童期への教育のつながりを確保する教育課程の編成・実施へと発展していく。

B　幼小接続のための連携・接続の関係を明らかにして各学校・施設が共有し，後戻りのない取組を進めていくことが必要である。

C　幼小接続に関し教職員に求められる資質の一つには，幼児期と児童期の教育課程・指導方法等の違い，子どもの発達や学びの現状等を正しく理解する力があり，この資質の向上を図るべく，研究や自己啓発に励む体制を確立する必要がある。

D　幼小接続を積極的に進めるためには，幼児期と児童期をつながりとして捉える工夫が必要であり，幼児期と児童期の教育双方が接続を意識する期間を「接続期」というつながりとして捉える考え方を普及することが必要である。

1　A・B
2　A・C
3　A・D
4　B・C
5　B・D

【15】次の文章は，「特別支援学校学習指導要領解説　総則等編（幼稚部・小学部・中学部）」（平成21年6月　文部科学省）における保護者に対する支援についての記述である。空所A～Dに該当する語句の組合せとして適切なものは，後の1～5のうちのどれか。

　障害のある幼児の発達の状態は，家庭の（　A　）とも深くかかわっている。そのため，保護者との密接な連携の下に指導を行うことが重要である。

　教師は，幼児への指導と併せて，保護者が我が子の障害を（　B　）できるようにしたり，将来の見通しについての過度の不安を取り除くようにしたり，養育の負担を軽減できるようにしたり，自然な形で幼児とのかかわりができるようにしたりするなど，保護者の思いを受け止め，（　C　）や養育に対する支援を行うように努める必要がある。

　子どもを中心として関係諸機関が連携し合うために，個別の（　D　）を作成し，それを活用することが求められている。これは，様々な状況にある

保護者を支援する意味でも有効に活用することが期待されるところである。

ア　認識　　　　　イ　教育的な指導　　ウ　養育環境
エ　指導計画　　　オ　精神的な援助　　カ　指導記録簿
キ　しつけ　　　　ク　受容　　　　　　ケ　教育支援計画
コ　教育環境　　　サ　関係機関の紹介

1　A－キ　　B－ア　　C－オ　　D－ケ
2　A－ウ　　B－ク　　C－イ　　D－カ
3　A－コ　　B－ク　　C－サ　　D－エ
4　A－コ　　B－ア　　C－イ　　D－エ
5　A－ウ　　B－ク　　C－オ　　D－ケ

【16】「特別支援教育推進のためのガイドライン　東京の特別支援教育～特別支援教育体制・副籍モデル事業等報告書～【最終報告】」(平成19年3月　東京都教育委員会)における特別支援学校のセンター的機能に関する記述としていずれも適切でないものの組合せは，下の1～5のうちのどれか。

A　特別支援教育に関する相談・情報提供
B　特別支援学校特別支援教育コーディネーター養成・育成研修の実施
C　特別支援教育推進計画の策定
D　地域の障害のある児童・生徒への施設設備等の提供

1　A・B
2　A・C
3　A・D
4　B・C
5　B・D

【17】次の文章は，「幼稚園における学校評価ガイドライン[平成23年改訂]」(平成23年11月15日　文部科学省)における学校関係者評価に関する記述である。空所A～Dに該当する語句の組合せとして適切なものは，後の1～5のうちのどれか。

○　学校関係者評価は，(　A　)の結果について評価を行うことを基本とする。

○　学校は，学校の状況や努力が評価者に理解されるよう十分な情報提供や(　B　)を行うことが必要である。

○　学校関係者評価委員会を新たに組織することにかえて，（　C　）や学校運営協議会等の既存の組織を活用して評価を行うことも考えられる。ただし，学校関係者評価の取組が一部だけのものとならず，（　D　）が高く広がりをもったものとなるよう配慮する。

ア　客観性　　　　　イ　学校説明会　　　ウ　学校評議員
エ　授業の公開　　　オ　自己評価　　　　カ　第三者評価
キ　学校の公開　　　ク　PTA　　　　　　ケ　透明性

1　A－カ　　　B－キ　　　C－ク　　　D－ア
2　A－カ　　　B－エ　　　C－ウ　　　D－ケ
3　A－オ　　　B－イ　　　C－ク　　　D－ア
4　A－オ　　　B－キ　　　C－ウ　　　D－ケ
5　A－カ　　　B－イ　　　C－ク　　　D－ケ

【18】「保育所保育指針解説書　厚生労働省編」（平成20年）における乳幼児期の発達の特性に関する記述として適切でないものは，次の1～5のうちのどれか。

1　子どもは，大人によって生命を守られ，愛され，信頼されることにより，情緒が安定するとともに，人への信頼感が育つ。そして，身近な環境(人，自然，事物，出来事など)に興味や関心を持ち，自発的に働きかけるなど，次第に自我が芽生える。

2　子どもは，整えられた環境の中で，環境への関わり方や遊び方を教わり実践することにより心身の発達が促される。

3　子どもは，大人との信頼関係を基にして，子ども同士の関係を持つようになる。この相互の関わりを通じて，身体的な発達及び知的な発達とともに，情緒的，社会的及び道徳的な発達が促される。

4　乳幼児期は，生理的，身体的な諸条件や生育環境の違いにより，一人一人の心身の発達の個人差が大きい。

5　子どもは，遊びを通して，仲間との関係を育み，その中で個の成長も促される。

【19】心理学者ピアジェの発達段階に関する記述として適切なものの組合せは，下の1～5のうちのどれか。

A　感覚運動期

B　前操作期

C　潜伏期

D　口唇期

　　1　A・B

　　2　A・C

　　3　A・D

　　4　B・C

　　5　B・D

【20】「教職員のための子どもの健康相談及び保健指導の手引」(平成23年8月
文部科学省)における食物アレルギーに関する記述として適切なものの組合
せは，下の1～5のうちのどれか。

A　食物アレルギーは，原因となる食物を食べることにより身体の中に免
疫反応が起こり，皮膚粘膜にはじんましんや痒み，呼吸器ではせき，ぜ
ん鳴や呼吸困難，消化器では腹痛，おう吐や下痢などの症状が出現する。

B　学校では，給食後1～2時間以内に症状が出る即時型反応がほとんどで
ある。原因食品として，大豆，牛乳，小麦は三大アレルゲンとして頻度
が高い。

C　症状が重篤なものとしては，そば，ピーナッツがあり，この他にも，
最近キウイなどの果物による口の痒みや違和感などの症状(口腔アレル
ギー症候群)，ごま，魚，ゼラチンなど，従来あまり注目されていなかっ
た食品に対するアレルギーが増えている。

D　学校では，保護者の申し出や保健調査等で食物アレルギーの有無を確
認後，アレルギー管理指導表により，原因食品，症状発生時の対応等を
かかりつけの医者と確認することが大切である。

　　1　A・B

　　2　A・C

　　3　A・D

　　4　B・C

　　5　B・D

【21】次の文章は，「危険を予測し回避する能力と，他者や社会の安全に貢献
できる資質や能力を育てる　安全教育プログラム」(平成23年3月　東京都

教育委員会)における安全教育の領域に関する記述である。空所A〜Eに該当する語句の組合せとして適切なものは，下の1〜5のうちのどれか。

　安全教育が対象とする領域は，「(A)」「(B)」「(C)」の3つから構成される。学校の管理下だけでなく(D)を含む日常で起こる事件や事故などの危険から身を守る「(A)」には，誘拐や傷害，情報ネットワークなどによる犯罪被害の防止も重要な内容として含まれる。「(B)」は，道路の歩行や横断，自転車の乗り方など様々な交通場面の危険と安全を取り扱うが，被害者になることを防ぐだけでなく加害者にならないようにする内容を含んでいる。「(C)」は，地震，台風，津波，火山活動など様々な自然災害についての理解に基づき，適切な避難方法などを中心に具体的な対応を扱うほか，人為的な火災や(E)における対処も含まれる。

　　ア　生活安全　　イ　不審者対応　　ウ　災害安全
　　エ　家庭生活　　オ　原子力災害　　カ　交通安全
　　キ　安全管理　　ク　交通指導　　ケ　地域社会
　　コ　安全学習　　サ　身体安全　　シ　課外活動
　　1　A−コ　　B−ク　　C−ウ　　D−シ　　E−オ
　　2　A−ア　　B−カ　　C−ウ　　D−エ　　E−オ
　　3　A−ア　　B−カ　　C−キ　　D−シ　　E−イ
　　4　A−サ　　B−ク　　C−キ　　D−エ　　E−イ
　　5　A−コ　　B−カ　　C−キ　　D−ケ　　E−イ

【22】「人権教育プログラム(学校教育編)」(平成23年3月　東京都教育委員会)における教職員に求められる人権感覚に関する記述として適切でないものは，次の1〜5のうちのどれか。

1　一人一人の幼児・児童・生徒はかけがえのない存在であり，人格を尊重するという趣旨から呼び捨てにせず敬称を付けて呼ぶことが大切です。

2　言葉や態度などで精神的な苦痛を与える行為も体罰と同じように人権侵害に当たる可能性があります。

3　学校が発行する文書や冊子等では，その表現によって幼児・児童・生徒や保護者等に傷付く人がいないか，誤解を招くことがないか等，様々な観点から文章を検討する必要があります。

4　文集などの作品は，文章表記で誤字・脱字があっても，幼児・児童・生徒本人の書いたものとして尊重し，そのまま掲載することが大切です。

5 研究紀要等の公的な資料に掲載する絵やイラストについては，その絵を見る側の立場に立って，様々な人権課題に関わる偏見や差別意識を助長する恐れがないかという観点から判断することが大切です。

【23】次の文章は，教育基本法の前文である。空所Ａ～Ｅに該当する語句の組合せとして適切なものは，下の１～５のうちのどれか。

　我々日本国民は，たゆまぬ努力によって築いてきた民主的で（　Ａ　）な国家を更に発展させるとともに，世界の（　Ｂ　）と人類の（　Ｃ　）の向上に貢献することを願うものである。

　我々は，この理想を実現するため，個人の尊厳を重んじ，（　Ｄ　）と正義を希求し，公共の精神を尊び，豊かな人間性と（　Ｅ　）を備えた人間の育成を期するとともに，伝統を継承し，新しい文化の創造を目指す教育を推進する。

　ここに，我々は，日本国憲法の精神にのっとり，我が国の未来を切り拓く教育の基本を確立し，その振興を図るため，この法律を制定する。

　　ア　幸福　　　　イ　文化的　　　ウ　平和　　　エ　調和的
　　オ　真理　　　　カ　愛情　　　　キ　福祉　　　ク　創造性
　　ケ　協調性　　　コ　平和的

　　１　Ａ－コ　　Ｂ－ウ　　Ｃ－ア　　Ｄ－カ　　Ｅ－ケ
　　２　Ａ－イ　　Ｂ－ウ　　Ｃ－キ　　Ｄ－オ　　Ｅ－ク
　　３　Ａ－イ　　Ｂ－ウ　　Ｃ－ア　　Ｄ－カ　　Ｅ－ケ
　　４　Ａ－コ　　Ｂ－ア　　Ｃ－キ　　Ｄ－オ　　Ｅ－カ
　　５　Ａ－エ　　Ｂ－ア　　Ｃ－キ　　Ｄ－ウ　　Ｅ－ク

【24】教育公務員特例法の条文として適切なものは，次の１～５のうちのどれか。

１　この法律は，教育を通じて国民全体に奉仕する教育公務員の職務とその責任の特殊性に基づき，教育公務員の昇任，退職，給与，服務，研修及び福利厚生等について規定する。

２　公立の小学校等の校長及び教員の給与は，これらの者の職務と責任の特殊性に基づき条例で定めるものとする。

３　教育公務員は，その職責を遂行するために，勤務時間中は研究を行い学力の維持に努めなければならない。

4 教員は，授業が予定されていた場合であっても，任命権者の教育委員会の承認を受けて，勤務場所を離れて研修を行うことができる。

5 公立学校の校長の採用並びに教員の採用及び昇任は，競争試験によるものとし，その競争試験は，都道府県又は市町村の人事委員会が行う。

【25】地方公務員法の条文として適切でないものは，次の1〜5のうちのどれか。

1 すべて公務員は，全体の奉仕者であつて，一部の奉仕者ではない。

2 この法律の規定は，一般職に属するすべての地方公務員(以下「職員」という。)に適用する。

3 すべて職員の分限及び懲戒については，公正でなければならない。

4 職員は，条例の定めるところにより，服務の宣誓をしなければならない。

5 地方公共団体は，この法律に基いて定められた給与，勤務時間その他の勤務条件が社会一般の情勢に適応するように，随時，適当な措置を講じなければならない。

【26】教育職員免許法の条文として適切でないものは，次の1〜5のうちのどれか。

1 この法律で「免許管理者」とは，免許状を有する者が教育職員及び文部科学省令で定める教育の職にある者である場合にあつてはその者の勤務地の都道府県の教育委員会，これらの者以外の者である場合にあつてはその者の住所地の都道府県の教育委員会をいう。

2 教育職員は，この法律により授与する各相当の免許状を有する者でなければならない。

3 免許状は，都道府県の教育委員会(以下「授与権者」という。)が授与する。

4 免許管理者は，普通免許状又は特別免許状の有効期間を，その満了の際，免許状更新講習課程を修了した者に限り更新することができる。

5 免許状を有する者がその氏名又は本籍地を変更し，又は免許状を破損し，若しくは紛失したときは，その事由をしるして，免許状の書換又は再交付をその免許状を授与した授与権者に願い出ることができる。

【27】 学校保健安全法の条文としていずれも適切でないものの組合せは，下の1〜5のうちのどれか。

A 校長は，感染症にかかつており，かかつている疑いがあり，又はかかるおそれのある児童生徒等があるときは，政令で定めるところにより，出席を停止させることができる。

B 学校においては，保健指導の結果に基づき，疾病の予防処置を行い，並びに運動や作業が通常通り行えるように治療を指示する等適切な措置をとらなければならない。

C 学校においては，児童生徒等の安全の確保を図るため，当該学校の施設及び設備の安全点検，児童生徒等に対する通学を含めた学校生活その他の日常生活における安全に関する指導，職員の研修その他学校における安全に関する事項について計画を策定し，これを実施しなければならない。

D 学校においては，児童生徒等の心身の健康の保持増進を図るため，児童生徒等の身体測定，環境衛生検査，児童生徒等に対する指導その他安全に関する事項について計画を策定し，これを実施しなければならない。

1 A・B
2 A・C
3 A・D
4 B・C
5 B・D

【28】 次の文章は，学校教育法施行規則の条文である。空所A〜Dに該当する語句の組合せとして適切なものは，後の1〜5のうちのどれか。

○ 幼稚園の毎学年の教育（ A ）は，特別の事情のある場合を除き，（ B ）を下つてはならない。

○ 幼稚園の（ C ）その他の保育内容については，この章に定めるもののほか，（ C ）その他の保育内容の基準として文部科学大臣が別に公示する幼稚園教育要領によるものとする。

○ 小学校には，設置者の定めるところにより，（ D ）の職務の円滑な執行に資するため，職員会議を置くことができる。

ア	教育課程	イ	広範囲	ウ	時間	エ	週数
オ	二百十日	カ	指導計画	キ	三十九週	ク	校長
ケ	日数	コ	ねらい	サ	二百二十日	シ	4時間

293

　ス　教職員

1　A－ケ　　B－サ　　C－カ　　D－ス
2　A－エ　　B－キ　　C－カ　　D－ク
3　A－ケ　　B－オ　　C－ア　　D－ス
4　A－ウ　　B－シ　　C－コ　　D－イ
5　A－エ　　B－キ　　C－ア　　D－ク

【29】　次の文章は，児童虐待の防止等に関する法律の条文である。空所A～Dに該当する語句の組合せとして適切なものは，下の1～5のうちのどれか。

　　この法律は，児童虐待が児童の（　A　）を著しく侵害し，その心身の成長及び人格の形成に重大な影響を与えるとともに，我が国における将来の世代の育成にも懸念を及ぼすことにかんがみ，児童に対する虐待の（　B　），児童虐待の予防及び（　C　）その他の児童虐待の防止に関する国及び地方公共団体の責務，児童虐待を受けた児童の保護及び（　D　）のための措置等を定めることにより，児童虐待の防止等に関する施策を促進し，もって児童の権利利益の擁護に資することを目的とする。

　ア　緊急避難　　　イ　人権　　　　ウ　自立の支援　　エ　停止
　オ　心身の治療　　カ　施設入所　　キ　早期発見　　　ク　精神
　ケ　立入検査　　　コ　阻止　　　　サ　身体　　　　　シ　禁止

1　A－サ　　B－エ　　C－キ　　D－ウ
2　A－イ　　B－シ　　C－ケ　　D－オ
3　A－ク　　B－コ　　C－ア　　D－オ
4　A－イ　　B－シ　　C－キ　　D－ウ
5　A－サ　　B－コ　　C－ア　　D－カ

【30】　絵画技法であるデカルコマニーの説明として適切なものは，次の1～5のうちのどれか。

1　水面に墨や絵の具を浮かべて，それを紙に写す。
2　野菜や木の葉に絵の具をつけて，紙に押す。
3　紙を半分に折った後に開き，片面に絵の具をつけて，紙を重ね合わせて広げる。
4　指や手のひらに絵の具をつけてかく。
5　木の葉や板の上に薄い紙を載せて，上から色鉛筆などでこする。

【31】幼児がはさみを使って紙を切るときの指導に関する記述として最も適切なものは，次の1〜5のうちのどれか。

1　曲線を切るには，紙を回して切るよりはさみを回して切ると良い。何枚も同じ形を切る時は，紙を重ね，手で押さえて，ずれないようにして切ると良い。また，難しい形を切るときは，初めは大まかに切り，それから丁寧に切ると良い。

2　曲線を切るには，はさみを回して切るより紙を回して切ると良い。何枚も同じ形を切る時は，紙を重ね，粘着テープやステープラーで止め，ずれないようにして切ると良い。また，難しい形を切るときは，初めから丁寧に切ると良い。

3　曲線を切るには，はさみを回して切るより紙を回して切ると良い。何枚も同じ形を切る時は，紙を重ね，手で押さえて，ずれないようにして切ると良い。また，難しい形を切るときは，初めは大まかに切り，それから丁寧に切ると良い。

4　曲線を切るには，はさみを回して切るより紙を回して切ると良い。何枚も同じ形を切る時は，紙を重ね，粘着テープやステープラーで止めて，ずれないようにして切ると良い。また，難しい形を切るときは，初めは大まかに切り，それから丁寧に切ると良い。

5　曲線を切るには，紙を回して切るよりはさみを回して切ると良い。何枚も同じ形を切る時は，紙を重ね，粘着テープやステープラーで止めて，ずれないようにして切ると良い。また，難しい形を切るときは，初めから丁寧に切ると良い。

【32】箸の使い方に関する記述の内容として明らかに適切でないものは，後の1〜5のうちのどれか。(ただし，Aを上側，Bを下側とする。)

1　箸を使うときは，上側の箸だけを動かして食べ物をはさむ。

2　上側の箸の持ち方は，鉛筆の持ち方と同じである。

3　ねぶり箸とは，どれを食べるか迷い，器の上を行ったり来たりすることである。

4　箸を器の上に渡して置くことを，渡し箸という。

5　上側の箸は，人差し指，中指，親指の3本の指で持ち，下側の箸は，薬指と親指の付け根で支える。

【33】幼稚園で飼育される例の多い生き物と，えさの組合せとして最も適切なものは，次の1～5のうちのどれか。

1　ナミアゲハ(幼虫) ——— ミカンの葉

2　カブトムシ(成虫) ——— 他の昆虫の卵や幼虫

3　カタツムリ ——————— アリ

4　ウサギ ————————— 水に浸したショウブの葉

5　ダンゴムシ ——————— ミミズ

【34】植物の一般的な栽培方法等に関する記述の内容として明らかに適切でないものは，次の1～5のうちのどれか。

1　トマトは，わき芽を放置しておくと葉が茂りすぎて実つきが悪くなるので，わき芽は小さいうちに摘み取る。

2　ゴーヤーの栽培に適した温度は25～30度で，開花から15～20日後，実につやが出てきたら収穫できる。

3　ナスは低温を好むので早植えをするようにし，6月中旬頃に株の弱りを防ぐため，思い切って実(花)を切り戻す。

4　カボチャは確実に実をつけるため，開いている雌花の中心に雄花の花粉をつけて人工授粉する。

5　イチゴは毎年実をつける多年生の植物で，冷涼な気候を好み，10～11月に植えつけを行う。

【35】童話「エルマーのぼうけん」(ルース・スタイルス・ガネット作　ルース・クリスマン・ガネット絵　わたなべしげお訳)の内容に関する記述として最も適切なものは，次の1～5のうちのどれか。

1　エルマーが，小さいときに出会ったのらねこに話を聞いて，りゅうを一

人で助けに行った話。

2　エルマーとエルマーのお父さんが，二人でりゅうに出会い，背中に乗って一緒に各国を冒険する話。

3　エルマーがのらねこを連れて，いろいろな国を冒険する間に，りゅうに出会った話。

4　エルマーの乗った飛行機が故障してみかん島に不時着し，探検して，りゅうに出会う話。

5　りゅうが空から落ちてきたのを最初に見つけたエルマーが看病し，ケガが治ったお礼に背中に乗せてもらい，冒険にでかけた話。

【36】国民の祝日に関する法律に定められているみどりの日，春分の日，秋分の日の記述として適切なものは，次の1～5のうちのどれか。

1　みどりの日　　5月4日　　自然をたたえ，生物をいつくしむ。

2　春分の日　　　春分日　　自然に親しむとともにその恩恵に感謝し，豊かな心をはぐくむ。

3　春分の日　　　3月20日　自然をたたえ，生物をいつくしむ。

4　秋分の日　　　秋分日　　祖先をうやまい，なくなつた人々をしのぶ。

5　秋分の日　　　秋分日　　自然に親しむとともにその恩恵に感謝し，豊かな心をはぐくむ。

【37】標識とその意味の組合せとして適切でないものは，下の1～5のうちのどれか。ただし，標識の色については考えないものとする。

1　…自転車および歩行者専用

2　…歩行者専用

3　…横断歩道

4　　…学校，幼稚園，保育所などあり

5　　…横断歩道・自転車横断帯

【38】次の各問に答えなさい。

[問1]　次の楽譜を楽曲として正しく並べ替えたものは，下の1～5のうちのどれか。ただし，問いの性質上，拍子記号，終止線は記載していない。

A　

B　

C　

D　

　　1　A－B－C－D　　2　A－C－B－D　　3　B－A－D－C
　　4　C－D－A－B　　5　D－B－C－A

[問2]　この楽曲で歌われている自然は，次の1～5のうちのどれか。
　　1　花　　2　風　　3　海　　4　川　　5　空

[問3]　この楽曲の作詞者として適切なものは，次の1～5のうちのどれか。
　　1　中村　雨紅　　　　　2　谷内　六郎　　　3　まど・みちお
　　4　サトウ　ハチロー　　5　西条　八十

解答・解説

【1】2

〈解説〉問題は，幼稚園教育要領「第2章ねらい及び内容」の「言葉」の「3内容の取扱い」である。　A　正しい。　B　「それぞれの幼児ができるだけ自然な

形で育っていくよう環境の構成に配慮する」ではなく,「文字に対する興味や関心をもつようにする」である。　C　正しい。　D　正しくは,「絵本や物語などで,その内容と自分の経験とを結び付けたり,想像を巡らせたりするなど,楽しみを十分に味わうことによって,次第に豊かなイメージをもち,言葉に対する感覚が養われるようにすること。」である。

【2】4

〈解説〉問題は,幼稚園教育要領「第2章ねらい及び内容」の「表現」の「3内容の取扱い」の(2)と(3)である。　A,B　幼児の自己表現は,内容の面でも,方法の面でも,大人からは素朴に見える形で行われることが多い。幼児は,幼児なりに周囲の物事に興味や関心を抱く。大人からするとささいなことと思えるものでも,しばしば,すごいこと,大切なこととして受け止めている。教師はそれを表現として受け止め共感することにより,幼児は様々な表現を楽しむことができるようになっていく。　C,D　幼児は,生活の中で感じたことや考えたことを様々に表現しようとする。その表現は,幼児の生活経験によって様々である。また,幼児の発達に応じて,その幼児なりの素朴なものから,友達と相談しながら相互に役割を決めて楽しむものなどまで幅広く展開する。幼児は,遊具や用具にかかわったり,他の幼児の表現などに触れて,心を動かされ,その感動を表現するようになる。教師は,幼児が表現する過程を楽しみ,それを重ねていき,その幼児なりの自己表現が豊かになっていくように,幼児の心に寄り添いながら適切な援助をすることが大切である。

【3】4

〈解説〉問題は,幼稚園教育要領解説「第1章　総説」「第1節　幼稚園教育の基本」の「1　人格形成の基礎を培うこと」である。空欄補充の問題では,分かりやすいものから判断することも大切である。空欄Cは,幼児には学習ではなく遊びが適切であるので,選択肢は1か4に絞られる。空欄Bは環境となり,空欄Aは,環境によって切り開かれるのは潜在的な可能性が適切である。幼稚園教育要領解説では潜在的な能力という言葉は使われていない。

【4】3

〈解説〉問題は,幼稚園教育要領解説「第2章　ねらい及び内容」「第2節　各領域に示す事項」の「2　人とのかかわりに関する領域『人間関係』」である。1,2,4,5は幼稚園教育要領の「第2章　ねらい及び内容」の「人間関係」の内容の取扱いの(1),(2),(3),(4)に関しての記述であるが,3は,「人間関係」で

はなく，「4　言葉の獲得に関する領域『言葉』」についての記述である。

【5】5

〈解説〉問題は，幼稚園教育要領の第3章の第2である。　1は，「文字や数の指
導を実施すること」ではなく「無理のないものとなるようにすること」である。
2は，「園内の資源を活用しつつ」ではなく「地域の様々な資源を活用しつつ」
である。3は，「幼稚園を中心に」ではなく「幼稚園と共に」である。4は，「画
一的な運用」ではなく「弾力的な運用」である。5は，適切な記述である。

【6】5

〈解説〉問題は，幼稚園教育要領「第2章ねらい及び内容」の「健康」である。B
は「言葉」，Dは「人間関係」に関する記述である。なお，ほかに「健康」に関
する記述には，「いろいろな遊びの中で十分に体を動かす」「進んで戸外で
遊ぶ」「様々な活動に親しみ，楽しんで取り組む」「先生や友達と食べること
を楽しむ」「健康な生活のリズムを身に付ける」「身の回りを清潔にし，衣服
の着脱，食事，排泄などの生活に必要な活動を自分でする」「自分の健康に
関心をもち，病気の予防などに必要な活動を進んで行う」「危険な場所，危
険な遊び方，災害時などの行動の仕方が分かり，安全に気を付けて行動す
る」がある。

【7】4

〈解説〉問題は，『幼稚園教育要領解説』第3章第1の第2節の「3体験の多様性と
関連性」である。文部科学省が定めている幼稚園教育要領と小学校・中学
校・高等学校の学習指導要領に一貫している言葉は「生きる力」であるから，
空欄Aはエが該当する。問題文の記述が教育要領の「心が動かされる体験が
次の活動を生み出すことを考慮し，一つ一つの体験が相互に結び付き，幼
稚園生活が充実するようにすること」に関してのものであるので，Bは幼児
の活動は「限定」ではなく「精選」，Cは「記憶」ではなく「質」，Dは「心身」で
はなく「内面」が適切である。

【8】2

〈解説〉問題は，『幼稚園教育要領解説』「第2章ねらい及び内容」「第2節各領
域に示す事項」の「3　身近な環境とのかかわりに関する領域『環境』」である。
Cの園内外の身近な「自然」に触れて遊ぶ，Dの大きさ，美しさ，「不思議さ」
に心を動かされるの，自然・不思議さがキーワードである。

【9】2

〈解説〉適切な幼児理解と評価のための教師の姿勢として挙げられている事項

は，(1)温かい関係を育てる，(2)相手の立場に立つ，(3)内面を理解する，(4)長い目で見る，(5)教師が共に学び合う，の5つである。

【10】4

〈解説〉「幼稚園施設整備指針」「第3章　園舎計画」「第2　保育空間」「1保育室(1)空間構成，位置等」では，「3歳児が活動する保育室は，遊びの場や便所等との関連に留意するとともに，職員室から見通しが良い位置に配置することが望ましい。」とされている。「5歳児」は「3歳児」，「園庭」は「職員室」が正しい。

【11】2

〈解説〉問題は「幼稚園における子育て支援活動及び預かり保育の事例集」の，「Ⅰ 幼稚園における子育て支援活動」である。最初の記述は「1 幼稚園における子育て支援の基本的な考え方」，2番目の記述は「2幼稚園における子育て支援活動の実施に当たっての留意事項」「(1)活動に当たっての留意事項」，3番目の記述は「(2)関係機関との連携」，4番目の記述は「(3)子育て支援活動に携わる教員の資質向上」で述べられている。なお，Aの「教育力」が向上については，「家庭教育については，教育基本法第10条に「父母その他の保護者は，子の教育について第一義的責任を有するものであって，生活のために必要な習慣を身に付けさせるとともに，自立心を育成し，心身の調和のとれた発達を図るよう努めるものとする。」と規定されている。このことを踏まえ，幼稚園では家庭及び地域の教育力が向上するよう幼児期の教育の支援に努める必要がある。」との補足の記述がある。

【12】5

〈解説〉問題は，「幼稚園での指導と年間指導計画例」の「(3)幼稚園での指導方法」での，幼稚園において幼児に基本的な生活習慣を身に付けさせるため考えられる5つの項目である。適切でないものは5であるが，これは「①幼児への指導」の内容で，正しくは「幼児に食事前の時間などに，保育室で，絵本，紙芝居，パネルシアター，ペープサート等を活用して，清潔にすることや食事をきちんととること，規則正しい生活をすることの大切さなどについて指導する機会をもつ」である。なお，1は「②保護者への指導」，2は「③幼児と保護者と一緒に行う指導」，3は「④配布物の活用」，4は「⑤掲示物の活用」で述べられている内容である。

【13】3

〈解説〉1は5歳児だけでなく，0歳児から5歳児であり内容についても正しく

は，「本カリキュラムは，小学校教育との接続を踏まえ，乳幼児期の子供に生きる力の基礎を培うために，発達や学びの連続性を考慮しながら0歳児から5歳児の発達に応じて確実に経験させたい内容を明らかにするとともに，具体的な指導例を示したものである」である。2は「作成する年間指導計画」ではなく「編成する保育課程や教育課程」に相当するものである。3は「子供に培いたい生きる力の基礎」について，図を用いて示された適切な内容である。4は，保育所保育指針及び幼稚園教育要領に示された「健康」「人間関係」「環境」「言葉」「表現」の5つの領域について，小学校教育との接続を踏まえながら生きる力の基礎を培う観点から，乳幼児期の子供の発達に応じて確実に経験させたい内容の視点を，「健康」については「基本的な生活習慣・運動」，「人間関係」については「協同・信頼・規範」，「環境」については「思考」，「言葉」については「言葉」，「表現」については「創造」に設定している。5は「毎日の保育計画を立案する」ではなく「保育課程や教育課程を編成する」である。

【14】2

〈解説〉Aは「幼児・児童の交流から始まり」ではなく「教職員の交流などの人的な連携から始まり」である。Cは「研究や自己啓発に励む体制」ではなく「各学校・施設研修や行政主催研修といった研修体制」である。なお，この報告には，報告のポイントが簡潔にまとめられているので，報告の本文とともにポイントも合わせて学習して理解が深めるようにしたい。

【15】5

〈解説〉問題は，特別支援学校幼稚部教育要領の第1章総則「第1幼稚部における教育の基本」についての解説，『特別支援学校学習指導要領解説　総則編』の第2編第1章第3節幼稚部における教育の基本の「5　教師の役割」の「④保護者に対する支援」である。教師の役割については，特別支援学校幼稚部教育要領の「第3章指導計画の作成に当たっての留意事項」の「第1一般的な留意事項」の8にも記述がある（『特別支援学校学習指導要領解説　総則編』では，第2編第3章第2節「7教師の役割」）ので，合わせて理解しておこう。Aは幼児なので教育環境ではなく養育環境であり，Cは養育に対する支援と並列の用語として精神的な援助が適切である。Dは関係諸機関が連携しあうのであるから教育支援計画が適切である。

【16】4

〈解説〉特別支援学校のセンター的機能については，「それぞれの専門性を発揮

した幼稚園・保育所，小・中学校及び高等学校等への支援」「特別支援教育に関する相談・情報提供」「幼稚園・保育所，小・中学校及び高等学校等の教職員に対する研修協力機能」「副籍制度の円滑な実施」「障害児・者の理解教育の充実」「地域の障害のある児童・生徒への施設設備等の提供」の6項目があげられている。

【17】4

〈解説〉「学校評価ガイドライン〔平成22年改訂〕」を踏まえ，第三者評価に係る内容の追加など幼稚園の特性に応じた学校評価を推進するため，平成20年3月に策定した「幼稚園における学校評価ガイドライン」が，平成23年に改訂された。主な改訂点は，「1. 幼稚園における第三者評価に係る内容を新たに追加・充実」「2. 幼稚園における学校評価の特性，学校評価により期待される取組と効果，学校関係者評価，情報提供の在り方に関する記述を充実」である。問題文の上のふたつが「①学校関係者評価の在り方」，下の文が「②学校関係者評価委員会」に関する記述である。学校評価の形態には，自己評価，学校関係者評価，第三者評価があり，学校関係者評価は自己評価の結果について評価する。また，「学校の公開」「透明性」はキーワードである。

【18】2

〈解説〉問題は，第2章子どもの発達の「1. 乳幼児期の発達の特性」である。2は「整えられた環境の中で，環境への関わり方や遊び方を教わり実践する」ではなく「子どもを取り巻く環境に主体的に関わる」である。なお，発達の特性として，これらのほかに「乳幼児期は，生涯にわたる生きる力の基礎が培われる時期であり，特に身体感覚を伴う多様な経験が積み重なることにより，豊かな感性とともに好奇心，探究心や思考力が養われる。また，それらがその後の生活や学びの基礎になる」を加えた6項目があげられている。

【19】1

〈解説〉ピアジェ(1896 ～ 1980)は，スイスの心理学者である。発達段階を「感覚運動期(0 ～ 2歳)」「前操作期(2 ～ 7歳)」「具体的操作期(7 ～ 12歳)」「形式的操作期(12歳以降)」の4段階に分けた。選択肢の潜伏期はフロイト(1856 ～ 1939，オーストリアの精神医学者)による6歳から思春期(12歳)，口唇期は同じくフロイトによる誕生から1歳の発達段階である。

【20】2

〈解説〉問題は，「教職員のための子どもの健康相談及び保健指導の手引」の「資

料編」にある「児童生徒の主な心身の健康問題の解説」(2)アレルギー疾患④食物アレルギーの解説である。Bの三大アレルゲンは，大豆，牛乳，小麦ではなく，卵，牛乳，小麦である。また，Dは「かかりつけの医者」ではなく「保護者」と確認することが大切である。

【21】2

〈解説〉問題の安全教育プログラムは東京都教育委員会が毎年作成しているもので平成23年版の「理論編」「1　学校における安全教育の基本的な考え方」の「2　安全教育の領域」である。3つの領域として生活安全，交通安全，災害安全をあげている。A，B，Cにはこの3つが入るが，いずれも2回目の空欄がA，B，Cの具体的な内容を示しているので，2が正解とわかる。Dは「学校の管理下だけ」ではないので家庭生活が，Eは災害安全の1つで人為的な火災と併記されるに相応しいのは原子力災害である。なお，平成24年版も作成されているので，確認しておこう。

【22】4

〈解説〉問題は平成23年のものであるが，「人権教育プログラム」は，平成25年のものが作成されている。選択肢4は，「そのまま掲載する」のではなく，「幼児・児童・生徒と一緒に正しく直してから掲載する」である。なお，最新資料である「人権教育プログラム（平成25年）」の「見直してみましょう　あなたの人権感覚」には「幼児・児童・生徒の呼び方」「不適格な個人情報の管理」「プライバシーに関わる掲示物」「不用意な言葉」「誤解を招く表現」「配慮に欠ける作品」「公的な資料等に掲載する写真や絵・イラスト」「個人が特定できる研究資料」「指導という名のもとの体罰や乱暴な言動」「不必要な調査内容」の10項目が記述されているので，表現が改められていることも含めて再確認しておこう。

【23】2

〈解説〉教育基本法は，昭和22(1947)年3月に公布され，平成18(2006)年に全面改正された。前文と18の条文から構成されており，教師を目指す人は全文を確実に覚えて理解しておくことが大切である。旧教育基本法（前文と11条で構成）と比較することも必要である。特に「公共の精神を尊び」「豊かな人間性と創造性を備えた人間」「伝統を継承」などは新しい文言である。

【24】2

〈解説〉教育公務員特例法は，昭和24(1949)年1月に公布された。選択肢の1は，第1条で「昇任，退職，給与，服務，研修及び福利厚生等」ではなく「任免，

人事評価，給与，分限，懲戒，服務及び研修等」について規定している。2は第13条第1項で正しい。3は第21条で「服務時間中は研究を行い学力の維持」ではなく「絶えず研究と修養」に努めなければならない。4は，第22条第2項で「授業が予定されていた場合であっても，任命権者の教育委員会」ではなく「授業に支障がない限り，本属長」の承認を受けて，勤務場所を離れて研修を行うことができる。5は，第11条で「競争試験によるものとし，その競争試験は，都道府県又は市町村の人事委員会」ではなく「選考によるものとし，その選考は，校長及び教員の任命権者である教育委員会の教育長」が行う。選択肢の4と5は，複数の箇所に誤りがあるので要注意である。

【25】1

〈解説〉地方公務員法は，昭和25(1950)年12月公布にされた。選択肢の1は，日本国憲法第15条第2項である。なお，日本国憲法では第8章に「地方自治」として第92条〜第95条までが規定されている。選択肢の2から5はいずれも地方公務員法の正しい規定で，2は第4条第1項，3は第27条第1項，4は第31条，5は第14条第1項である。

【26】4

〈解説〉教育職員免許法は，昭和24(1949)年5月公布された。選択肢1は第2条第2項，2は第3条第1項，3は第5条第7項，5は第15条の規定である。選択肢の4は，第9条の2第1項の規定であるが「免許状更新講習課程を終了した者に限り」ではなく「その免許状を有する者の申請により」更新することができる。免許状更新講習の課程を終了した者についての規定は，同条の2第3項の規定で，平成19(2007)年に改正された。

【27】5

〈解説〉学校保健安全法は昭和33(1958)年4月に学校保健法として公布され，平成20(2008)年6月に学校保健安全法に改正，改称された。適切な条文は，Aの第19条とCの第27条である。Bは第14条であるが，正しくは「学校においては，前条の健康診断の結果に基づき，疾病の予防処置を行い，又は治療を指示し，並びに運動及び作業を軽減する等適切な措置をとらなければならない」である。Dは第5条であるが，正しくは「学校においては，児童生徒等及び職員の心身の健康の保持増進を図るため，児童生徒等及び職員の健康診断，環境衛生検査，児童生徒等に対する指導その他保健に関する事項について計画を策定し，これを実施しなければならない」である。

【28】 5

〈解説〉学校教育法施行規則は，昭和22(1947)年5月に公布されたが，平成18(2006)年12月に教育基本法が全面改正されたのに伴い平成19(2007)年12月に改正された。1番目の条文は第37条，2番目の条文は第38条，3番目の条文は第48条である。週数39週がキーワードでこれが分かれば選択肢は2と5になる。Dは校長なので，Cは「Cその他の保育内容」が2回使われており共通して最も適切なのは教育課程である。

【29】 4

〈解説〉児童虐待防止法ともいい，平成12(2000)年5月公布された。問題文は第1条である。Aはクの精神，サの身体を含めたイの人権が適切である。Bの虐待の禁止は第3条，Cの早期発見は第5条，Dの自立の支援のための措置は第4条第3項に規定されている。幼児・児童・生徒への虐待やいじめが社会問題になっているので，教師を目指す人は十分理解しておかねばならない。

【30】 3

〈解説〉デカルコマニーはフランス語の「転写する」に由来する。左右対称の作者の意図しない絵ができる。1はマーブリング，2はスタンピング，4はフィンガープリンティング，5はフロッタージュである。このほかにスパッタリング，ドリッピング，コラージュなどがあるので，絵画技法について，方法や特徴をまとめておこう。

【31】 4

〈解説〉曲線を切るには紙を回して切るほうが手元が安定して切りやすい。重ねた紙を手で押さえてもはさみを動かすときに紙がずれやすいので粘着テープやステープラーで止める。難しい形ははじめから丁寧に切らず大まかな形に切った方が良い。したがって最も適切なのは4である。

【32】 3

〈解説〉3はねぶり箸ではなく，迷い箸の説明である。ねぶり箸は箸の先をなめるしぐさである。

【33】 1

〈解説〉1のナミアゲハは柑橘類の葉に卵を産むので幼虫のえさとしてミカンの葉は適切である。2のカブトムシの成虫は自然の中ではクヌギなどの樹液を主食にしている。カブトムシのえさは液状のものに限られる。3のカタツムリのえさには，キュウリやレタスやニンジンなどの野菜と殻の成長のた

めに卵の殻やイカの甲などがよい。4のショウブの葉は中毒を起こす可能
性があるので，ウサギのえさには適さない。5　ダンゴムシのえさには，枯
葉，腐葉土，かつおぶし，煮干などが適している。

【34】3

〈解説〉ナスは夏が旬の野菜で，低温に弱い。切り戻しは7月中旬ごろ，実(花)
ではなく枝を切る。

【35】1

〈解説〉『エルマーのぼうけん』は1951年にアメリカで出版され，日本語版の初
版は1963年である。物語の主人公エルマーは，勇気あふれる賢い少年でポッ
プシコールニャ海岸沿いにある「かれき町」に住んでいる。空を飛ぶことが
夢で，のらねこからボリスというりゅうのこどもの話を聞き，どうぶつ島
まで助けに行き，さまざまな困難を知恵と勇気を振り絞って切り抜けてい
く。

【36】4

〈解説〉国民の祝日に関する法律は，平成17年5月に公布された。みどりの日
は5月4日で，「自然に親しむとともにその恩恵に感謝し，豊かな心をはぐ
くむ」日，春分の日は春分日で，「自然をたたえ，生物をいつくしむ」ひ，秋
分の日は秋分日で，「祖先をうやまい，なくなった人々をしのぶ」日である。
なお，春分の日・秋分の日は共に彼岸の中日ともいわれる。

【37】4

〈解説〉4の標識は横断歩道である。似た標識に警戒標識「学校，幼稚園，保育
所などあり」があり，同じ絵柄であるが黄色で四角の標識である。

【38】問1　4　　問2　5　　問3　1

〈解説〉この曲は「夕やけこやけ」で，中村雨紅作詞，草川信作曲である。小学
校第2学年の共通教材となっている。第2学年の共通教材には，「かくれん
ぼ」(文部省唱歌)林柳波作詞　下総皖一(しもふさかんいち)作曲，「春がきた」
高野辰之作詞　岡野貞一作曲，「虫のこえ」(文部省唱歌)がある。

307

第3章

論作文試験
実施問題

令和５年度

●テーマ（１次試験，90分，900字以上1,200字）

　次の事例を読んで，下の問題について，900字以上1,200字程度で論述しなさい。

　Ｙ幼稚園は，園児の体力向上のため，戸外での運動遊びをよく取り入れている。

　２年保育５歳児ウサギ組のＡ児は，体調を崩して欠席することが多く，Ａ児の保護者からも運動時の配慮を依頼されていた。そのため，戸外での運動遊びのときには，担任教諭がＡ児の体調の状態を判断して，Ａ児だけ砂場などで静かに遊ばせることもあった。

　Ａ児の近所に住むＢ児は，同じウサギ組で，お互いの保護者と一緒に帰宅する仲であった。Ａ児の事情を知るＢ児の保護者は，日頃からＢ児にＡ児と遊ぶときには無理をさせないよう伝えていた。

　５月の晴天のある日，ウサギ組全員で園庭において鬼ごっこをすることになり，じゃんけんで負けたＢ児が鬼になった。始まる前にＢ児は，Ａ児に「今日は暑いから，Ａちゃんは無理しないで，隠れていればいいよ。」とそっと耳打ちをした。そこで，Ａ児は，担任教諭や他の園児に分からないように園舎の裏に隠れた。

　鬼ごっこが始まり，しばらくすると，鬼に捕まっていない園児は，Ａ児を含め，あと数人となった。残った園児のうちのひとりであったＣ児が，園舎の裏まで逃げてきたところ，隠れていたＡ児に気付いた。そこで，Ｃ児は，Ａ児に「Ａちゃんも一緒に鬼ごっこをしようよ。」と言うと，Ａ児の手を無理矢理引いて園庭に連れ出した。

　それを見たＢ児は，担任教諭に「先生，ＣちゃんがＡちゃんに意地悪をしているよ。」と大きな声で知らせた。その声を聞いてＡ児とＣ児のところへ駆けつけた担任教諭は，「Ｃちゃん，どうしたの？」と尋ねた。するとＣ児は，担任教諭に向かって「Ａちゃんを鬼ごっこに入れてあげたかっただけだよ。意地悪じゃないよ。」と不満そうに答えた。そこで，担任教諭が，Ａ児にも状況を尋ねると，「Ｂちゃんに隠れているように言われたから…。」とうつむいて話すだけであった。

【問題】

　あなたが，この学級の担任教諭であるとしたら，この事例のＡ児，Ｂ児

及びC児に対して，それぞれの気持ちをどのように受け止め指導しますか。
　その上で，学級全体の指導について，友達同士や学級の仲間との関わり方などを踏まえ，具体的に述べなさい。

●方針と分析

◆方針

　事実に基づいて，問題を整理分析し，指導のねらい（目標）を明確にする。具体的方策として個別指導（A・B・C児）と全体指導について記述していく。そしてそれぞれの良い点と改善点を子どもが納得するように示していく。

◆分析

　A・B・C児についてそれぞれの良い点○と改善点△を考えてみる。

　A児：○B児が自分のことを気遣ってくれていることが分かり，自分の体調のことも考えて，それを素直に受け取ったこと。　△C児に対して自分の状況や思いを伝えられるようになるとよい。

　B児：○A児の保護者の願いを受け止め，責任感をもちA児のことを気遣ってA児に接することができたこと。　△C児の行動の理由をよく考えて担任教諭に伝えるようにする。

　C児：○C児なりにA児のことを気遣い，一緒に遊ぼうとしたこと。△C児の気持ちをしっかり聞くこと，A児の手を無理矢理引いて園庭に連れ出さないこと。

　学級全体の指導については「○○ちゃんが悪い。」とならないように，それぞれの良いとことを知らせる。また自分が当事者だったらどうするか，そのような場面を見たらどうするか，という視点で発達段階に沿って考えさせるようにする。

　また，問題文には触れてないが，保護者への状況の報告とともに，A児への配慮について他の園児にどのように伝えていくかなども共通理解したうえで実施していくことが大切である。

●答案作成のポイント

　①はじめ（序論），②なか（本論），③おわり（結論）の3部構成で記述すると分かりやすい。

　①はじめ（個別指導について）：A・B・C児の行動についてよかったところと改善点を考察する。子ども自体が意識してやっていなくても，行動を

価値付けるのが教師の仕事である。子どもを全否定しないことが大切である。「悪かったところ」ではなく「こうすればもっとよかったところ」といえば子どもも受け入れやすい。

　②なか（全体指導について）：「○○ちゃんが悪い。」「ぼくには関係ない。」とならないように，どの子もよいところ・やさしい気持ちがあること，もっとよくなっていけること，そして周りをよく見て考え，応援していく気持ちをもつことの大切さを，子どもに分かるように伝えていくこと。発達段階に沿って，絵本を使ったり，他の事例を取り上げてみることも効果的だろう。

　③おわり（まとめ）：「私が幼稚園教諭になったら，一人一人の子どもを…（個別指導の視点），クラスの子ども達に…（集団づくりの視点），子ども達のよりよい成長を目指して真摯に（粘り強くなど）取り組んでいく。」など力強く決意を述べて締めくくる。

令和4年度

●テーマ（1次試験，90分，900字以上1,200字）

　次の事例を読んで，以下の問題について，900字以上1,200字程度で論述しなさい。

> 　Z幼稚園では，自然の美しさを感じ取り，豊かな心を育むことをねらいとして，植物の栽培に力を入れている。
>
> 　3年保育5歳児のキリン組は，昨年度の秋から学級全員で，園庭の花壇を使い，チューリップを球根から育てていた。キリン組のA児は，植物を育てるのが大好きで，登園時にはいつもチューリップの成長の様子を見に行き，チューリップが咲くことを楽しみにしていた。
>
> 　4月のある日，A児は，友達と一緒に花壇の水やりをしながら，ようやくつぼみが開き始めたチューリップをうれしそうに眺めていた。そのとき園庭では，少し離れたところで，同じキリン組のB児と数人の園児が，サッカーボールの蹴り合いを始めていた。それに気付いたA児は，B児たちに向かって，「この前，ボールが花壇に入りそうになったから，入らないように気を付けてね。」と注意したが，B児たちからは何の返事もなかった。
>
> 　その数分後，B児の勢いよく蹴ったボールが，花壇に飛び込み，チューリップの一部が折れてしまった。それを見たA児は，近くにいたキリン組の学級担任のところへ駆け寄り，「Bちゃんたちが，ボールでチューリップを折った。」と泣きながら言った。学級担任は，泣くA児をなだめながら，状況を確認するために一緒に花壇に向かった。花壇の前に行くと，B児が，学級担任とA児に気付き，B児の方から「先生，Aちゃん，ごめんなさい。」と謝ってきた。しかし，A児は，「Bちゃんたちには，ボールが花壇に入らないように気を付けてと言ったのに。」とB児たちに怒りをぶつけた。

【問題】

　あなたは，学級担任として，この事例のA児とB児に対して，それぞれの気持ちをどのように受け止め指導しますか。

　その上で，学級全体の指導について，身近な植物への愛しみや，環境の工夫などにふれて，具体的に述べなさい。

●方針と分析

◆方針

　課題文を分析し，学級担任として事例にあるA児とB児の気持ちの受け止め方と具体的な指導の仕方，学級全体への具体的な指導の仕方について論述する。

◆分析

　事例では，A児の言い分ははっきりしている。花壇の世話をしてきたA児は，注意を促したにもかかわらず花壇にボールを蹴り入れ，花を折ってしまったB児を強く非難している。一方，ボールを蹴り入れてしまったB児はA児と先生に謝罪しており，反省の気持ちを持っていることが分かる。

　この二人の幼児の気持ちを受け止めて寄り添おうとする場合，A児に対する対応は分かりやすい。長期にわたって花壇の世話をしてきたA児，やっと咲いたチューリップが折れてしまった悲しさ，悔しさを受け止めてあげなければならない。ただし，それをB児への攻撃に転嫁しないような指導と配慮が必要である。そのために，謝罪しているB児の気持ちを考えさせたい。

　一方B児は，どのような思いだろうか。A児が大切に花壇の手入れをしてきたことは分かっているはずである。だから，すぐに謝罪の言葉が出たのである。B児には，A児の気持ちを深く考えさせたい。いずれにしても，教師の考えを押し付けるのではなく，幼児自身に相手の気持ちを考えさせることが重要である。

　そのうえで，学級全体への指導が必要となる。特に植物を愛しむことの大切さとともに，ボール遊びなどでは周囲の環境に配慮して遊ぶことの必要性を指導したい。

●答案作成のポイント

　900字以上1,200字程度という文字数なので，序論，本論，結論の3段構成で論じるとよい。序論では，幼児教育において幼児同士のトラブルは避けられないこと，そのトラブルを通して幼児を成長させていくという基本的な姿勢を述べる。トラブルを成長の糧にするために，各々の幼児の気持ちを受け止めて寄り添った対応をしていくことの重要性を指摘したい。

　本論では，事例における対応について整理して述べていく。まず，A児の気持ちをどのように受け止め，どのように寄り添った対応をしていくか

論じる。次に，B児の気持ちをどのように受け止め，どのように寄り添った対応をしていくか論じる。そのうえで，学級全体に対する指導について述べる。その視点は，身近な植物への愛しみの大切さ，遊ぶ際の環境確認などが考えられる。

　結論では，的確に教師の役割を果たし，幼児の健全な成長に寄与していくことを述べて小論文をまとめる。

令和3年度

●テーマ（1次試験，90分，900字以上1,200字）

　次の事例を読んで，以下の問題について，900字以上1,200字程度で論述しなさい。

> 　Z幼稚園では，幼児が身近な生き物と触れ合うことで，生命の尊さに気付けるよう，ウサギやモルモットなどを飼育していた。
>
> 　朝から晴天に恵まれた5月のある日，2年保育4歳児のそら組の幼児たちは，保育室や園庭で，それぞれ好きな遊びを楽しんでいた。
>
> 　そら組のA児は，日頃からモルモットと遊ぶことが多く，この日も保育室前のテラスに置かれたケージの中からモルモットを抱き上げると，その場に座り，胸の前で抱いて，ニコニコしながら話しかけていた。
>
> 　同じ学級のB児も，モルモットと遊ぼうと思ったが，モルモットはA児が抱いている1匹しかいなかった。そこで，B児は，「Aちゃん，モルちゃんを抱っこさせて。」とA児に声をかけた。すると，A児は，「もう少し抱っこしたらね。」と返事をしたので，B児はケージの近くに座ってA児とモルモットを見つめていた。
>
> 　そら組の学級担任は，そら組前のテラスでA児とB児を含めた幼児たちの様子を見守っていたが，保育室で遊んでいたそら組の幼児に呼ばれて中に入った。
>
> 　しばらくして，A児がモルモットをケージに戻したのを見て，B児はモルモットにパッと手を伸ばした。すると，A児は，「まだ，だめだよ。モルちゃんに餌をあげてからね。」と言ってモルモットを再び抱き上げてしゃがみ込んだ。B児は，「ずるいよ。」と言って，とっさにA児の手を押しのけてモルモットをつかんだ。モルモットが「キー！」と声を上げて足をバタつかせたので，B児が手を離すとモルモットが逃げ出し，ケージの裏に入り込んだ。
>
> 　モルモットの鳴き声がしたため，保育室で遊んでいたそら組の数名の幼児たちと学級担任がA児とB児の周りに集まってきた。幼児たちが，「どうしたの？」と尋ねると，A児が，「Bちゃんがモルちゃんを引っ張ったんだよ。」と言った。学級担任は，ケージ裏のモルモットを見つけて，そっとケージに戻した。幼児たちが，「モルちゃんがかわいそうだよ。」と口々に言うと，B児は「だって…。」とA児をにらんだ。

【問題】
　あなたは，学級担任として，この事例のＡ児とＢ児それぞれの気持ちをどのように受け止め，具体的に指導しますか。
　その上で，学級全体の指導について，身近な生き物への接し方や，友達の関わり方などに触れて，具体的に述べなさい。

●方針と分析

◆方針

　課題文を分析し，学級担任として事例にある児童の気持ちの受け止め方と具体的な指導の仕方，学級全体への具体的な指導の仕方について論述する。

◆分析

　事例では，Ａ児，Ｂ児それぞれに相応の言い分が存在する。Ａ児はモルモットの世話の仕方に慣れており，自分の忠告も聞かずにモルモットを強引につかもうとしたＢ児の行為を非難している。それに対してＢ児はモルモットを抱きたいにも関わらず，モルモットを独占し，いつまで経っても抱かせてくれないＡ児の態度を不公平でずるいと不満に思っている。

　こうした場合，学級担任としては事件の仲裁役として公平な立場に徹し，なぜそういう結果に至ったのかという原因を客観的に分析する。一般的にこういうケースが起きた場合，園児たちにどうすればよかったかを理路整然と説明する必要がある。そのうえでＡ児とＢ児に対しては互いの言い分を確認したうえで，お互いの気持ちを認めさせ理解させ合うという説明行為が望まれる。

　Ａ児がモルモットとの遊びを独占するようになったのは，なりゆきの経緯だったかもしれないが，保育園にはモルモットは１匹しかいないこと，さらにモルモットとの遊びを望む他の園児もいるかもしれないこと，したがってＡ児がモルモットを独占するのは不公平になる可能性があることを指摘する。解決策として，たとえば遊びの時間内に先にモルモットとの遊びを希望する園児を募り，抽選でそのつど誰が遊ぶか決める，時間を配分して遊ぶ順番を決めるといった代替案が想定できるだろう。

　同様にＢ児の行為に対しては，モルモットなどの小動物はデリケートで慣れ親しめないと世話が難しいこと，それゆえ扱いは丁寧に注意深くする必要があるという動物の習性を学級全体に説明することが重要である。

●答案作成のポイント

　順序はどれからでも構わないが，設問の事例に対し，問題で指定されて

317

いる①児童の気持ちの受け止め方，②個々の児童への具体的な指導の仕方，③学級全体への具体的な指導の仕方の３点について，それぞれ具体的に自分が学級担任としてどのように対処するかを例示しながら論述することが必要である。その際に上記の「分析」で示したように，学級担任としてどの園児に対しても感情的にならず中立的で公正な態度で事態を分析すること，何が原因でどうすれば問題を避けることが出来たかを客観的に説明すること，また当事者である園児に対しても一方的に片方を責めたり加害者扱いすることなく，それぞれの園児の気持ちを客観的に把握し，相手に説明したうえで，何が問題であったかを反省させるという姿勢がポイントとなる。

●テーマ（1次試験，90分，900字以上1,200字）

　次の事例を読んで，下の問題について，900字以上1,200字程度で論述しなさい。

> 　5月のある日，W幼稚園の二年保育5歳児のばら組の幼児たちが，保育室や隣の遊戯室で遊んでいた。ばら組のA児は，普段から仲の良いB児に，「一緒に積み木で船をつくろう。」と声を掛け，二人で遊戯室に行って遊ぶことにした。二人は日頃，学級担任から，「長方形の大型積み木は一人で運ぶと落としてけがをすることがあるから，二人で運びましょう。」と言われていたので，協力して大型積み木を運んで船をつくり，楽しく遊んでいた。ばら組の学級担任は，A児とB児も含め，幼児たちが気を付けて遊ぶ様子が見られたので，安心して見守っていた。
>
> 　片付けの時間となり，A児とB児は，二人で協力しながら大型積み木を元の場所に戻し始めた。学級担任は，遊戯室と保育室を行き来しながら，片付けの様子を見ていた。そのうちに遊戯室全体が片付いてきたため，A児が少し焦ったように，「一人で運んだ方が早く片付くよ。」と言って，長方形の大型積み木を一人で抱え，運ぼうとした。すると，それを見たB児が，「一人で運んじゃいけないって先生が言ってたよ。」とA児に声を掛けた。それでもA児が一人で運ぶのを止めようとしなかったので，B児は，A児の持っていた大型積み木を両手で引っ張った。
>
> 　そのはずみで大型積み木はA児とB児の手から離れ，床に落ちて大きな音を立てた。「だから一人で運んじゃいけないんだよ。」とB児が言うと，A児は，「Bちゃんが引っ張ったから落ちちゃったんじゃないか。」と言い返した。B児は，「だって，一人で運んだらけがをするって先生が言ってたもん。」とA児に向かって大声を出した。大型積み木の落ちた音やA児たちの声を聞き，ばら組の他の幼児たちも遊戯室に集まってきた。

【問題】

　あなたは，学級担任として，この事例のA児とB児の気持ちをどのように受け止め，具体的に指導をしますか。

　その上で，今後の学級全体への指導について，安全に気を付けて行動することや，幼児がきまりの必要性に気付き守ろうとすることなどにふれて，具体的に述べなさい。

●方針と分析

◆方針

幼稚園の学級担任として，遊具や道具の使い方について，安全に気を付けて使う際の具体的な学級全体への指導の仕方，きまりの守らせ方について具体的に説明する。

◆分析

幼稚園における安全管理指導に関する出題である。

幼稚園には，ジャングルジムやすべり台，ブランコなどの園庭の固定遊具や，巧技台，大型積み木等の大型遊具，さらに工作の授業などで必要な道具や材料(ハサミ，鉛筆，ステープラー，スコップ，箸等)があるため，それらの安全な使い方や扱い方，片付け方を指導することは，事故防止の観点から学級担任としては必須指導事項のひとつになる。これらの使用に当たっては，幼児の発達に合わせた道具の選択・設定を工夫したり，遊具，道具の使用前と使用後の安全点検を行うこと，園内で共通のルールを確認し，指導の徹底を図ることが求められる。

この設問のケースでは，B児は「一人で大型積み木を運んではいけない」という安全に関するきまりを守ることに徹しており，A児はそれでも一人で運ぶほうが早く片付けられるという自分の状況判断を優先して行動をとったため，B児はその行動を力ずくで阻止しようとした結果，積み木が落下したという事態になった。

ここではまず，片付けの様子をみていた学級担任がA児とB児の言い争う様子に気づき，その場で自ら注意できなかったのかどうかという点が問題になる。そのうえで学級担任としては，A児に対しては，決まりを守らないのは事故につながるのでよくない行為であったが，理由のある状況判断であったことを尊重して頭ごなしに否定せず，自分一人で運ぼうと判断する前に，学級担任に一言判断を仰ぐ必要があったことを指摘する。またB児に対しては，A児に対して，決まりを守るべきだと発言した行動が正しかったことを伝えたうえで，A児の行動を力ずくで阻止することはかえって事故につながる危険性があったこと，それよりも前に，学級担任にA児が自分の注意を聞かなかった旨を伝え，どうすべきか報告する必要があったことを指導するのが妥当であろう。

最後に学級担任は学級全体に対して，こういう原則共同作業が必要な場合は，共通の決まりを守ることも，安全な行動をとることも，けがや事故

防止のためにはどちらも大切であることを説明したうえで，予想外の事態が起きた場合は，自分の判断だけで物事を解決しようとせず，つねに学級担任に事態を報告し，その状況下では何を優先して行動すべきか，学級担任の判断を仰ぐことの必要性を説く，という流れになるだろう。

●答案作成のポイント

　設問の内容から，文章を前・後半の２部構成に分け，前半では学級担任として，この事例のA児とB児に対する具体的な指導の仕方について論じる。そのうえで後半では，今後の学級全体に対して，安全に気を付けて行動することや，幼児がきまりの必要性に気付き守ることの必要性をどのように児童に再確認させるか，具体的な指導の仕方について述べるとよい。

　学級担任としては，今回のような掃除・片付けの事例の場合は，自身がつねに児童の行動やトラブルに対して目を光らせて見守る必要性があること，さらに何かトラブルに遭遇した場合は，自分自身の判断でその場を解決しようとせず，つねに監督係である学級担任に報告し判断を仰ぐこと，また急がなくてもよいので，安全を最優先して共同作業を行うといったことを，事前に学級全体に伝えておくことも指導内容として重要といえるだろう。

令和元年度

●テーマ（1次試験，90分，900字以上1,200字）

次の事例を読んで，下の問題について，900字以上1,200字程度で論述しなさい。

> W幼稚園では，自然との触れ合いを通して，自然の不思議さや，美しさなどに対する感性や好奇心，探究心を育むことを指導の重点とし，幼児が直接自然に関わる様々な教育活動を取り入れていた。
>
> 5月のある日，二年保育4歳児学級では，アサガオを育てようと，幼児一人一人が自分の植木鉢にアサガオの種をまき，そこに自分の名札を立てた。学級担任が，「アサガオに毎日水をあげましょうね。」と言うと，幼児たちは「誰のアサガオが早く咲くかな。」「ちゃんと水をあげよう。」と口々に言うなど，発芽を楽しみにしている様子が見られた。
>
> 次の日から幼児たちはアサガオの水やりをしていたが，中でもA児は，早く芽が出るようにと頻繁に水やりをしていた。
>
> 種をまいてから4～5日経つと，アサガオの芽が出始めたが，A児のアサガオは発芽せず，A児は，「まだかなぁ。」と植木鉢を心配そうに見つめながら水やりをしていた。
>
> それから数日後，ほとんどの幼児のアサガオは発芽したが，A児を含めた数名のアサガオが発芽しなかった。
>
> 翌日，A児が植木鉢の前にしゃがみ込んでいるのを見て，学級担任は声を掛けようと近寄った。その時，「そうだ！」とA児が言うと同時に，植木鉢を傾けて中の土をほじくり始めた。驚いた学級担任が，「Aちゃん！」と大きな声で呼びかけた。
>
> すると，学級担任の声に驚いたA児は植木鉢を倒してしまった。学級担任は植木鉢を起こしながら，どうしてそんなことをしたのか理由を聞いたが，A児は，下を向いたまま何も言わなかった。

【問題】

あなたは，学級担任として，この事例のA児の気持ちをどのように受け止め，指導しますか。

その上で，今後の学級全体の指導について，身近な環境との関わりにふれて，具体的に述べなさい。

●方針と分析

◆方針

　ほとんどの子どもたちのアサガオが発芽する中，発芽しなかった幾人かのうち，一人の幼児は植木鉢の中に手を入れ，さらに倒してしまった。この幼児の気持ちにどう寄り添うのか。また，身近な環境との関わりに触れながら，学級指導のあり方を説明する。

◆分析

　学習指導要領「生きる力」の中の，「環境」の項目を踏まえた出題である。ここでは，次のような狙いがある。幼児が遊びの中で周囲の環境とかかわり，次第に周囲の世界に好奇心を抱き，その意味や操作の仕方に関心をもち，物事の法則性に気付き，自分なりに考えることができるようになる過程を大切にすること。身近な事象や動植物に対する感動を伝え合い，共感し合うことなどを通して自分からかかわろうとする意欲を育てるとともに，様々な関わり方を通してそれらに対する親しみや畏敬の念，生命を大切にする気持ち，自然への素朴な疑問や探究心などが養われるようにすること。東京都特別区は，残された自然が少なく，特に都心部の区では，幼児だけではなく，教員や保護者にとっても，動植物の存在自体が具体的なものとして感じられないことが多い。そうした状況の中で，教員は，次のような対応が必要だろう。まずは，アサガオの芽が出るのが遅かった，あるいは出なかったことに落ち込む幼児に共感する。その上で，芽が出るのが遅かった，あるいは出なかった理由について，クラス全体で一緒に考えていくような指導が求められよう。

●答案作成のポイント

　小論文であるので，序論・本論・結論の三段構成を意識する。序論では，幼児Aのがっかりした気持ち，周囲の子どもたちへの劣等感などにしっかり寄り添いながら，アサガオが自然界の一つの命ある存在であることをAに伝えていく必要を述べる。自然界の命は，人間の力が及ばないこともある点を教えることに触れてもよい。本論では，東京都区部では，幼児だけではなく，教員や保護者も含めて，自然の中の生命が身近な存在として認識しにくい環境にあることを述べる。そうであるからこそ，教員は，発芽したかどうかの結果で幼児を評価しがちである。けれども，水を余計にあげてしまうと植物は発芽しないこと，また，アサガオの一つ一つでも発芽

の時期は異なることなど,自然の中の法則性を, Aだけではなくクラス全体で考え, また自然の不思議について考える機会を持つべきではないかという点を述べるとよい。結論では, 幼稚園教員として,自然の中の生命ある存在を, 子どもたちにとって具体的なものに感じられるような指導ができるよう, 研鑽を積んでいく決意を述べてみよう。

平成31年度

●テーマ（1次試験，90分，900字以上1,200字）

　次の事例を読んで，下の問題について，900字以上1,200字程度で論述しなさい。

> 　4月に入園し，二年保育4歳児の同じ学級になったＡ児とＢ児の二人は，入園前から家族ぐるみの付き合いがあり，一緒に遊ぶことが多かった。
>
> 　5月に入り，Ａ児とＢ児の学級の幼児たちは，集団生活に少しずつ慣れ，列に並んで順番を待つなど，きまりを守ろうとするようになってきていた。しかし，Ａ児は興味のあることに対しては順番を守れず，列に割り込みをすることが多く，特に仲良しのＢ児がいると，いつも列に入れてもらっていた。
>
> 　6月のある日，4歳児は，5歳児が保育室につくったお化け屋敷へ遊びに行くことになった。5歳児の保育室の入り口でもらったチケットでお化け屋敷の中に入る方式であったが，大人気で，すぐに長蛇の列となった。5歳児は，「並んでください。」と客になった4歳児に声を掛けていた。
>
> 　先に行ったＢ児はチケットを受け取り，保育室内の列に並び，順番を待っていると，後からチケットをもらったＡ児がＢ児を見つけ，その前に割り込もうとした。いつもは入れてあげるＢ児も，「Ａちゃん，並ばないとだめだよ。みんな並んでいるよ。」と言った。
>
> 　すると，Ａ児は無理やり列に割り込もうとしたが入ることができなかったため，顔を赤くして，「いつもはいいのに，どうして。」と言いながらＢ児を押した。押されたＢ児は後ろに倒れてしりもちをつき，泣き出してしまった。
>
> 　廊下にまで延びた列の最後尾で，後から来た4歳児に声を掛けていた学級担任は，泣き声に気付き，急いでＡ児とＢ児のもとに駆け寄った。
>
> 　Ａ児は，泣きそうになりながら，「だって，Ｂちゃんが入れてくれないんだもん。」と学級担任に訴えた。
>
> 　泣いているＢ児は，「Ａちゃんが押した。」と学級担任に言って，さらに泣き続けていた。

【問題】

　あなたは，学級担任として，この事例のＡ児とＢ児の気持ちをどのように受け止め，具体的に指導をしますか。

その上で，今後の学級全体の指導について，友達とのかかわり方や，きまりを守ることの大切さなどにふれて，具体的に述べなさい。

●方針と分析

◆方針

最初に，二人の二年保育4歳児の一方が，集団内のルール・きまりを破ったために生じた人間関係のトラブルを踏まえ，学級担任である受験者は，二人の幼児の気持ちをどのように受け止め，具体的な指導を行うか，説明する。次に，今後の学級全体の指導につき，友達とのかかわり方やきまりを守ることの大切さという観点から，具体的に説明する。

◆分析

A児・B児の気持ちを受け止めるに当たってはそれぞれの幼児を肯定的にみることが肝要である。例えばA児については，ただ「割り込みをした」「B児を押した」と捉えるのではなく，「お化け屋敷がとても楽しみだった」などの要素を受け止めてやるとよい。幼児の肯定的な受け止め方については，「幼稚園教育指導資料第3集　幼児理解と評価」（平成22年7月改定）第1章2.「(1)幼児を肯定的に見る」に挙げられている「様々な幼児の姿を発達していく姿としてとらえる。」「その幼児の持ち味を見付けて大切にする。」「その幼児の視点に立つ。」の3点を意識して記述しよう。同資料には事例も紹介されているので確認すること。

気持ちを受け止めた上での具体的な指導については，「幼稚園教育要領」（平成29年3月告示）の第2章「人間関係」2内容　「(11)　友達と楽しく生活する中できまりの大切さに気付き，守ろうとする」及び幼稚園教育要領解説（平成30年2月）における同箇所の解説内容を踏まえて記述する。解説中には，「日々の遊びや生活の中できまりを守らなかったために起こった問題に気付き，きまりの必要性を幼児なりに理解できるようにし，単にきまりを守らせることだけでなく，必要性を理解した上で，守ろうとする気持ちをもたせることが大切である」とある。これに従い，「A児が順番を守らないと守っているB児が待たされてしまうこと」や「A児が押すとB児は倒れて怪我をするかもしれないこと」などを理解できるようにし，自発的にきまりを守ろうとする気持ちを持たせるよう指導する旨をまとめよう。

上記を踏まえた上での学級全体の指導については，出題文中より「二年保育4歳児の学級」であること，「きまりを守ろうとするようになってきてい

た」ことに注意しながら記述する。4歳児の時期は，他者（友達や保育者）との関わりの中で，きまり（ルール）があることに気付き，その意味や必要性を理解した上で，自ら守ろうとするなどの，規範意識を芽生えさせ，かつ，育成することが重要である。「幼稚園教育要領」（平成29年3月告示）の第2章「人間関係」2内容　(9)，(10)の内容などと関連させながら具体的に述べたい。

●答案作成のポイント

　小論文であるので，序論・本論・結論の全体構成を意識したい。

　序論では，本設問が4歳児の集団内の人間関係，きまりの順守に関するものであることを理解している点をアピールしよう。具体的な指導の内容等については本論で触れるため，ここでは方針を示すだけでよい。100字〜150字程度で簡潔にまとめよう。

　本論は，大きく2つに分けられる。

　前段では二人の幼児の気持ちをどのように受け止め，具体的な指導を行うかを記述する。A児とB児については別個に気持ちの受け止め方を記述する。幼児像については事例本文中の記述を逸脱しないように注意したい。

　具体的な指導についてはA児への指導を中心に記述すればよいが，B児の思いがA児に伝わるよう働きかけるなどの活動を盛り込むことで，B児に対するフォローについても触れられるとなおよいだろう。

　後段では上記を受けた，今後の学級全体の指導について，友達とのかかわり方や，決まりを守ることの大切さなどに触れて，具体的に述べる。具体例を挙げる際は「昼食の後」や「その日の帰りの会」など場面を自分で設定し，どのように話題を共有・指導していくか述べる。自分なりに注意したいことや，家庭との連携等について言及することも有効である。

　字数は前段後段合わせて900字〜1000字程度を目安にしたい。字数が完全に1：1の比率である必要はないが，極端にどちらかへ偏らないよう心がけたい。

　結論では，本論で述べた「友達とのかかわり方やきまりを守ることの大切さについて」における自分の具体的な指導を踏まえて，自身が学級で指導をしていく際に大切にしたいことやその実現に向けて努力したいことを抱負としてまとめる。結論として述べるので，大切にしたいことは複数挙げるのではなく，極力1つにとどめる。字数は100字〜150字程度が適当である。

●テーマ（1次試験，90分，900字以上1,200字）

　次の事例を読んで，下の問題について，900字以上1,200字程度で論述しなさい。

　二年保育5歳児のA児は，戸外で遊ぶことが多く，特に砂場が一番のお気に入りで，砂だらけになりながら活発に遊んでいる姿がよく見られた。そのかわり，座って絵本を見たり，絵を描いたりする，室内での遊びはほとんどしない幼児だった。

　朝から小雨が降る6月のある日，一斉活動の時間に，学級担任は「みんなで，幼稚園で楽しかったことを絵に描いてみましょう。」と言って，幼児一人一人に画用紙を配った。すぐに楽しそうに描き始める幼児が多い中で，A児は，何を描くか迷ってなかなか描き出そうとしなかったが，やがて一生懸命クレヨンを動かし始めた。学級担任がA児の画用紙を見てみると，どうやら大好きな砂場で遊んでいるところを描いているようで，普段あまり絵を描かないA児が夢中になっている様子に，学級担任は，どのような絵になるか楽しみに感じた。

　それからしばらくの間，学級担任が一人一人描いている絵を見て回っていると，A児の隣に座っていたB児の「先生！」と呼ぶ声が，突然聞こえてきた。学級担任が声の方に目を向けると，B児は，「Aちゃんが，紙を真っ黒にしちゃってる。」と学級担任に訴えるように言った。

　B児は，さらに「真っ黒，真っ黒。」と言い続け，その声に，他の幼児たちもA児の絵を見ようと集まってきた。黒色のクレヨンを握ったまま描くのを止めたA児の顔は，今にも泣き出しそうだった。学級担任は，急いでA児とB児のそばに近寄った。

　学級担任がA児の絵を見ると，さっきまで砂場で山を作っている絵だったのが，人も山もその周りも黒く塗られ，確かに何を描いたかよく分からなくなってしまっていた。学級担任は，おそらくA児は砂の色を表現したかったのだろうと考えた。

【問題】

　あなたは，学級担任として，この事例のA児とB児の気持ちをどのように受け止め，具体的に指導をしますか。

　その上で，今後の学級全体の指導計画について，望ましい表現活動や友

達同士の表現の伝え合いなどにふれて，具体的に述べなさい。

●方針と分析

◆方針

まず，砂遊びをしている様子を描いた絵を真っ黒に塗ってしまい，周囲の子どもの反応に泣きそうになったＡ児の気持ち，Ａ児の絵を見て「真っ黒」と言い続けたＢ児の気持ちをどう受け止めるのか，それを踏まえてどのような指導をするのかについて，具体的に説明する。次に望ましい表現活動や友達同士の表現の伝え合いに触れながら，学級全体の指導計画について説明する。900字以上1,200字以内でまとめなければならない。

◆分析

第一におそらく砂の色を表現するために画用紙を黒く塗ったＡ児，Ａ児の絵が「真っ黒」だと思ったＢ児それぞれの表現を尊重してやることが肝要である。まずＡ児については，出題事例の第5段落にあるように，「砂の色を表現したかった」と思われるＡ児の表現を受け止めていることを伝えてやる。幼稚園教育要領解説（平成30年2月）第2章第2節5(4)に，「幼児は，自分なりの表現が他から受け止められる体験を繰り返す中で，安心感や表現の喜びを感じる」とある。まずはＡ児が安心できるよう働きかけよう。またＡ児は，第1段落より「座って絵本を見たり，絵を描いたりする，室内での遊びはほとんどしない幼児だった」とあるので，絵や言葉を使った表現を苦手としていることも考えられる。苦手意識をもっている活動に取り組み，頑張っていることを認めてあげることも有用と思われる。

Ｂ児については，Ａ児の絵を「真っ黒」と表現したこと自体を否定しないよう留意する。その上で，Ｂ児の発言によって「Ａ児の顔は，今にも泣き出しそう」な状態にあることに気付けるよう働きかける。幼稚園教育要領解説第2章第2節2(10)にある「幼児が友達との関わりを深められるように援助するとともに，教師が幼児一人一人を大切にし，思いやりのある行動をするモデルになることや他者の感情や相手の視点に気付くような働き掛けをすることも重要である」という記述を意識して回答したい。

第二に学級全体の指導計画については，上記を踏まえて「望ましい表現活動」や「友達同士の表現の伝え合い」について触れながら記述する。記述する際は，幼稚園教育要領解説第1章第2節 (10)の内容に言及したい。現在対象幼児が5歳児の6月であることを念頭に，同資料に示される5歳児後半に

見られるようになる姿へと成長していくことを目的とした計画になるよう工夫しよう。

●答案作成のポイント

　小論文なので，序論・本論・結論に分け，全体を四段落から五段落程度で構成しよう。

　序論では，本設問が「人間関係」，「表現」の領域に関する事例であることに言及しよう。具体的な指導の内容等については本論で触れるため，序論では方針を示すだけでよい。100字〜150字程度で簡潔にまとめよう。

　本論は，大きく2つに分けられる。

　前段では二人の幼児の気持ちをそれぞれどのように受け止め，具体的な指導を行うかを記述する。A児とB児については別個に気持ちの受け止め方を記述する。幼児像については事例本文中の記述を逸脱しないように注意したい。

　具体的な指導については一人一人の発達上の課題を自分なりに示した上で，その発達に必要な体験が得られるような支援についても配慮できることが望ましい。

　後段では上記を受けた，今後の学級全体の指導計画について，望ましい表現活動や，友達同士の表現の伝え合いなどに触れて，具体的に述べる。前段で述べたA児，B児の発達上の課題を踏まえて，適切なねらい及び内容を明確に設定しよう。

　字数は前段後段合わせて900字〜1,000字程度を目安にしたい。字数が完全に1：1の比率である必要はないが，極端にどちらかへ偏らないよう心がけたい。

　結論では，本論で述べた指導計画を実行する上で，自身が指導をしていく際に大切にしたいことやその実現に向けて努力したいことを抱負としてまとめる。結論として述べるので，大切にしたいことは複数挙げるのではなく，極力1つにとどめる。字数は100字〜150字程度が適当である。

●テーマ（1次試験，90分，900字以上1,200字）

　次の事例を読んで，下の問題について，900字以上1,200字程度で論述しなさい。

> 　5月に入り，二年保育の4歳児A児は，初めての集団生活に少しずつ慣れ，挨拶したり，他の幼児と遊んだりするようになっていた。しかし，他の幼児たちが遊んだあとの片づけをするようになってきたのに，A児は，いつも使い終えた遊具を放り出したままにしていた。共同の遊具のみならず，自分のタオルやコップ，クレヨンなども，使ったら全て出しっぱなしで，物をなくすこともしばしばあった。また，食前の手洗いや食後の片づけもなかなか身に付かず，学級担任に指導されて手洗いや片づけをしても，次の日には，学級担任が声をかけないと忘れてしまうということの繰り返しだった。
>
> 　A児のそのような状況を，5月半ば過ぎの降園時に，学級担任が保護者に伝えたところ，「A児は，家でも片づけができない。身支度も，いつも親に頼ってしまう。一人っ子なので，少し甘やかしてしまっているかもしれない。」という保護者の話だった。実際，A児の降園時には，保護者が服のボタンを留めたり，靴を履かせたりといった様子が，これまでにもたびたび見受けられた。
>
> 　A児の行動が一向に改善されないまま6月に入ったある日，学級では，幼児がみんなで絵を描いていた。学級担任が，絵を一人ずつ順番に見て回り始めたとき，少し離れたところにいたA児が，突然声をあげて泣き出した。その横で，A児と一緒に遊ぶことの多いB児が，顔を赤くしてA児を見ていた。
>
> 　学級担任が近寄ると，A児が「Bちゃんが意地悪して，赤色のクレヨンを貸してくれない。」と，泣きじゃくりながら訴えてきた。するとB児は，「前にもAちゃんにクレヨンを貸したけど，なくしちゃって返してくれない。もう貸さない！」と，A児に向かって怒ったように言った。
>
> 　A児は，学級担任の後ろに隠れるようにして，さらに泣き続けた。

【問題】

　あなたは，学級担任として，この事例のA児とB児の気持ちをどのように受け止め，具体的に指導をしますか。

その上で，今後の学級全体の指導計画について，基本的な生活行動の形成や家庭との連携にふれて，具体的に述べなさい。

●方針と分析

◆方針…事例の2名の幼児の気持ちに即した指導について考察し，その上で基本的な生活行動の形成や家庭との連携を踏まえた学級全体の指導計画について論述する。

◆分析…本問については，幼稚園教育要領解説を参考に論述するとよいであろう。(第2章第2節2「人間関係」など)

まず，幼児の気持ちを受け止め指導する際の問題点を挙げ，具体的な指導を考える。事例の「二年保育の4歳児」「初めての集団生活」などに注意すること。

A児の生活行動で「片づけができない」という問題点があり，保護者への聞き取りから，「家庭でもその行動ができていない」「一人っ子で親に頼ってしまう」などの要因・状況を踏まえ，幼児が自分の身の回りのことを自分の力でやろうとする意欲を育てるよう，学級内での指導，家庭との連携を辛抱強く続けながら，A児の生活行動における自立を促し見守ることが大切であろう。([内容](3)などを参考)

A児とB児のやり取りについては，B児の言い分をA児に分かりやすく説明するなど，自己主張のぶつかり合う場面では教師がかかわるようにする。また，幼児の善悪の基準が育つよう，教師が働きかけをすることが大切であろう。([内容](6)(9)(11)などを参考)

次に，2人の幼児を通して見えた問題点を踏まえ，基本的な生活行動の形成にふれた指導計画の作成を考えてみる。(同要領第3章などを参考)

指導計画作成では，幼児に「体験させたいこと(＝活動の内容)」，「それを通して育てたい基本的生活行動の力(＝内容のねらい)」，「そのために何を用意するのか(＝環境の構成)」などを，それぞれの指導計画に即して，具体的に配列する。以上のようなことをまとめ論述する。

●答案作成のポイント

小論文なので，序論・本論・結論といった構成にするとよいだろう。

序論は　2人の幼児を通して見えた問題点を挙げ，本論で展開することを明確に示そう。文字数は200字～250字とする。

　本論では，問題の解決法などを根拠を示して挙げ，今後の指導計画を具体的に述べる。文字数は700字～800字程度であろう。

　結論では序論・本論を踏まえまとめよう。文字数は150字～200字とする。

平成 28 年度

● テーマ（1次試験，90分，900字以上1,200字）

　次の事例を読んで，後の問題について，900字以上1,200字程度で論述しなさい。

　W幼稚園は2年保育で，地域の未就園児親子との交流会を定期的に実施しており，5月の交流会で，5歳児学級は「お店ごっこ」を行うことになった。その中で魚釣りのお店を開くことになったグループでは，準備のために，未就園児に釣らせる魚を箱や紙でつくったり，釣ざおを割りばしと紐でつくったりしていた。

　魚釣りのお店を開くグループのA児は，未就園の妹が来る予定だったので，張り切ってひときわ大きな魚をつくり，赤や黄色のクレヨンでカラフルに仕上げた。まわりの友達から「すごい!」「きれい!」と言われ，A児は「妹に見せるのが楽しみ。」と笑顔で友達と話していた。

　その時，同じグループでやはり未就園の弟がいるB児が，学級担任に自分のつくった釣ざおを見せながら，「これで，弟に一番好きな魚を釣らせてあげる。」と言っているのが，A児に聞こえた。学級担任はニコニコしながらB児の話を聞いており，A児はその様子を黙って見つめていた。

　交流会の当日，魚釣りのお店に，B児の弟と保護者が一番乗りで訪れた。

　B児は，弟がA児のつくった魚を欲しがったので，早速釣ざおを渡して釣らせようとした。その様子を，A児は，自分がつくった魚を妹が来る前に釣られてしまうのが心配で，横でハラハラしながら見ていた。幼いB児の弟は，魚をなかなかうまく釣り上げられずにいた。そこでB児は，A児のつくった魚を手でつかみ上げて弟に渡してあげた。その瞬間，A児は，「ダメ!」と叫んでB児の弟から魚を取り上げた。B児の弟がビックリして泣き出すと，B児が顔を真っ赤にして，保護者が止める間もなくA児を突き飛ばした。いきなり突き飛ばされたA児は，声を上げて泣き始めた。

　少し離れたところで，他の未就園児の親子と話していた学級担任は，トラブルに気づいて急いで駆け寄った。

　するとB児は，学級担任の顔を見上げながら，「Aちゃんが弟の魚を取ったのが悪い。」の一点張りである。一方のA児は，「だって，手で渡すのはずるいもん・・・。」と小さな声で言い，後は泣きじゃくるばかりであった。

【問題】

　あなたは，学級担任として，この事例のＡ児とＢ児の気持ちをどのように受け止め，具体的に指導をしますか。

　その上で，今後の学級全体の指導について，友達とのかかわり方や，気持ちの伝え方・受け止め方などにふれて，具体的に述べなさい。

●方針と分析

◆方針

　最初に，二人の二年保育5歳児の一方が，集団内のルール・きまりを破ったために生じたトラブルを踏まえ，学級担任である受験者は，二人の幼児の気持ちをどのように受け止め，具体的な指導を行うか，説明する。次に，今後の学級全体の指導につき，友達とのかかわり方やきまりを守ることの大切さという観点から，具体的に説明する。

◆分析

　Ａ児・Ｂ児の気持ちを受け止めるに当たってはそれぞれの幼児を肯定的にみることが肝要である。例えばＡ児については，ただ「未就園児であるＢ児の弟の魚をひったくった」と捉えるのではなく，「きまりをまもろうとした」などと要素を受け止めてやるとよい。Ｂ児についても同様に，「釣ざおで釣るというルールを破った」だけではなく「弟に魚をとってあげようとした」などの気持ちを受容しよう。幼児の肯定的な受け止め方については，「幼稚園教育指導資料第３集　幼児理解と評価」（平成22年7月改定）第1章2.「(1)幼児を肯定的に見る」に挙げられている「様々な幼児の姿を発達していく姿としてとらえる。」「その幼児の持ち味を見付けて大切にする。」「その幼児の視点に立つ。」の3点を意識して記述しよう。同資料には事例も紹介されているので確認すること。

　気持ちを受け止めた上での具体的な指導については，「幼稚園教育要領解説」（平成20年10月）の第2章第2節4言葉の獲得に関する領域「言葉」[内容](3)「したいこと，してほしいことを言葉で表現したり，分からないことを尋ねたりする」の内容を踏まえて記述する。解説中には，「自分がこうしたいと思っても，相手にその気持ちを伝えることなく自分の欲求を満たそうとすれば，相手ともめることになるだろう。（中略）このような集団生活の中での人とのかかわりを通して，幼児は，自分のしたいこと，相手にしてほしいことの言葉による伝え方や，相手の合意を得ることの必要性を理解し

ていくのである」とある。今回のA児には「きまりを守ってほしい」ことと「A児の妹に魚を見せたい」ことの2つの欲求があるが，どちらもB児には言葉で伝わっていない。教師が間に入りながら，この2点をA児が言葉にできるよう，またB児が理解できるよう指導したい。

　上記を踏まえた上での学級全体の指導については，同解説第2章第2節2人とのかかわりに関する領域「人間関係」[内容](5)の内容を踏まえて記述する。解説中には，「幼稚園生活では，自分の欲求を無理に通してきまりを守らなかったために，友達との遊びが壊れてしまったり，仲間関係がくずれてしまったりすることを体験するだろう。しかし，こうした体験を通して，幼児は，次第に自分の気持ちを調整することの必要性を理解していくようになる。」とある。小学校入学を控えた5歳児という設定を踏まえつつ，友達との関わり方や気持ちの伝え方・受け止め方などと関連して自分の気持ちを調整することの必要性を具体的に述べたい。

●答案作成のポイント

　小論文であるので，序論・本論・結論の全体構成を意識したい。

　序論では，本設問が5歳児の集団内の人間関係，きまりの順守，言葉などに関するものであることを理解している点をアピールしよう。具体的な指導の内容等については本論で触れるため，ここでは方針を示すだけでよい。100字～150字程度で簡潔にまとめよう。

　本論は，大きく2つに分けられる。

　前段では二人の幼児の気持ちをどのように受け止め，具体的な指導を行うかを記述する。A児とB児については別個に気持ちの受け止め方を記述する。幼児像については事例本文中の記述を逸脱しないように注意したい。

　具体的な指導についてはA児・B児どちらかに肩入れしたものにならないよう留意しつつ記述する。A児，B児双方の欲求についてお互いに理解してもらえるよう働きかけ，かつ，妥協点を探そう。

　後段では上記を受けた，今後の学級全体の指導について，友達とのかかわり方や，決まりを守ることの大切さなどに触れつつ，自分の気持ちの調整の必要性をどのように理解させたいか，具体的に述べる。自分なりに注意したいことや，家庭との連携等について言及することも有効である。

　字数は前段後段合わせて900字～1,000字程度を目安にしたい。字数が完全に1：1の比率である必要はないが，極端にどちらかへ偏らないよう心が

けたい。

　結論では，本論で述べた事例に対する自分の具体的な指導を踏まえて，自身が学級で指導をしていく際に大切にしたいことやその実現に向けて努力したいことを抱負としてまとめる。結論として述べるので，大切にしたいことは複数挙げるのではなく，極力1つにとどめる。字数は100字〜150字程度が適当である。

●書籍内容の訂正等について

　弊社では教員採用試験対策シリーズ(参考書，過去問，全国まるごと過去問題集)，公務員採用試験対策シリーズ，公立幼稚園教諭・保育士採用試験対策シリーズ，会社別就職試験対策シリーズについて，正誤表をホームページ (https://www.kyodo-s.jp) に掲載いたします。内容に訂正等，疑問点がございましたら，まずホームページをご確認ください。もし，正誤表に掲載されていない訂正等，疑問点がございましたら，下記項目をご記入の上，以下の送付先までお送りいただくようお願いいたします。

> ① **書籍名，都道府県・市町村名，区分，年度**
> 　(例：公立幼稚園教諭・保育士採用試験対策シリーズ　秋田市の公立保育士 2025年度版)
> ② **ページ数** (書籍に記載されているページ数をご記入ください。)
> ③ **訂正等，疑問点** (内容は具体的にご記入ください。)
> 　(例：問題文では "ア〜オの中から選べ" とあるが，選択肢はエまでしかない)

〔ご注意〕
○ 電話での質問や相談等につきましては，受付けておりません。ご注意ください。
○ 正誤表の更新は適宜行います。
○ いただいた疑問点につきましては，当社編集制作部で検討の上，正誤表への反映を決定させていただきます(個別回答は，原則行いませんのであしからずご了承ください)。

●情報提供のお願い

　協同教育研究会では，これから公立幼稚園教諭・保育士採用試験を受験される方々に，より正確な問題を，より多くご提供できるよう情報の収集を行っております。つきましては，公立幼稚園教諭・保育士採用試験に関する次の項目の情報を，以下の送付先までお送りいただけますと幸いでございます。お送りいただきました方には謝礼を差し上げます。
(情報量があまりに少ない場合は，謝礼をご用意できかねる場合があります。)

◆あなたの受験された専門試験，面接試験，論作文試験の実施方法や試験内容
◆公立幼稚園教諭・保育士採用試験の受験体験記

- -

| 送付先 | ○電子メール：edit@kyodo-s.jp
○FAX：03-3233-1233 (協同出版株式会社　編集制作部 行)
○郵送：〒101-0054　東京都千代田区神田錦町2-5
　　　　協同出版株式会社　編集制作部 行
○HP：https://kyodo-s.jp/provision (右記のQRコードからもアクセスできます) | |

　※ 謝礼をお送りする関係から，いずれの方法でお送りいただく際にも，「お名前」「ご住所」は，必ず明記いただきますよう，よろしくお願い申し上げます。

公立幼稚園教諭・保育士採用試験対策シリーズ

23 特別区の公立幼稚園教諭
（過去問題集）

編　集　　©協同教育研究会
発　行　　令和 6 年 6 月 10 日
発行者　　小貫　輝雄
発行所　　協同出版株式会社
　　　　　〒 101-0054　東京都千代田区神田錦町 2 - 5
　　　　　TEL.03-3295-1341
　　　　　http://www.kyodo-s.jp
　　　　　振替　東京 00190-4-94061
　　　　　印刷・製本　協同出版・POD 工場